当代中国社会变迁研究文库

找回家庭：
农村代际合作与老年精神健康

王　晶◎著

Bring the Family Back In:
Intergenerational Collaboration and Mental
Health of the Elderly in Rural China

社会科学文献出版社
SOCIAL SCIENCES ACADEMIC PRESS (CHINA)

总　序
推进中国社会学的新成长

　　中国社会学正处于快速发展和更新换代的阶段。改革开放后第一批上大学的社会学人，已经陆续到了花甲之年。中国空前巨大的社会变迁所赋予社会学研究的使命，迫切需要推动社会学界新一代学人快速成长。

　　"文化大革命"结束后，百废待兴，各行各业都面临拨乱反正。1979年3月30日，邓小平同志在党的理论工作务虚会上，以紧迫的语气提出，"实现四个现代化是一项复杂繁重的任务，思想理论工作者当然不能限于讨论它的一些基本原则。……政治学、法学、社会学以及世界政治的研究，我们过去多年忽视了，现在也需要赶快补课。……我们已经承认自然科学比外国落后了，现在也应该承认社会科学的研究工作（就可比的方面说）比外国落后了"。所以必须急起直追，深入实际，调查研究，力戒空谈，"四个现代化靠空谈是化不出来的"。此后，中国社会学进入了一个通过恢复、重建而走向蓬勃发展和逐步规范、成熟的全新时期。

　　社会学在其恢复和重建的初期，老一辈社会学家发挥了"传帮带"的作用，并继承了社会学擅长的社会调查的优良传统。费孝通先生是我所在的中国社会科学院社会学研究所第一任所长，他带领的课题组，对实行家庭联产承包责任制后的农村进行了深入的调查，发现小城镇的发展对乡村社区的繁荣具有十分重要的意义。费孝通先生在20世纪80年代初期发表的《小城镇·大问题》和提出的乡镇企业发展的苏南模式、温州模式等议题，产生了广泛的影响，并受到当时中央领导的高度重视，发展小城镇和乡镇企业也随之成为中央的一个"战略性"的"大政策"。社会学研究所第三任所长陆学艺主持的"中国百县市经济社会调查",形成了 100 多卷本调查著作,已建立了 60 多个县(市)的基础问卷调查资料数据库,现正在组织进行"百村调查"。中国社会科学院社会学研究所的研究人员在 20 世纪 90 年代初期集体撰写了第一本《中国社会发展报告》,提出中国社会变迁的一个重要特征,就是在从计划经济走向社会主义市场经济的体制转轨的同时,也处于从农业社会向工业社会、从乡村社会向城市社会、从礼俗社会向法理社会的社会结构转型时期。在社会学研究所的主持下,从 1992 年开始出版的《中国社会形势分析与预测》年度"社会蓝皮书",至今已出版 20 本,在社会上产生了较大影响,并受到有关决策部门的关注和重视。我主持的从 2006 年开始的全国大规模社会综合状况调查,也已经进行了三次,建立起庞大的社会变迁数据库。

2004 年党的十六届四中全会提出的构建社会主义和谐社会的新理念,标志着一个新的发展时期的开始,也意味着中国社会学发展的重大机遇。2005 年 2 月 21 日,我和我的前任景天魁研究员为中央政治局第二十次集体学习做"努力构建社会主义和谐社会"的讲解后,胡锦涛总书记对我们说:"社会学过去我们重视不够,现在提出建设和谐社会,是社会学发展的一个很好的时机,也可以说是社会学的春天吧!你们应当更加深入地进行对社会结构和利益关系的调查研究,加强对社会建设和社会管理思想的研究。" 2008 年,一些专家学者给中央领导写信,建议加大对社会学建设发展的扶持力度,受到中央领导的高度重视。胡锦涛总书记批示:"专家们来信提出的问题,须深入研究。要从人才培养入手,逐步扩大社会学研究队伍,推动社会学发展,为构建社会主义和谐社会服务。"

目前,在恢复和重建 30 多年后,中国社会学已进入了蓬勃发展和日渐成熟的时期。中国社会学的一些重要研究成果,不仅受到国内其他学科的广泛重视,也引起国际学术界的关注。现在,对中国社会发展中的一些重大经济社会问题的跨学科研究,都有社会学家的参与。中国社会学已基本建立起有自身特色的研究体系。

回顾和反思 30 多年来走过的研究历程,社会学的研究中还存在不少不利于学术发展的问题。

一是缺乏创新意识,造成低水平重复。现在社会学的"研究成果"不可谓不多,但有一部分"成果",研究之前缺乏基本的理论准备,不对已有的研究成果进行综述，不找准自己在学科知识系统中的位置，没有必要的问题意识，也不确定明确的研究假设，缺少必需的方法论证，自认为只要相关的问题缺乏研究就是"开创性的""填补空白的"，因此研究的成果既没有学术积累的意义，也没有社会实践和社会政策的意义。造成的结果是，低水平重复的现象比较普遍，这是学术研究的大忌，也是目前很多研究的通病。

二是缺乏长远眼光，研究工作急功近利。由于科研资金总体上短缺，很多人的研究被经费牵着鼻子走。为了评职称，急于求成，原来几年才能完成的研究计划，粗制滥造几个月就可以出"成果"。在市场经济大潮的冲击下，有的人产生浮躁情绪，跟潮流、赶时髦，满足于个人上电视、见报纸、打社会知名度。在这种情况下，一些人不顾个人的知识背景和学科训练，不尊重他人的研究成果，不愿做艰苦细致的调查研究工作，也不考虑基本的理论和方法要求，对于课题也是以"圈"到钱为主旨，偏好于短期的见效快的课题，缺乏对中长期重大问题的深入研究。

三是背离学术发展方向，缺乏研究的专家和大家。有些学者没有自己的专门研究方向和专业学术领域，却经常对所有的问题都发表"专家"意见，"研究"跟着媒体跑，打一枪换一个地方。在这种情况下，发表的政策意见，往往离现实很远，不具有操作性或参考性；而发表的学术意见，往往连学术的边也没沾上，仅仅是用学术语言重复了一些常识而已。这些都背离了科学研究出成果、出人才的方向，没能产生出一大批专家，更遑论大家了。

这次由中国社会科学院社会学研究所学术委员会组织的"当代中国社会变迁研究文库"，主要是由社会学研究所研究人员的成果构成，但其主旨是反映、揭示、解释我国快速而巨大的社会变迁，推动社会学研究的创新，特别是推进新一代社会学人的成长。

李培林

2011 年 10 月 20 日于北京

序

王晶是一个有社会关怀的青年学者，一直在关注农村贫困、医疗卫生和弱势群体救助问题。她师从经济学家魏众研究员读经济学硕士的时候就重点关注农村医疗筹资问题，博士期间转向从社会学视角进一步研究农村老年人精神健康问题，《找回家庭：农村代际合作与老年精神健康》这本著作，就是王晶在她的博士论文基础上经过进一步加工、提炼和完善而形成的。

近年来，农村老年自杀问题频繁见诸报端，在统计上也呈上升态势，恐怕并非偶然。中国农村社会结构目前正处于一个深刻的巨变之中：一是在经济方面受工业化和城镇化的影响，大量农民离开农耕转向非农产业；二是在社会方面因非农就业导致家庭结构发生变化，农村出现大量的留守儿童和留守老人，农村的老龄化程度（特别是劳动力老龄化程度）实际远高于城镇；三是在价值规范方面受现代化、市场化的影响产生了失序，乡土社会世代延续的父慈子孝、尊卑有序规范受到消费主义、个体自由、金钱崇拜、享乐追求的巨大冲击。在这样的巨变和冲突中，老年人的精神健康问题慢慢累积起来，以致成为农村社会需要高度关注的社会问题。在现代社会，家庭如何完成对老年人的关切照料，无论对发达国家还是发展中国家都具有重要意义。

在社会学中，以往多数研究认为，工业化、城镇化等社会转型力量会减小家庭的规模，削弱老年人的社会地位，并由此降低子女对父母的家庭支持，家庭养老功能也会逐步被社会养老、机构养老所替代。我国在巨变中也有这种态势，但作为一个人口大国、农民大国，在相当长一个时期，恐怕家庭在养老、照料、心理关怀上始终会扮演主导角色。

正是在这样的背景下，王晶的著作从家庭代际关系入手，观察和分析农村老年精神健康问题。她没有生搬硬套西方现代化理论，而是从一个变迁与延续的视角，研究中国家庭代际合作的可能性和现实性。比如她发现，在以"照顾孙辈为中心的代际合作"中，父子两代家庭因为隔代养育重新成为一个赡养单位；在以"照顾父辈为中心的代际合作"中，女儿的重新介入补充了儿子外出流动无法侍亲的不足。她认为，在市场化环境下，家庭功能因为重新整合而产生了有别于西方社会的魅力，而这种魅力是以对农村老年人生活健康（包括精神生活健康）"有利"还是"不利"作为衡量的尺子。她的结论似乎并不乐观，"老年人经济交换能力越强、隔辈照护付出劳动越多时精神健康水平就越高，换句话说，在市场化环境下，农村老年人的'工具性价值'是决定晚年精神健康的重要变量"。这也说明，市场化条件下形成的代际合作是相当不稳定的，代际亲情在经济互助消退之后变得非常脆弱。这对我们从根源上认识和治理农村老年精神健康问题很有帮助。另外，以往研究农村代际问题以父子轴心为主要线索，王晶的著作把"女儿"角色独立出来进行讨论，是一个有益的尝试。根据王晶的研究，在当代农村社会，女儿已经越来越多地介入娘家的经济、日常照料工作，对老年精神慰藉起到越来越重要的作用，这是对传统农村家庭功能的一个重要补充。这对我们改进和完善农村家庭老年照料政策，提高激励政策的效益很有启发意义。

总之，王晶的著作以农村老年精神健康为切入点，揭示了当今中国农村社会巨变中需要新的社会整合的大问题。当然，这本著作还有一些值得商榷之处，特别在理论提炼上尚有不足。

诸葛亮在《诫子书》中写道："非淡泊无以明志，非宁静无以致远"，以此共勉并希望王晶能沿着自己的研究方向坚持不懈地走下去。

2016 年 3 月

目　　录

第一章
社会转型与农村老年精神健康问题

一 研究的缘起

在过去 60 年中，中国社会发生了一系列政治、经济和文化上的转型，从 20 世纪 50 年代的社会主义改造、"大跃进"、大饥荒，60 年代的"文化大革命"，80 年代的市场化改革，到 90 年代以后快速城市化带来大规模城乡移民。2010 年全国外出就业的农村劳动力已经超过 2 亿人，与之相对应，农村老龄化程度加快，据第六次全国人口普查资料显示，2010 年我国 60 岁及以上老年人的比例已达 13.26%[①]，而由于城乡移民的因素，农村实际老龄化程度现在已经超过城市。

在过去 30 年中，农村家庭变迁主要基于两个重要的背景，一个是家庭联产承包责任制带来农村生产经营单位的家庭化，另一个就是最近 20 年来快速城市化带来的大规模城乡移民。这种大规模的人口流动不仅打破了传统人们日常生活的地理边界，也打破了原有的基于地缘、血缘之上的家庭关系。传统家庭是一个重要的社会组织，其承载着共同生产、共同消费、赡养老人、抚育子女等功能。变迁社会对家庭带来的影响是多方面的，最直接的一个影响就是子女流动带来的家庭结构的变迁，杜鹏[②]根据六普数据推算，现在农村中单身家庭户有 1824.4 万，夫妇两个老年人的户数为 2189.1 万户。按照这两个数字估算，生活在独立夫妇家庭中的老年人口总数至少有 6200 万人，占老年人口总数的三分之一。从这个发展趋势来看，

[①] 数据来源于第六次人口普查统计公告。

[②] 2012 年于中国社会科学院社会政策研究中心举办的"社会政策国际论坛"未刊登发言稿。

传统的大家庭结构已经成为历史。

社会转型影响家庭结构更深刻的意义体现在农村家庭功能的转变，特别是赡养老人的功能上。通常认为，现代化、城市化等社会转型力量会减小家庭的规模，削弱老年人的社会地位，并由此降低子女对父母的家庭支持（刘爱玉、杨善华，2000）。家庭变迁的许多理论都涉及现代社会变迁所引致的家庭功能的萎缩。1982 年维也纳老龄问题世界大会就指出："工业化、城市化、现代化已大大更改、转变甚至完全取代了传统的社会风俗和行为模式。如在传统上照料老人的妇女进入了劳动力市场，人口迁移和城市化使年轻人离开了他们年老的家庭成员，破坏了住房方面的安排，学校等正式组织逐步承担了大家庭有关老年人的传统职责，这些变化拆散了大家庭，导致了老年人家庭地位的下降，所有的家庭都面临着由发展而引起的外部压力……家庭如何关心和支持对其老年人的亲切照料问题，这无论对发达国家还是发展中国家，都有极其重要的意义"（梅祖培，1983：69）。在传统中国农村，家庭和社区在老年人的社会支持系统中扮演重要角色。孔子说："今之孝者，是谓能养。"传统农村中儿女对父母的"孝"不仅表现为要在情感上尊重父母，更要在物质上供养父母。在这样的传统文化氛围下，社区也自然而然的衍生出一套非正式的规范，比如费孝通在《江村经济》《禄村农田》中提到族田、团体田，即含有敬老、养老的责任（费孝通，2007；2006）。但是在中国城市化的发展过程中，子女非农就业的增加，严重地影响了传统的家庭赡养制度。同时，当下正式的社会养老保险制度尚不健全，政策的不完善性更加剧了老年养老的危机。

一般而言，社会转型时期，中老年成员往往处于不利的社会经济地位。从纵向视角看，中老年家庭成员的生命历程跨越两个时期，合作化时期和家庭联产承包责任制时期，而其主要的生命历程是在合作化时期度过。当社会转型开始之时，大部分中老年人已经不具备从事非农就业的年龄优势，特别是城市劳动力市场还有潜在的年龄歧视，在这种情况下，他们只好留守农村、从事农业生产。而他们的子代无论在年龄还是在人力资本上都能适应非农就业的要求，因此家庭不同代际的成员因为适应市场化和城市化能力的差异而出现了新的调整，从事农业经营的父辈与从事非农就业的子辈之间，在劳动收入上产生了明显的分化，在市场化的社会环境下，子代创造的社会财富明显高于父辈。不仅如此，子辈所继承的财产价值也在不断贬值，目前农村中年男性主要为家庭联产承包责任制之后的成年人口，他们结婚时从父母处继承的财产主要是房屋，随着子辈经济能力的增强，特别是打工收入的积累，很多子辈将原有的住房进行翻新改造，这意味着子辈从父辈继承的财产价值对其现实的意义已经大大降低了，在市场环境下，子代凭借自身能力创造的财富价值和资产价值显著地提升，与之相比，父辈在代际传承中的地位明显下降了，随着子代后致性地位（相对先赋性地位）的提升，子代对父母的回报意识也有所降低，一定程度上影响了老年的赡养水平。同时，家庭关系也在发生改变，在农村合作化时代和家庭联产承包责任制时期，虽然家庭结构上呈现核心化趋势，但是父子之间、兄弟之间的社会联系并没有减弱，甚至有学者认为家庭联产承包责任制强化了亲属之间的社会纽带。在这个时期，已婚子女与父母家庭形成了一种网络式的家庭格局，他们与父母居住在较近的村庄或者乡镇范围内，日常生活上仍然保持着紧密的社会联系。但是转型社会过程中，家庭成员，特别是儿子外出可能性增大，这种网络家庭的空间分布扩展了，子女养老责任的履行也更加困难（王跃生，2009）。

社会转型时期农村家庭表现出多方面的"不适应"和"不协调"：青壮年外出就业与老人依赖家庭养老的不适应；家庭成员地域分割与传统联系纽带削弱的不适应；代际收入水平反差造成了家庭成员地位不协调；社会保障水平低下造成了老年福利需求与供给的不协调。在这样的社会变革背景下，农村老人的精神健康问题变得相当突出。目前一些社会学家虽然没有将研究焦点放在老年精神健康问题上，但是在探讨家庭结构变迁、代际关系变动的过程中，也间接地探讨了老年的精神健康问题，比如杨善华从家庭凝聚力的角度谈到，随着中国社会向市场经济转型的日益深入，功利主义文化和个人本位的价值观也在拓展其影响，在这种影响下，亲子两代人之间在价值与文化方面产生代沟，导致他们对"母家庭"的疏离。由于时代的变迁和人口的流动，"事亲"变成了一项遥不可及的事情，至于"无违"，也随着父权家庭制度的瓦解被冲淡了。这种情况下，虽然父母有精神慰藉的需求，但是受时代的约束，父母通过隐忍和宽容维护了家庭的团结和亲情感的延续（杨善华，2011）。郭于华在更早时期就关注到代际关系的变化，通过对一个"将儿子告上法庭的老人的口述"，郭于华详细地描述了现代家庭交换的逻辑，传统的代际交换由情感联系和道德制约，亲子间的互动既包含物质的、经济的有形交换，更包括情感的和象征方面的无形交换，代际交换关系维系的基础在于传统家庭中长辈的权力和权威。而现代社会，随着家庭权力下移，代际关系越来越理性化和功利化（郭于华，2001）。阎云翔以下岬村为切入点来观察农村社会中人与人之间的情感联系，在全书的结尾，阎云翔总结道，"家庭正在从一个上下有序的社会组织向个人情感的私人领地过渡"，在家庭私人化和个体主义的发展过程中，个人的权力、欲望、需求越来越彰显，与之相对应的，正是孝道在情感与道德两方面的没落，因此，孝道没落既是社会性也是情感性的危机（阎云翔，2006）。最近已经有些研究开始关注"老年自杀问题"，比如杨华在研究湖北京山农村老人自杀现象时提出了四点老人自杀的社会基础：一是鬼神观——缺乏死后世界想象，二是生命观——个体自主处置自己的身体，三是老人观——没用了就该死，四是自杀观——老人自杀是觉悟提高的正常选择，"觉悟高"自杀是京山农村对老人自杀合法化、日常化的一套合乎当地生活逻辑的说法，这些观念形态已经构成一种既定的文化秩序（杨华，2009）。陈柏锋研究进一步剖析了"自杀秩序"的价值基础，他认为老年人的自杀"觉悟"根源还在于"祖先崇拜"，农民当代的生活并不是最重要的，重要的是祖先—子孙的链条要得到完整的延续和良好的维护。如果牺牲自己能够让子孙过上良好的生活，这种牺牲是有价值的，也是人生意义的体现（陈柏锋，2009）。这些社会学定性研究文献对我们下一步展开研究是颇有启发的，它使我们可以全景式地捕捉到老年人的精神健康危机的症结究竟出在哪里，中国传统社会本是一个家庭制（家族制）的社会，个人的角色、地位、关系等等规范都是以家庭为原点逐步建构起来，个人的情感自然就建构在家本位的逻辑框架之下，但是随着现代化、城市化的推进，人们的情感危机根源可能就在于传统与现代的断裂。

　　一般来讲，研究社会变革对个体的影响有很多视角，从涂尔干研究"自杀"问题开始，到后来帕森斯研究"社会偏离"（转引自科克汉姆，2000），精神健康一直是社会学关注的范畴，个体的精神健康状态必然嵌入于一个社会形态之中，由社会形态建构而成，社会结构、社会规范、社会价值观等形塑着个人的社会角色和社会行为。也正是基于此，涂尔干发现在急剧的社会转型过程中，个人的自杀行为不完全是个人的自由选择，而是由社会力量来解释的社会事实（涂尔干，2010）。对当下社会的老年人来讲，在剧烈的社会变迁过程中，哪些社会力量通过哪些机制形塑了他们的精神健康，这是一个非常有意义的问题。

二　老年精神健康研究的理论脉络

精神健康研究是一个跨学科的研究领域，涉及医学、心理学、流行病学和社会学甚至历史学。本书期望从社会学的视角来研究老年精神健康问题，在前面的文献综述中，我们就提出"家本位"的文化传统可能是形塑老年人精神健康的核心逻辑，它决定了老年人如何认识自我存在的意义、自我的角色和地位，也会影响到老年人对子女社会支持的预期。因此，在具体研究过程中本书需要其他学科思想成果的支撑。基于此，我们有必要对精神健康的学术资源做一个简要的梳理，这是我们下一步提出具体问题的基础。

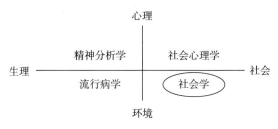

图 1 - 1　精神健康的学术视角

1. 社会心理学、人类学研究精神健康问题的进路

社会文化对个体的精神健康具有重要的建构意义，社会心理学、精神分析学、医学人类学等都关注文化对个体精神健康的建构过程，它的基本原则在于社会文化本质上形塑了个体经历和如何展现个人的精神健康问题。在社会心理学模型中，精神健康问题并不是独立于文化背景的，而是特定时代和空间的产物，比如美国社会当下集中的社会心理疾病——抑郁症、焦虑症、药物滥用和人格障碍，可能不会在另外一个文化环境下集中出现。相反，在另外一个完全的不同的文化环境下出现的精神健康问题可能在美国社会就不会出现（西方学者研究孤独症问题，而在中国背景下并不一定合适，可能这不是一个精神健康的主流问题）。这个领域的核心是想展示出广泛的社会、文化、历史如何形塑了个体的不同精神健康问题。社会心理学模型的关键在于解释在一个特定的社会环境下衍生的不同的精神健康问

题的社会根基和文化根基。

在社会心理学方面有几个主要的代表人物，如新弗洛伊德主义运动的领导者佛罗姆（Fromm，1941）、亨妮瑞（Horney，1937）和苏丽文（Sullivan，1953）。从新弗洛伊德主义的视角来看，个体的心理健康问题实质上是社会心理健康问题，社会和文化结构决定了人们的性格结构、症状和神经反应。佛罗姆抓住了新弗洛伊德主义的核心思想，"一个群体大部分成员精神问题的核心本质……是由那个群体的基本经验和生活模式发展的结果"（Fromm，1941：231），比如奥迪帕斯情结就是由资本主义社会所衍生的理性、秩序等价值观所导致的。相应的，资本主义社会的矛盾可能是当代妇女精神健康问题的根源。随着社会结构和文化价值观的改变，众数人格和心理分析的模式可能也会改变。社会心理学模型发展的程度，决定了运用客观定量量表来衡量的与文化相关的社会精神状态的程度，总而言之，社会精神状态并不是一种与文化无涉的疾病征兆。

另外一个社会心理学先驱是人类学文化流派，这也是与新弗洛伊德主义运动同时发展出来的。人类学传统也是反对将精神健康问题作为一个普遍化的、一般化的精神健康问题。人类学家更强调文化对于个人经历的塑造。习俗和社会组织，而不是一般化的精神维度和机制，决定了社会上的"不正常"和"正常"，决定了群体成员的思想和感受。人类学家认为弗洛伊德的传统和其他西方社会心理学理论是一种文化束缚下的西方思想的显现，本质上并不一定优越于民族人类学研究的其他理论。非西方社会的精神健康问题在本质上并非西方社会心理学所强调的。大量的跨文化研究试图以特定文化结构为基础，从儿童抚养到特定生命阶段的发展过程中提炼出文化对于人们的形塑过程。这些研究横跨了包括社会学研究在内的许多学科，经典作品比如芮思曼等（Reisman，Glazer and Denney，1950）的《孤独人群》和怀特的《组织人》（Whyte，1956），都主要关注特定社会组织形式下的精神问题。虽然现在这样的研究已经不再主流，文化流派仍然不失为精神健康研究的智力先驱。

当代的人类学研究似乎不再追随从儿童社会化模式的角度来看精神健康问题。相反，他们认为文化对精神健康的形塑更多的是通过提供一种信号表达来组织人们所有的思想和行动（Greertz，1973；Sewall，1992）。新的跨文化心理学研究强调"自我"的重要性，个人的经验、精神健康的症状是由文化决定和产生的，并不单是儿童社会化的结果，但同时也是日常生活的结果。文化的力量并不仅仅在于形塑相对表面的精神健康层面的问题，比如抑郁等等，同时更加决定了精神健康问题的实质层面。西方文化中认为理所当然的观念是植根于个体化社会，适应于解释"自我的"（self control or self acceptance）一些精神问题，但是并不一定适用于东方的儒家文化，他们对于症状的解释可能是从生理症状的反应或人际关系的问题上展现出来（Hopper，1992）。

精神健康的文化建构在历史学研究中也很繁荣。历史学家通过史料文献可以考证为何前一个时代看似自然的、平常的精神健康问题放在当下时代却变成了精神失常的问题，背后的文化逻辑发生了何样的变化。邵特从历史研究的角度发展了一个精神健康模型。他认为所有文化中都存在一些普遍的生理和心理问题，它产生了一般性的抑郁和焦虑倾向。但是意识必须通过个人大脑来表达抑郁的情感，而个人的意识一定是嵌入于一个历史的社会文化背景当中的，只有社会文化因素才有可能解释一种精神健康症状的本质、原因和过程（Shorter，1992）。在一个文化背景下形成了一种症状反映模式，它有可能是模糊的、不合逻辑的，即便个体不能独立的解释这种体验，但是文化习得和酬赏模式提供了一个社会坐标，它可以用来理解和解释个体自身的精神体验。如果没有这个解释，个人将不可能对于不安的感觉进行合理的解释，因此表面上个人对于痛苦的一般性倾向实际上是由文化来标识的健康问题。

上述社会心理学、人类学以及历史学视角对于本书老人精神健康研究是深有启发的：首先，社会心理学研究关注文化对精神健康的塑造意义，它着力探讨社会文化因素对人们精神健康状态影响的差异性，同时也能关注到精神健康症状的本质。除非社会学家相信精神健康症状反映的是一个与文化无关的疾病过程，否则的话没有理由怀疑社会力量对于精神健康的形塑。最一般的精神健康症状，比如抑郁，这个概念是非常模糊的，它很可能会转化为各种特别的精神健康状态。而展示特定的文化和社会因素如何将这些支离破碎的倾向形塑成一个确定的精神健康问题，这应该是社会学研究中首要关注的问题。其次，社会心理学研究的另一个启发在于不同的社会心理特征可能会反映一个潜在的精神健康问题，比如女性对于精神压抑的不同描述可能都指向同样的一个精神健康问题。相反，一个同样的行为背后也可能反映一个完全不同的现象，比如 14 世纪意大利修女的饥饿行为是一种宗教行为，而不是当下年轻女孩的瘦身行为（Brumberg，1989）。潜在的文化和社会环境会动态地影响群体精神健康的表象，因此对于不同群体进行比较研究是很有意义的。再次，社会心理学模型还有一个启发在于解释潜在的精神症状如何聚集成为一类精神健康问题，并在特定的社会历史条件下被表达出来。文化背景和医学专业模式都在形塑着人们对于精神健康状况的表达方式。精神健康困扰者可能会积极地选择一些与文化相适应的方式来表达他们的疾病问题，他们并非是被动的医学专业标签的接受者，患者的精神体验更多的是一个潜移默化的表现过程。

2. 社会学研究精神健康的思路

社会学对精神健康的研究，通常重点并不在于精神失调（mental disorder）或特定文化下的表达方式，而在于个体在社会结构中的位置如何导致人们的精神健康问题（Mirowsky & Ross，1989；Pearlin，1989）。与其他研究精神健康的学科相比，传统社会学研究希望探索社会系统的结构如何与精神健康发生联系。精神疾病的产生过程遵循以下逻辑：不平等的社会结构——社会角色——生活事件的慢性压力——疾病反应。它主要包含两层含义：一方面，不平等的社会结构规范了个人在特定社会环境下应承担的社会角色，而这种差异性的社会角色又可能导致个体在日常生活中不同的压力事件，比如，作为老年人，他在社会结构中的地位直接影响到老年人的社会角色、社会支持系统，而这些都与老年人的精神体验直接相关；另一方面，社会不平等的作用机制在于，社会上的每个人对于权利、地位、受教育机会、参与社会活动机会等有价值的社会资源并不是享有同等的机会，当到一定生命阶段上时，个体的不平等会产生一种累积性，致使一部分个体在任何一方面都不具有对抗社会风险的能力（O'Rand，2006）。传统社会学研究特别注重社会分层的一些因素（如种族、性别、教育程度、社会经济地位）对于精神健康的影响，这些变量通常都是外生于个体因素，它反映特定社会环境对于群体的分层机制，正是由于社会学关注群体的精神健康水平，所以这样的研究通常采用定量化的研究方法，根据对一个社会文化下精神健康问题的判断，采用一个与文化相符的精神健康概念，比如抑郁，然后选取一套标准化的、可靠性高的指标，确立不同群体精神健康的可比较性。

20 世纪 50 年代以后，一些学者开始着手从社会学角度对精神健康进行定量研究，主要的研究范式分为两种：第一种，关注一个社会背景下突出的精神健康问题，比如自杀、厌食症等等（Faris，1939）。第二种，使用一个通用的精神健康症状量表来对精神健康进行客观的追踪研究，比如，1952 年美国精神健康专家克劳森负责成立了美国国家精神健康研究所（NIMH）的社会环境研究实验室，他网罗了一批精神健康的跨学科研究社会学者和人类学者，包括库恩、罗森伯格、皮尔森，甚至还获得了戈夫曼的支持，其后他们构建了一整套精神健康的测量量表，在之后的若干年中对于美国人口的精神健康情况进行了持续的追踪、预防、治疗和研究工作，到 20 世纪 90 年代，精神健康研究已经蔚然成风，精神健康社会学已经成为美国社会学学会中必不可少的一个组成部分（特斯勒，2001）。在其他发达国家，精神健康研究工作也较早就受到重视，比如，英国肯特大学在 1974 年即成立了人力社会服务研究所（PSSRU），该所隶属于英国精神病学研究院，与美国精神健康研究类似，英国的精神健康学者也进行了一系列的跨学科研究，并于 1994 年起，定期出版《精神健康研究评论》。挪威因为自杀率较高，也自 20 世纪 50 年代就开始着手精神健康的跨学科研究，并定期出版《国家精神健康研究报告》，以大量图标和数据资料报告挪威的国家精神健康政策和国民精神健康水平。最近几年 WHO 也开始重视不同国家的精神健康问题的比较研究，并着力推出了一套一般化的精神健康量表，用以研究连续性的、有诊断测量的精神健康问题。这种连续性的精神健康症状对于精神健康研究是具有重要研究价值的，一是能展现外部的环境如何影响到个体的健康，包括长期的结构性压力，比如因贫困环境诱发的绝望；独立生活带来的生活压力，如离婚、失业、重大疾病等等。二是能展示出不同文化群体在精神健康类型和程度上的差异。比如亚洲人群在孤独、抑郁症状上的疾病一直低于西方国家，但最近几年来却一直呈现上升的趋势，这可能与城市化、工业化发展的背景紧密相关。

综上所述，社会心理学、人类学和历史学研究着重强调社会、文化等因素对个体的精神体验的形塑意义，而社会学研究更注重社会结构性因素对于个体精神健康的形塑过程。但是，从已有文献来看，社会学研究对于社会文化因素的关注是明显匮乏的，特别是定量社会学研究，很少有研究能全面地把握一个文化背景下人群的精神健康全貌。本书研究老人精神健康问题，尤其不能忽视传统儒家文化对于老人精神健康的形塑过程，从文化维度上来讲，它会影响到一个老人对于精神健康问题的感知和表达；从社会结构上来讲，它也会影响老年人对一定社会地位和社会角色的认可和心理适应能力。因此，在分析策略上，本文采用了一套国际通用的心理健康量表来使精神健康问题操作化，但是在分析思路上，本文始终围绕着"家"的逻辑来分析老年人精神健康问题的实质原因。

本研究对于精神健康的衡量是采用美国疾病控制中心发布的一套衡量心理健康的指标（CES－D）（Radloff，1977；Mirowsky and Ross，1989），原始测量包含 20 个问题，目前国内很多学者根据中国的文化，分解成 10 个问题，询问受访者是否有些事情通常不会让受访者烦，但在最近一周让受访者很烦。"1. 上周有没有觉得很难集中精力做事；2. 上周有没有感觉到抑郁；3. 上周有没有觉得做什么都很费劲；4. 上周有没有觉得对未来充满希望；5. 上周有没有感觉到害怕；6. 上周有没有觉得睡得不安宁；7. 上周有没有感觉很愉快；8. 上周有没有感觉到孤独；9. 上周有没有觉得做什么都打不起精神；10. 是否有些事情通常不会让受访者烦，但上周让受访者很烦。"我们按照 CES－D 的一般计算方法，每项不足 1 天的为"0"分；有 1～2 天的为"1"分；有 3～4 天的为"2"分；有 5～7 天为"3"分。把 10 项问题加总形成心理健康评分，最低值为 0 分，最高值为 30 分。

三 研究框架与核心议题

本书将研究焦点定位在"农村社会资本与农村老年人的精神健康"上，结合前文文献述评的观点，本研究希望在三个方面有所突破。

第一，农村社会转型是一个循序渐进的过程，城市化席卷了农村的青年人口，改变了传统的家庭格局，但是传统并不是仅仅建构在形式层面，居于城市的子代与留守农村的父代仍然存在着千丝万缕的联系，而这种联系的社会基础恰恰源于对传统家本位文化的重新建构。本研究认为分析农村老人的精神健康问题，只有在以"家庭"为中心的逻辑中，才能理出一个合适的问题和线索。西方社会是个体主义文化，所以个人在社会中的地位、角色和群体规范等都成为个人精神健康的决定因素。但是中国是一个"家本位"的社会，个人在社会中的地位最终会决定到个人在家庭中的地位，老年的角色、代际关系也是在这个文化基础上建构起来的，因此，老年的精神体验必定与老年人的家庭地位、家庭角色以及代际关系紧密相关。

第二，在研究社会资本与个体健康问题上，个体性社会资本与集体性社会资本对健康的影响机制具有显著的差异。在微观层面上，家庭的社会支持、家庭成员之间的结构关系直接影响到个人对自身地位、角色和可获得社会支持的感知，进而影响到个人的健康水平。而从集体性社会资本看，集体性社会资本对个体健康水平并非是直接的影响因素（Subramanian，2002；Kawachi and Berkman，2001），集体的社会结构会影响到集体成员的社会信任、社会参与水平，进而影响到个体的福利水平、公共服务可及性等因素，从而对个体的健康水平产生间接的影响。在中国社会转型过程中，农村集体的社会资本也在发生着变迁。传统社会下由村庄内生性的权威和熟人社会关系构建的"权力的文化网络"（杜赞奇，2004）主导着乡村社会秩序。但在农村社会转型过程中，农民个体因社会流动出现经济分化，村庄原有的扁平社会结构被打破，村庄内生性权威逐渐消解，与之相对应的，乡村社会精英逐渐被行政权力机构所吸纳，成为国家的代理人。在这种情况下，农民集体行动因社会结构的变革而愈加艰难。在市场化侵入下，农村基层医疗服务供给逐渐与乡村社会结构脱嵌；在国家公共福利计划推行中，乡村权力、技术精英容易因为利益共同体达成合谋，而分散化的农民个体却很难通过集体行动来监督、控制乡村社会的失范秩序。

第三，考虑到老年群体的异质性和社会变迁的动态性，本研究希望从一个历史的维度切入研究问题。首先，针对农村老年群体，本文根据社会转型的发生时间，将老年人划分为三个群体，第一个是 1944 年以前出生的老年群体，其生命历程经历了三个主要的社会运动：新中国解放、大饥荒危机和家庭联产承包责任制；1945～1955 年的老年群体，在其主要生命历程上经历大饥荒、家庭联产承包责任制和 1990 年代的市场经济，这一代老年人中有一部分老人最先冲破城乡束缚到城市寻找工作；1956 以后出生的老年群体，在其主要的生命历程上经历了家庭联产承包责任制、市场经济和快速城市化的过程。不同出生组的老年人，他们对自我角色和地位的认知、对家庭成员的期待有显著的差异，因此我们通过分出生组进行分析，可以更深入的理解不同时期的老年人对社会变迁的体验和适应性。

表 1 - 1 　历史变迁与个人年龄的交错

农村历史变迁时间	1944 年以前出生组	1945 ~ 1955 年出生组	1956 年以后[3] 出生组
1949 年中华人民共和国成立	5 岁及以上		
1958 年大跃进及三年自然灾害时期	14 岁及以上	3 ~ 13 岁	0 ~ 2 岁
1980 年家庭联产承包责任制实施	36 岁及以上	25 ~ 35 岁	15 ~ 24 岁
1992 年市场经济体制确立[1]	48 岁及以上	37 ~ 47 岁	27 ~ 36 岁
2000 年快速城市化开始[2]	56 岁及以上	45 ~ 55 岁	35 ~ 44 岁

　　注：①1992 年 10 月 12 日至 18 日，中共十四大在北京召开，以邓小平南方讲话为灵魂的十四大报告，对邓小平关于社会主义市场经济等思想作了新的概括，报告明确指出："我们要建立的社会主义市场经济体制，就是要使市场在社会主义国家宏观调控下对资源配置起基础性作用，使经济活动遵循价值规律的要求，适应供求关系的变化；通过价格杠杆和竞争机制的功能，把资源配置到效益较好的环节中去，并给企业以压力和动力，实现优胜劣汰；运用市场对各种经济信号反应比较灵敏的优点，促进生产和需求的及时协调。同时也要看到市场有其自身的弱点和消极方面，必须加强和改善国家对经济的宏观调控。"

　　②一般认为，城市化过程有三大转折点，城市化率在 30% 以下时为城市化发展期，城市化率在 30% ~ 70% 是一个城市化快速推进的时期，其中 50% 是一个重要的转折点，30% ~ 50% 是城市化加速推进的时期，50% ~ 70% 是城市化减速推进的时期。根据我国的城市化进程情况，自 1998 年开始，我国城市化率就已经达到 30.8%，到 2011 年，城市化率为 47%。

　　③"1956 年后"本书中即指 1956 ~ 1965 年出生人口。

　　结合上述的研究思路，本研究设立了如下的分析框架（如图 1 - 2 所示）：

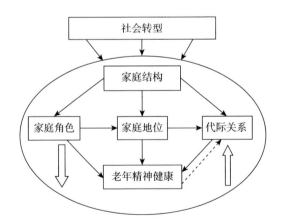

图 1 - 2 　本书研究框架

四　研究的材料

本研究所使用的资料有两类：一是北京大学中国经济研究中心的CHARLS数据，二是基于重庆市虎峰镇白林村定性访谈资料。

（1）定量资料

在研究个体性社会资本对精神健康的影响时，本研究的数据来自于北京大学中国健康与养老追踪调查（The China Health and Retirement Longitudinal Study，简称CHARLS），该调查（CHARLS）旨在收集一套代表中国45岁及以上中老年人家庭和个人的微观数据，用以分析我国人口老龄化问题。2008年CHARLS项目组执行第一轮调查，考虑到中国东部和西部的地域、经济差异，基线调查选择甘肃省和浙江省作为抽样单位，为保障样本的无偏和代表性，调查分四个阶段进行，分别在县（区）—村（居）—家户—个人层面上进行抽样。在县（区）层面，CHARLS采用按人口规模成比例的概率抽样（PPS），在两省共抽取了16个县（区），在村（社区）层面，从上述16个区县中各随机抽取3个村（社区），最后得到48个村（社区）；在家户层面，通过绘图和列表工作获取村、居抽样框，考虑到空户、无应答和适龄率，在每个村居随机抽样使最终目标有效家户达到24户；在个人层面，在每个抽中的样本户中随机选择一位年龄大于45岁的家庭成员作为主要受访者，其配偶也一起参与调查。2008年CHARLS首轮调查最终抽取了1570户家庭，2580个被访者的数据信息，其中农村抽取1304户，2154个被访者。调查模块包含了老人个人信息，家庭与子女交往状况，健康状况与功能，医疗保健与保险，工作史、退休与养老金，收入与资产等6个模块的信息，同时也涵盖了被访者社区信息。

（2）定性资料

本研究的定性访谈案例都取自重庆市的一个农村的调查，我们调查的农村是一个在快速城市化背景下集中居住的村庄，村子距离重庆市100公里左右。20世纪90年代，在新农村建设推动下，这个村庄作为新农村建设典型，其农业生产和生活方式都与传统农村有着很大的区别。从1998年开始，一个大型企业进入农村，与地方政府合作，开始集中连片承包当地的土地，进行规模化的苗木经营。整个村庄包含7个公社，有5个公社在项目初期就将土地按照20年的有效期进行长期的承包，部分土地被征用，农民获得一

13

次性的补偿。土地被征用之后，农民的生活方式发生了深刻的变革，第一，农民不需要再向传统社会一样进行小农化的经营，而是在公司统一规划下，农民在公司打工维持生计。这样的设想虽好，但问题在于农民的经济在很大程度上受公司经营绩效的束缚，特别是在重庆政治风波之后，整个公司经营都陷入了困境。因此，在地就业基本上就成了空谈，大部分青壮年劳动力都选择外出打工维持生计，而老年人口则由于就业市场歧视等原因不能再获得稳定的就业。第二，在新农村建设的推动过程中，征地通常与土地换社保联系在一起，但这种征地的程序受到政府宏观政策的影响，比如土地指标的限制，由于当地上地指标没有顺利获得，所以本来应该获得社保的老人，目前仍然没有获得社保，同时由于丧失了传统社会中的土地保障，老人的社会压力非常大。

在这样一个社会背景下，我们进入这个村庄，专门访谈了 60 岁以上的老人，从老人整个生命历程的角度审视社会环境变迁、家庭变迁与老年个体心理健康状态的变化。我们一共访谈了 20 个老人，通过与老人的深度访谈，我们着重考察了三个出生组的农村老人对社会变迁过程的体验，从这个社会背景下窥视整个农村社会老年人可能的变迁过程。

表 1-2　20 个访谈对象编码及基本情况①

编码	性别	年龄	职业	居住方式	其他备注
bl_x_1	男	90	无	夫妇生活	曾任村干部
bl_x_2	女	70	无	儿子同住	刚刚丧偶，身体不好，儿子外出打工
bl_x_3	男	66	务农	儿子同住	吃低保，家庭困难，对现有福利制度强烈不满
bl_x_4	女	85	家庭妇女	儿子同住	曾任妇女队长，常当邻里纠纷说和人
bl_x_5	女	60	村委会扫地	夫妇生活	—
bl_x_6	女	75	家庭妇女	夫妇生活	媳妇在外上班，老人帮忙带孙子
bl_x_7	女	90	无	儿子轮养	5 个女儿经常给钱、看望
bl_x_8	女	71	家庭妇女	儿子同住	老伴患病，去年还在女儿工地打工挣钱
bl_x_9	女	65	家庭妇女	夫妇独居	偶尔在附近公司栽树苗赚钱，丈夫外出务工

---

① 20 个访谈对象的详细情况请参见附录 2。

续表

编码	性别	年龄	职业	居住方式	其他备注
bl_x_10	女	68	家庭妇女	女儿轮住	在两个女儿家轮流住，一个女儿在城市工作
bl_x_11	女	70	家庭妇女	个人独居	亲人先后离世，小儿子残疾，靠女儿贴补生活
bl_x_12	男	90	无	夫妇独居	老伴瘫痪，临近儿子居住，偶尔孙女提供照料，媳妇不管
bl_x_13	男	65	务农	儿子同住	老人喜欢打麻将，媳妇在火锅店打工
bl_x_14	男	60	算命	未婚独居	与另一老人搭伙生活若干年，失明后，另一老人离他而去
bl_x_15	女	65	乡村医生	个人独居	儿女事业有成，孙子在美国读书
bl_x_16	男	62	务农	儿子同住	地主后代，丧偶与儿子同住，儿子嗜赌成性曾入狱改造
bl_x_17	女	58	务农	儿子同住	丈夫在外打工，独自在家带孙子，同时照顾失明的小叔子
bl_x_18	女	61	务农	个人独居	丈夫离世，儿子离婚后出外务工，帮儿子带孩子
bl_x_19	女	55	务农	夫妇生活	精神不正常，大儿子离婚，小儿子入赘别人家，家境窘迫
bl_x_20	女	63	无	女儿同住	女儿孝顺，生活富足

第二章
代际关系变革与现代化的冲突

在传统中国社会，以孝道为核心的传统儒家伦理一直主导着乡村社会的秩序，在这样的社会秩序下，自发形成了一套乡村社会规范，杨善华对此曾经有过精彩的论述，"在一个相对封闭及文化相对落后的社区中，存在着由地区亚文化决定的某些为在该地区中生活的多数人所认可的行为规范及与此相适应的观念，这些规范和观念有可能有悖于一定社会的制度和规范，或者与一定社会的制度和规范存在着某种不适应。但因为社区的封闭性且居民文化层次较低，所以这样的社区行为规范和观念得以存在并发生作用。而在社区中生活的人在选择自己的行为时，则首先考虑自己的行为是否能为社区中的他人所接受并把它看做是自己行为选择的主要标准。换言之，只要他们的行为能够得到在同一社区生活的多数人的赞成，他们就认为可行"（杨善华，2003）。这种非正式的社区社会规范即是一种集体性的认知社会资本，类似于涂尔干所认为的"集体良知"，因为传统社会流变不居，对处于集体中的个体具有一定的约束性。它通常并不以明确的规范表现出来，而是内化为一种集体的道德观念，受到集体的合法性认同，因此受到社区舆论的制约。

在中国农村，集体非正式社区规范源远流长，最早可以追溯至北宋时期的《吕氏乡约》，其中乡约中的四大条规，"德业相劝、过失相规、礼俗相交、患难相恤"（朱鸿林，2004），每一项都蕴含对传统伦理社会的理想想象，这些传统的道德规范与费孝通提出的基于长幼尊卑秩序的"教化权力""长老统治""无为而治"的思想不谋而合。在近代社会发展中，中国政府对家族、宗族势力的打压，在根本上动摇了传统"长老统治"的基础，同时在现代化进程中，长幼尊卑的秩序也在逐步瓦解，很多传统的社会规范都在逐步消融，这对受传统思想浸染的老年一代与追求个体独立性的青年一代产生的冲击带来了不一样的社会后果（费孝通，1985）。

一　乡村孝道观念的嬗变

传统社会中，孝道是维系人们的关系和保障社会运转的价值基础。根据台湾学者叶光辉的研究，传统孝道有两个维度的意涵，一是以威权为基础的意涵，如"抑己顺亲""护亲荣亲"。这一层面的意涵来源于传统孝道观念中对阶级和权威的顺从以及对个人自主权力的贬抑，它以儒家社会中"尊尊"原则为基础；二是以相互性为基础的孝道观念，如"奉养祭念""尊亲恳亲"，这个层面的意涵反映出人们基于社会属性所遵循的孝道规范，父母养育子女，子女回报父母；同时它也是人际互动过程中亲密情感的自然结果。因此这个面向的孝道观念反映的是儒家社会中"报"的思想和"亲亲"的文化反哺规范（叶光辉，1997；1998）。

那么进入现代社会，乡村社会孝道的内容发生了怎样的变化？在传统社会规范下，第一个层面的内涵甚至可以延展到治国、齐家、平天下的宏观叙述，以"孝"为先的伦理观念有两个核心，一是对祖先的崇敬，这是传统孝道的核心，也是维持长幼有序、尊卑有别的前提。传统社会下，将已逝祖先视若神明，通过宗族、家族的祭祀葬礼将这种祖先崇敬内化到个体之中，使个体即便在现世当中也对家族祖先有一种宗教般的虔诚与敬畏。而父母是祖先在实际生活中的映射，基于对祖先的崇敬，后辈必然对于父母也保持高度的尊敬，才能体现出对祖先的崇敬。在代际关系传递中，这种孝道伦理内化到每代人的精神世界中，并在代际教化中不断得到强化（陈柏峰，2009）。但是随着新中国成立初期的集体化运动，破除祖先崇拜、切断宗族联系、提倡人人平等、代际平等，祖先崇拜自此被拉下神坛，人们对长辈的宗教般的崇敬逐步下落到人与人之间平等的状态（杨华，2009）。

> 我们那会，婆婆在家多睥睨呢，婆婆说啥你都得听，不听就有得受了……我那时候有一次把婆婆得罪了，当时小姑子要结婚，小姑子可是婆婆唯一的闺女，在家当姑娘的时候婆婆也宝贝着呢，结婚的时候，我怀着孩子不想动弹，就没去。这下好了，婆婆气急了，回来就把我大骂一顿。我当时也不知道怎么办了，后来去给她赔不是，还不

行，然后给她下跪，又给她做碗烩面，从前街到后街一路端过去，才算过去了。（访谈记录 HN_F_12）

二是对长辈的恭顺，这是孝道在实践中的表现，传统文化中有国家的法律条文也会保障这种行为。父母对子女有生杀予夺的权威，一旦子女违反父命，长辈甚至可以借由传统文化和宗族组织来惩罚子女的不孝行为。但是集体化过程也逐渐降低了父母的权威和地位，在随后的市场经济过程中，子女们逐步具有了独立的经济地位，不再受父母牵制，父母与子女的关系不仅不再是长幼尊卑的关系，更可能是平等的代际交换关系，在农村社会，父辈的社会资源丰富、经济资源雄厚对于获得子女的尊敬和照护具有很大的吸引，反之，父辈陷入贫困或者拖累子辈可能会招致子女的鄙夷。

现在家递家（每家）媳妇地位高着呢，都咯噬儿（嫌弃老人），老人到的了跟前儿么？自己想啥买啥的都行，在媳妇跟前提都不敢提。这前儿，可不抵以前，以前大家儿权力都在老人手里呢，他让小辈干什么就得干什么，儿媳妇可受气。（访谈记录 bl_x_4）

现在儿媳妇娶进门，家里就花得精光，娶到了家，人家儿就想当家，儿子挣的钱都得归人家管，现在家里儿媳妇说了算，儿子都得听人家儿媳妇的。老人在家有啥地位呀，给你口饭吃就不错了，还敢图别的？老人在家低三下四啥都干，洗衣服、做饭，吃饭是年轻人的活。（访谈记录 bl_x_9）

二　农民对老年角色的社会认同

何为老年？这个问题并没有一个明确的答案，不同社会发展阶段对老年角色有不同的界定。在传统社会下，老年角色以一种"社会认同"的方式展现出来，这种约束性通常由潜在的社会群体来进行认定，比如社区的家族或族群。在传统社会下，社会流动性小，下一代人在上一代人的教化下成长起来，也潜移默化地接受这种制度约束。孔子在《论语》中提到，"三十而立，四十而不惑，五十而知天命，六十而耳顺，七十而从心所欲，不逾矩"，其实就是一种年龄的约定性。根据社会默会的时间规范，个人可以判断自身在某一年龄段的行为是否合乎既定的年龄规范。

但是农业社会与现代工业社会不同的是，对于年龄规范的规定是一种文化、伦理上的制约，并非明确的制度约定。在农业社会阶段，它是由个人在日常生活中体验到的，之后由一定的文化所认可的。但是发展到工业社会阶段，公众的认可将变成一种明确的法律形式，比如老年到了一定年龄就需要退出劳动力市场，社会通过一个独立的机构来预防老年群体风险，满足基本生活需求。

反观我国农村社会，至少在老年规范上还处于一种"农业社会"的阶段，老年人没有明确的退休年龄，即便 2012 年新农保开始普及，但是因为保险收益杯水车薪，农民还需要依赖传统的方式养老。在农村，老与未老，更多的依赖于当下的社会需求，60 岁以上的老年人如果没有患严重的疾病，大多还在从事农业劳动。2010 年前农村虽没有针对老年人的养老保险，但老年人可以依赖土地养老。以前土地是非常稀缺的资源，农民把土地视为命根子，但是随着农业人口的大量外迁，土地荒置的不计其数。对老年人口来说，土地是唯一可以产生财富的来源，只有通过农业耕种才能获得养老的保障。只有到了不能耕作的时候，才承认自己已经是"老人"。

> 我 70 了，每天还下地干活，不干活咋整，只有靠这点地（土地）讨生活，自己还能动弹，也不能红口白牙朝儿子伸手要吧，那样邻居都得笑话你，没给儿子攒下啥，还朝儿子要，这老人就是没正事儿，现在农村老人都这样，能干点自己干点，实在干不动了，再靠儿子吧。（访谈记录 LN_F_05）
>
> 现在给儿子带孩子呢，外面打工挣钱多，老人也就在家带带孩子。儿子要打工，你总不能在家闲着不给带吧，你要真闲着不干，邻居都得笑话你没有正事。以后养老还指望他呢。（访谈记录 bl_x_8）
>
> 我儿子还行，不用操心，大学毕业留深圳工作了，自己找了对象。可是现在大城市买房太费劲儿了，俺们家农村，哪有钱给孩子首付啊，可是一点不拿，儿媳妇那也脸面过不去不是。现在身体不咋好也得干，等儿子有了家再缓缓吧。（访谈记录 LN_F_05）

除此之外，对于农民来讲，只有完成某些家庭责任之后，才觉得自己算作合格的"老人"。比如帮助儿子成家立业，特别是在当代，即便某些儿子已经离开农村，但是在城市购房置业非常困难，在儿子没有买房的前提下，老人依然不愿意退出农业劳动，因为这是乡村社会认为老人应该完成的责任，是一种潜在的社会约定。在老年人尚有劳动能力而不劳动，尚有照料孙子女的能力而不照料的情况下，农村社区会对不履行责任的老年人通过"给予""不待见"的态度，而对于老而有所为，努力为儿女置业的老年人，会获得农村社会的尊敬和认同。这种社会舆论就是农村潜移默化的社会规范，通过无形的压力驱使老年人继续劳动。只有经过这样的社会过程，才能在文化层面获得赡养的合法性，也因此才有可能获得乡村舆论的支持；反之如果老年人在尚有劳动能力之时贪图享受，在年老之时儿女拒绝养老的情况下，乡村舆论可能站在子女一边，不会谴责儿女的赡养行为，反而责怪老年人自己为老不尊的行为。

> 我们村张老汉，现在很可怜，有儿子还不算孤寡老人，进不了敬老院。70 多了，儿子不愿意养。说起来那还不是自己造孽，年轻时候喝大酒，好吃懒做，儿子出去打工攒钱自己盖的房子，自己找的媳妇，张老汉一分钱没出。现在年纪大了，儿子、媳妇不愿意要，没法劝，你年轻时候不正经，儿子不照顾你你也没话说。（访谈记录 LN_C_5）

> 村里的一位老婆婆，她年轻时不怎么孝顺自己的妈妈，吃饭时还给老人碗里放灰尘，后来她儿子大了成家后，儿子儿媳也如法炮制对待她，有时吃饭还把她碗拿走，并且告诉她都是因为她当年不赡养外婆。有一次儿子儿媳都出去上班了，她在家带还在上幼儿园的孙子，但因为打麻将疏忽了对孙子的看管，导致孙子差点被摩托车撞到，这一幕被下班回来的儿子撞见，因此大发雷霆，把她给骂哭了。（访谈记录 CQ_L_1）

所以，在农村社会，年龄并非判断老年的唯一标准，传统文化的非正式规范才是判定老年的标准。在上面的案例中，可以发现，这样的非正式规范并不仅仅是老年人对自身的要求，同时也获得了社区的认同。在这种情况下，老年人即便生活的不甚如意，甚至疾病缠身，但是一般情况下他们还是完成对子女的责任，而大多数情况下，子女也会根据社区认同的做法赡养老人，即便处于比较低的赡养水平，但是大多数人的行为都是如此时，也得到一种合法性确认，整个社会处于一种自然平衡的状态。

三　农民不孝行为的社会制约

上文谈到乡村社会对老年角色的认定，在认定老年角色的基础上，如果子女不遵守代与代之间的约定，不赡养老人，农村社会能通过潜在的机制惩罚不赡养行为么？

在传统农村社会，家长和家族具有重要的约束机制，对于违反族规的人，首先的处罚在家庭内部，"告言诅骂祖父母父母，祖父母父母在别籍异财，供养有缺，居父母丧自身嫁娶，做乐释服从吉，闻丧匿不举哀，及诈称祖父母父母死等"均属不孝行为（瞿同祖，2010：10），父系家长首先对子女进行说教、惩戒，瞿同祖的《中国法律与中国社会》中谈到，"子孙不尊约束，父亲自可行使威权加以惩责，社会上承认这种权力"（瞿同祖，2010：23）；《颜氏家训》所言，"笞怒发于家，则竖子之过立见，刑罚不中，则民无所措足，治家之宽猛，亦犹国焉"（瞿同祖，2010：6）。若家庭无法解决，则进一步上升到家族层次，"子弟有过，家长责而训之，不改则挞之，终不改，度不可容，则言之官府，凭之远方"（瞿同祖，2010：24）。对于重的违反族规的行为，家族可以加以身刑，甚至开除族籍。在比较封闭的乡村社会内，开除家族族籍无疑宣告个人将不再由家族关系庇佑。家长和族长在维护家族秩序上处于重要地位，同时当时的法律也会承认家长或族长的权力。"家族被认为是政治、法律的基本单位，以家长或族长为每一单位之主权，而对国家负责"，可以说家族是最初级的司法机构，家族团体以内的纠纷率先由族长仲裁，不能调解之问题再上升到国家机构。

在家族之上，传统的法律制度对于子女不孝的行为是极重大的罪。法律对于不孝的内容包括，法律对不孝罪的惩戒宽严主要依父母的诉求，从则杖一百、徒刑两年，到发配边疆，甚至在宋的法律中，"父母告子不孝欲杀者许之"（瞿同祖，2010：11）。《孝经》里记载，"五刑之属三千，罪莫大于不孝"，《周礼》中列不孝为乡八刑之一，汉律不孝罪斩枭。清代以来，对不孝罪的惩戒仍然很严苛，殴伤父母之人毙命，仍需凌迟。父母嗣后因伤身死者，也不免于剉尸示众，虽死不能逃刑。不仅如此，即便子孙未伤及父母，但是因为不孝而使父母气愤自尽，子孙也逃不了逼死父母的责任，明律规定若子孙威逼父母致死，将比照殴伤父母罪问斩，清代制定的更为严苛，"凡子孙不孝致祖父母、父母自尽之案，如审有触忤干犯情节，以致忿激轻生窘迫自尽者，即拟斩决。若并无触犯情节，但行为违反教令，以致报愤轻生自尽者，但拟绞候"。由此可见，传统社会自上而下，对于家庭治理的想象比拟于国家治理的想象，而对于子孙不孝于家长的行为，不啻撼动传统的家长权威，进而威胁到国家的统治理念。所以对于不孝罪责的惩罚尤其严重，家庭、家族在这一惩罚体系中扮演了重要的作用。

反观于当代社会，老年人与子女站在平等的地位上。传统社会下牵制子女的权威力量都已经不再奏效，家长权威、土地资源、宗法制度等等都在社会变迁过程中被消解了。这种情况下，子女对父母的照护更多的是基于一种反哺式的情感理念，而非一种强制性的社会束缚。在任何一个老龄社会，照护劳动并不是一个轻而易举的工作，第一，子女需要付出一定的时间和劳动；第二，在没有社会保险的农村社会，子女还需要投入一定的经济资源；第三，老年父母还需要子女的情感慰藉。在很多西方国家，这些社会需求，或者说至少一部分社会需求已经通过制度化的方式、通过机构来消化，比如养老金解决了子女投入资金的压力。但是在我国农村社会，由于社会保障发展缓慢，老年人的全部需求都需要从子女处获得满足，但是保障这种需求的主要力量就是子女的自愿性。在城市化过程越来越快的农村社会，子女的自愿性动机受到越来越多因素的影响，比如外出流动因素、农村妇女地位提高，都可能导致以儿子为核心的养老体制的反弹。

在农村社会中，一般情况下，年青一辈会按照当地默认的水平给予年迈老人以一般水平的照护，而老年人大多情况下也接受这种安排，即便偶有婆媳间或者父母与子女间的争执，一般情况下会在家庭内部消化，老年人通常碍于情面不会将不孝行为公之于众。只有发生了最严重的情况，即儿子不愿意赡养年迈父母时，才会变成一个社区的公共议题。对于儿女不孝的行为，目前还是有两个解决途径：一是通过社区内德高望重的老人说和；二是通过村委会调节。

  我和老伴有五个儿子，现在不能动弹了，本来想归到老三家，老三媳妇脑子有点毛病，但老三心眼好，不会待我们不好。可是老了说了不算，我们老两口有 2 亩地，现在城边地比以前值钱了，老大也贪图那点儿地，老三说不过老大，后来请的他叔给说和，一家半年，老大家待半年，老三家待半年。到老大这，媳妇对我们可不好，也没办法，盼着下半年去老三那儿，没几年活头了。（访谈记录 LN_L_7）

我有俩儿子。早年时候他们家里穷，我先嫁给老大，后来老大死了，又嫁给老二，就这么有俩儿子。以前还挺好，去年到了谈养老的事。小儿子对我不好，我不想在他这儿，可小儿子不干，我就去找村委会了，村委会主任来给调节了。小儿子一年出 500 块钱，我归大儿子。小儿子就算得罪了，现在看都不看我。（访谈记录 LN_L_8）

虽然说现在的调节还是通过社区这种非正式的方式，但是老年人通常处于被动的弱势地位，因为最终还是依托于子女赡养，老年人通常没有太多的发言权，只能被动地接受调解人的安排，有些情况下，当两个老年人都在世的情况下甚至分到两个家庭户中赡养，这是对老年晚年生活的最大折磨。无论是德高望重的调解人，抑或代表行政机构的村委会，他们都不再具有对老年子女生杀予夺的大权，只能动之以情、晓之以理，如果儿女拒绝接受，他们甚至没有任何办法进行惩戒，而乡村舆论的作用对于常年外出打工的子女来讲几乎没有约束力。特别是，随着当下青壮年劳动力打工收入的增长，他们在乡村中的发言权会强于老一代人，乡村的舆论有时甚至通过沉默的方式漠视不赡养老年的行为。

四　老年人精神期待与现代社会的断裂

农村老年群体大多出生于 20 世纪 40 年代，正值中华民国末期、新中国成立初期，传统社会的价值观念对他们产生了深刻的影响，从他们的上一代人身上，他们潜移默化地接受一些伦理价值观念，即便在当代社会，这些价值观念在一定程度上主导着他们的精神世界，或者说他们活着的意义与这样的精神价值观念息息相关。在老年人的精神追求中，有几个方面是占首属地位的：第一，传宗接代、延续香火是老一代农民的本体性价值观；第二，为了这个观念，老年人经过长期的艰苦劳作，特别是新中国成立初期以及"大跃进"的艰苦时期，老年人在整个生命历程上为了整个家庭贡献了一辈子的辛劳；第三，即便到了晚年时期，为了儿子结婚、买房等传统上与延续香火有关的行为，老年人仍然需要参与农业劳动，分担子女负担。经历这样的过程，老年人在晚年时期对儿子仅有的寄托就表现在：首先，也是最基本的，儿子要按照当地的生活水平赡养老人，即所谓"奉养祭念"；更高层面一点，儿子要在日常生活中尊敬老人，在日常生活礼仪上维护老人的尊严，所谓"尊亲恳亲"就是这个层面的意涵；最高层面，就是老年人对以往道德伦理的追求，维护老人的权威，在关乎家庭生活的重大事项上，以老人的意见马首是瞻，所谓"抑己顺亲"就是这一层面的意涵。就第一点来讲，农村社会养儿防老的家庭养老传统基本上还在维系着，一般的农村家庭还会做到最基本上的赡养老人，但是在第二点和第三点上，能践行传统孝道规范的家庭寥寥无几。

但是从老人方面来讲，从 20 世纪四五十年代走来，这些价值目标支撑着他们走过了最艰难的生活历程，到了晚年时期需要有所回报的时候，如果子女能够践行这些价值目标，实现老年的预期，传统的伦理规范还在一定程度上接续，老年自身就会获得生命的意义；反之，如果子女违反这些价值规范，不赡养老人甚至虐待老人，老年人就会从根本上怀疑活着的生命价值。

> 两个闺女，有事才走动，平时都见不到面。老伴病重期间，后人们都有工作要做，就是我一个人照顾他，好想女儿她们来看下，结果总等不来。后来我就生气了，斥责她们说你们非要等爸爸过世才来吗？等到老伴那天真要不行了，儿子回来后我们才一起帮他洗澡，然后儿子打电话给两个女儿，她们忙完了才赶过来，守了最后一晚，第二天早上老伴就去世了。我回想我这一辈子都造孽，小时候四五岁就给我做石匠的幺爸掌灯，因为那时我父母都不在了，小时候过了不少苦日子，现在条件好点了，病又来了。有时儿子他们都上班去了，家里就我一个人，走动一会儿身体又遭不住，一般都在沙发上睁眼躺着缓一下，有一次在厨房做饭，突然觉得天昏地暗，赶紧扶着墙来沙发上躺着。想给儿子打电话，又怕影响他工作，就自己躺着。我就是说把孩子他们都带大了，没什么牵挂，自己要走就可以走快一点，这样生病痛苦。时间长了，儿子也不愿意管了，活着就没啥意思了。（访谈记录 CQ_L_5）

> 老婆婆 80 多岁，自己一个人过，一辈子经历很是凄惨，小的时候

死了亲娘，和叔叔一起过。第一次结婚，没过几年，丈夫就去世了。后来几个亲人相继去世，舅舅、叔叔、大儿子都是她埋的，这成了老人记忆深处最痛苦的回忆。老人在第一任丈夫在世时，家境其实还是可以的，隔壁那个清瘦的老爷爷住在她家附近，是邻居，清瘦老爷爷家真是贫穷，最困难的时候吃了上顿没下顿，有一次去赶场买粮、等米下锅，没有买到，还是从这个老婆婆家借的粮食。当时老婆婆家有两个房子，一个挨着清瘦老爷爷家，一个在坡下，第一任丈夫去世后，老人本想自己一个人守寡，但是很多人欺负她是女人，半夜偷他们家的东西，没有办法嫁了第二个老人（现在 90 多），也可以说是招进来的，因为第二个丈夫来的时候特别贫穷。后来老人和这个丈夫就住在了下面的房子里。老人现在有 6 个孩子（活下来的），有 2 个儿子是和第一任丈夫留下的，有 2 个儿子、2 个闺女是和第二任丈夫留下来的。和第一任丈夫的那个大儿子在重钢工作，后来得病死掉了，对老人打击也很大，儿子死掉后，按当时的政策给老人抚恤金，现在老人还拿着一个月 400 多的抚恤金（大儿媳也住在同一个新村，但是就没有任何生活补贴了，现在是孙女接替了重钢的岗）。原来在坡上住的时候，老人是和第二任丈夫的大儿子一起过的，后来涉及占地赔偿，老人的决定和大儿子的决定出现了分歧，大儿子觉得不划算，想继续留在坡上，可是老人执意想下来，后来老人在合同书上签了字，在新村买了一个小面积的房子，和大儿子决裂了。现在大儿子基本很少来看老人，祸根也许就出在当时的两家人的抉择上。老人对于大儿子不照顾他们这一点，还是很伤心的。老人和第二任丈夫的小儿子，腿是有残疾的（也住在新村），不能干活，儿媳妇出去打工挣钱养家，孙子还在读书，小儿子家庭压力也是很大的，所以基本指不上。（访谈记录 CQ_L_8）

由于社会伦理的转型，老年人的精神预期和现实世界中儿女可以提供的产生了很大的差距，一部分老年人就开始怀疑晚年生活的意义，并因为子女的疏忽怠慢产生持续性的社会压力。这些精神压力并不是个别老人的感受，而是整个农村老人群体的感受，老人与老人之间彼此的境遇相互影响，每个老人不仅在感受自己的价值受到贬抑，同时也可能感受着一个社区其他老人的境遇，推己及人，联想到自身即将到来的晚年生活的悲惨境遇。在这种背景下，即便在物质世界上老年生活衣食无忧，但在精神追求上的失落，使一些老年人无法摆脱晚年生活的悲凉心态。在这种情况下，一些偶然发生的事件，可能会造成老年行为的失范。

李村一位60多岁的老人，当时，婆媳东西屋，不算分家，媳妇经常和婆婆吵架，平时对婆婆就不怎么好，自己吃好的，把差的，撇的给婆婆吃。婆婆忍气吞声，囫囵地混日子，也为了儿子脸面，不好意思出去乱说。可是过节的时候，媳妇买了一大扇排骨回来，邻居都看见了，还说你们家过节要吃排骨，好福气啊，婆婆也应声说是，以为要一起过节。可是看见媳妇收拾收拾，都给娘家送走了，婆婆一根都没尝到。觉得活着没意思，一气之下喝药自杀了。（访谈记录CQ_L_13）

陈村一位70多岁的老太太，有两个儿子，两个闺女。年轻的时候，很是好强，不想日子过得被人家比下去。生活很是节俭，把几个孩子都拉扯大了。大儿子后来在镇上做生意，挣了不少钱，但是儿媳妇厉害，平时基本不给老人钱。老人也不太计较。可是因为个性好强，经常爱管闲事，一次老人弟弟家的儿子结婚，老人觉得两家还得走动，就让大儿子去随礼，大儿子当不了家，问媳妇愿不愿意，媳妇当即否定了，还给老人一顿破口大骂。"自己管好自己的家，别手长管别人家的事"。这话把老人说的伤心了，一辈子累死累活的，现在孩子成家了，就成别人的家了，一点事情都做不了主。老人一气之下回家喝药了。（访谈记录CQ_L_15）

李老汉80年代当过大队书记，那个时候，大队书记分配工分，分配劳动力，好不威风。但是李老汉为人正直，从不利用干部身份给家里谋私利，大饥荒的时候，大女儿在镇上上班，偶尔往家里捎回点馒头细粮，李老汉从来没利用过职权从生产队多拿一分钱。晚年的时候，李老汉和小儿子一起生活，小儿子不太争气，干活不太行，吃喝嫖赌样样精通。为此，李老汉和儿子经常闹冲突，一次儿子在外面赌博，输了人家几千块钱，不认账跑回来了，后来债主找上门来，找老子要钱，李老汉本身也没攒下什么钱，但碍于情面把钱给债主支付了。转过年来管儿子要钱，儿子说他多管闲事，一分钱都不给他。李老汉气急了，和儿子撕巴起来，儿子不仅没有悔意，还用拳头把李老汉推到一边了。李老汉很是生气，干了一辈子干部，到老了，儿子不争气，不仅不听老子的话，还还手推老子，一气之下上吊自杀。（访谈记录 IN_M_6）

前两个案例的主角是老年女性，后一个案例的主角是老年男性。由此也可以看出，老年男性和女性在老年精神诉求上的落差。对农村女性来讲，子女对老人有起码的尊重，在过年过节，按照传统的理解善待老人，才能让老年人感觉到一辈子奋斗的意义；反之，如果在一些关键性的礼节上慢待老人，即便平时能够隐忍，但是在这样的事件上，通常就很容易触动老年人的价值底线，这也恰恰能够反映农村老年人对传统观念的报守。对农村老年男性来说，传统的父权思想下，老年男性当为一家之主，具有说一不二的权威，在变动的社会形态下，年青一代对老年人的权威越来越不尊重，甚至到出手反抗父辈的地步，这在传统社会绝对是犯上的行为。但是当下社会，这种行为已经司空见惯，对于有些思维惯性的男性老年人，这种社会变革是他们难以接受的，因此选择了失范性的自杀行为以此惩罚后人。

五　小结

按照涂尔干的观点，在一个整合程度高的社会中，个人的愿望总是受到一般道德原则支撑的规范加以调节，保障个人的精神期待与整个社会的结构相一致。但是当社会控制减弱、社会规范瓦解时，个人的目标凌驾于集体的目标之上，个人的生活目标和价值容易出现失衡状态，进而导致失范性行为（涂尔干，2010）。在后期的结构功能学派中，默顿也表达了类似的忧虑，在社会下层人群中，个人的价值目标并非只受文化因素的引导，更受到社会结构的制约，因此难以通过制度性手段实现其价值目标。当社会下层人群通过默会的规范性手段达不成目标时，社会失范现象就有可能随之而来（默顿，2008）。

在急剧变迁的社会结构之中，社会结构与传统价值伦理的错位脱节更容易发生，传统的价值伦理与社会结构相辅相成，长幼有序、尊卑有别的社会关系是构成传统中国社会结构的基础，同时传统的家族、宗族组织和村规乡约、国家法律都是保证这种价值观得以实现的重要条件。当下传统的社会结构趋于扁平化，代与代之间的关系趋于平等化，社会关系越来越原子化，因此支撑传统伦理价值的结构已经不复存在，而老年群体从传统社会走来，受到传统社会伦理的压制，因此传统社会的伦理思想对老年群体的价值预期产生很深的印记。所以在本书分析过程中，我们看到，从老年人的角度讲，他们一定程度上仍然秉承着传统的伦理价值规范，先为子女成家立业，继而再投入到抚养孙子女，老年人的整个生命意义都体现在"子女"身上。反过来，再从青年一代的价值观念看，对老人价值的漠视、对老人的不尊重行为已经成为一种常态，虽然大部分农民还在维持一个基本的赡养水平，但在精神层面上已经距离老年人的预期相去甚远。

在当下社会，是农村社会结构与传统价值观念转型的时期，传统农村的社会规范与老年的价值预期产生了严重的错位冲突，由此造成了老年群体自我感知的价值贬抑，与村庄社会关系的疏离，导致村庄社会内部和家庭内部的结构关系紧张。当老年群体进入被赡养阶段，其一生的价值追求在生命尽头不能在村庄或家庭场域得到实现时，老年群体就会产生不公正的剥夺感，同时无论村庄的社会规范，抑或国家的法律制度都不能有效的维护老年人的精神诉求，农村老年人晚年的精神追求就会更加失衡。在这种情况下，我们看到部分老年人选择极端性的自杀行为以警后人，但即便在这种以生命为代价的极端的社会互动中，老年人的精神诉求仍然得不到社会舆论的支持，对于不孝的年青一代，个人价值和经济合作的需求已经超越了对道德伦理的抵守，农村社会在经济合作上不会排斥僭越道德伦理的个体，因此在老年人极端的失范行为之后，乡村社会依然恢复到当下以个体和家庭利益诉求为主流的社会情景之下。在农村当下社会变迁的大背景下，社会结构越来越原子化，价值目标越来越趋利化，农村社会结构的变动随着代际的转移会带来长久的价值变迁的调整，届时农村以家庭为核心的养老体制才会真正成为一种社会性的问题。

第三章

找回家庭：农村代际合作的
转型与延续

　　过去 50 年中，家庭可能是所有社会变化中最复杂的主体。无论西方还是东方，家庭既可以是实现情感和价值追求的归属，也可以是追求经济效率最小单位。在东方社会，家庭还有一层伦理秩序的含义，古所谓"齐家治国平天下"，社会的秩序某种程度上都是由家庭秩序推演开来。在过去 50 年中，中国社会经历了数次社会运动，从土地改革、集体化运动、家庭联产承包责任制到市场化改革，每次运动过后，家庭都潜移默化地受到了冲击。在理解中国家庭问题时，最关键的一个问题就是代与代之间的关系。费孝通曾经描述中国家庭代际关系与西方的差异，西方是一种"接力模式"，即父母有抚育子女的责任，而子女却没有赡养父母的义务；而我国则是"甲代抚育乙代，乙代赡养甲代，乙代抚育丙代，丙代赡养乙代，下一代对上一代都要反馈的模式"（费孝通，1983）。以往许多学者对这种代际的双向模式进行过探讨，其中孔麦龙是较早从西方视角对中国家庭进行研究的学者，他的著作中提出了一个非常重要的框架，他认为，中国家庭包含了三个方面的组织性要素：家庭财产、家庭经济和家庭群体，这三个方面可以集中到一起，也可以采取分散的形式，不同的组合模式反映了家庭成员之间不同的合作模式（Myron Cohen，1976）。孔麦龙特别指出，中国农民并非上层社会所认为的愚昧形象，农民也很善于经营，从这一点上看，孔麦龙与斯科特对农民的认识不谋而合，"理性的小农"的精明投射到日常生活中，家庭合作也是理性农民实现家庭收益最大化的一个路径。

如果从代际合作的角度理解家庭，绕不开的一位学者就是加里·贝克尔（Becker），他第一次运用经济学的框架解释了家庭合作行为（Beker，1976），后文中我们会详细论述。以往学者将贝克尔的研究应用到中国，认为中国家庭是由同样具有完全理性的成员所组成的经济单位，整个家庭所有的财产都纳入到一个大家庭的支配之下，不能单独支配，而是家庭共有财产。闫云翔曾经指出，中国传统家庭最主要的特点，就在于它作为经营单位所具有的能力和弹性，因为家长集权制，可以最大限度地调动家庭的人力物力资源，充分的利用外部的机会。因此，从经济行为上，中国的家庭合作模式可以用经济利益为导向的家庭合作社来解释（阎云翔，2005）。

不同的历史时期下，家庭成员之间的资源优势、权力关系存在巨大的差异，因此代际合作的形式也会因时势而异。前文中，我们谈到生命历程理论中需要注意的三个时间元素："历史时间""家庭时间""个人时间"，不同世代的老人从不同的历史起点走来，集体化、三年自然灾害、文革、改革开放等历史运动对于家庭的冲击是巨大的，当再度与快速城市化相碰撞时，老年群体与子代群体在资源优势和价值立场上肯定会有所不同。一种新的家庭观念的出现，将会重新规范人们在家庭中的行为方式，并且改变家庭制度本身（闫云翔，2005）。本章将从时间的维度来观察代与代之间关系的各种变异，在市场化的社会环境下，新的代际合作模式与传统的代际合作有何不同？这种代际合作模式可以由家庭经济合作模型解释，还是反映出不同的价值取向？

一　从土地改革到市场化时期家庭的变动

20 世纪 40 年代到 80 年代是中国社会风云突变的变革时期，土地改革、合作化、大跃进、三年自然灾害、文化大革命等等，这些体制性变革和大规模的社会运动，相当程度上影响了中国的家庭伦理和代际关系，家庭形态、代际关系都受到了变革社会的冲击。

1940 年代的土地改革某种程度上也是政府权力机器介入家庭私域的一次运动。地主阶层被彻底打垮，宗族、家族组织被取缔，家庭之间建立在血缘之上的关系被削弱。同时农村地主基层的土地和房屋均被没收，没有了经济支持，农村大家庭难以维系，因此，多数农村家庭不得不分解成小的生活单位。

1956 年农村开始推行集体化运动，家庭作为生产的单位被集体所替代了，家庭原有的土地、牲畜、农具等生产资料归集体所有，家庭成员作为劳动力参与集体生产劳动。1958 年各地成立人民公社，将集体化运动进一步推向高潮。在集体经济体制下，家庭的私有财产被压缩到最小，除了房屋、日常生活用品和小型工具外，大部分基本生产资料均由集体分配。这一时期，虽然目标是"按需分配"的理想体制，但是家庭能够分配的资源还是与家庭成员的贡献相挂钩。家庭成员的劳动能力不同，因此能够获得工分高低不等，一般男性劳动力的工分相当于女性劳动力的 2 倍，而老年人通常留在家中，不再参加集体劳动。因此，尽管在集体化时代，社会上倡导男女同工同酬，实际上并没有真正实现，由于生产资料短缺，部分已婚中青年女性已然成为家庭劳动力，补充家庭资源的不足，年长的女性则在家看护照顾孙子女。值得注意的是，这一时期虽然也出现年长劳动力照顾隔代子女的现象，但与当下有显著的差异。老年人口通过"分家"与一个子女共同生活（通常为儿子），在集体经济体制下，老年人与同住的子女还是一个经济单位，按照比较优势的原则，儿子和媳妇通常参与集体劳动挣工分，老年人留守家中照顾孙子女，形成代与代之间以主干家庭形式为依托的合作模式。

到 1980 年，农村开始推行家庭联产承包责任制，逐步恢复了家庭作为农村生产的基本单位，家庭获得了生产经营权。这一时期，虽然土地仍然为集体所有，但是农村家庭可以获得粮食剩余索取权，极大地刺激了农民生产的积极性。这种情况下，农民理性化的一面开始复苏，小家庭开始着手为自己的家庭积累财富，而不愿意再与父辈家庭共财。王汉生在研究中也提到，家庭联产承包责任制进一步削弱了家长的经济权力，随着农村生产率的提高，农村剩余劳动力开始将眼光放眼到村庄之外寻找经济机会，而与家庭甚至社区内部合作的愿望都有所降低。在这一时期，农村家庭子女分家进一步明朗化，多子家庭由婚后分家，变为婚前确定个人财产，而婚姻仅仅是向分家过渡的一个环节。即便独生子女家庭，儿子结婚后，也更愿意与父母分开居住，成为各自独立的生产、生活单位。

以上是从历史的维度简单地梳理了自土地改革以来中国农村家庭的变

动趋势，从历年的统计数据和调查数据中也可以得到解释，从 2008 年样本数据中反映的家庭形态来看，农村家庭主要还是由核心家庭构成，占总样本的 77.15%，主干/联合等家庭形式仅占 22.85%。在核心家庭内部，二代核心家庭占 47.17%，夫妇核心家庭占 29.98%。杜鹏[1]根据六普数据推算，现在农村中单身家庭户有 1824.4 万，夫妇两个老年人的户数为 2189.1 万户。按照这两个数字估算，生活在夫妇家庭中的老年人口总数至少有 6200 万人，占老年人口总数的三分之一，这个数据与我们抽样的统计结果基本相当。那么目前农村家庭结构处于一个什么样的动态位置上呢？我们引用了王跃生[2]对中国家庭结构的分析结果作为参考，2008 年与 1982 年、1990 年、2000 年的家庭结构相比，最主要的变动体现在两点：一是核心家庭中二代核心家庭较前三个阶段有所下降，比最近的 2000 年降低了 6.43 个百分点，二是夫妇核心家庭的比例较三个阶段有显著的提高，比最近的 2000 年提高了 8.48 个百分点，比 1990 年提高了 17.17 个百分点。

表 3-1　不同时期的家庭结构

单位：%

样本结构	2008 年	2000 年	1990 年	1982 年
核心家庭合计	77.15	75.10	80.12	79.95
二代核心家庭（父/母＋子女）	47.17	53.60	67.31	67.20
夫妇核心家庭（包含夫/妇）	29.98	21.50	12.81	12.75
其他家庭（主要为主干家庭）	22.85	24.90	19.88	20.05
合计	100	100	100	100

　　说明：样本数据来源于北京大学中国经济中心在两个县的随机抽样调查，与全国结果可能存在一定的偏差。

　　资料来源：1982 年家庭结构中一代核心家庭和"其他"家庭类型数据来自《1982 年全国人口普查资料》汇总数据（见中国统计出版社，1985，第 476～477 页）。其余类型数据来自曾毅等《中国 80 年代以来各类核心家庭户的变动趋势》。1990 年家庭结构数据来自曾毅等《中国家庭结构的现状、区域差异及变动趋势》。2000 年数据资料依第五次全国人口普查长表数据库（1% 抽样）计算后得到。

---

① 杜鹏，2012 年于"社会政策国际论坛"未刊登发言稿。
② 数据转引自王跃生《当代中国家庭结构变动分析》，《中国社会科学》2006 年第 1 期。

综合来看，中国家庭结构的变化主要受以下几方面社会因素的驱动（曾毅，1992；曾毅、梁志武，1993；郭志刚，2002；王跃生，2009）：第一，从土改到集体化运动，几次社会运动都或直接或间接地以推翻封建家长制作为运动目标，几次运动之后，基本彻底摧毁了大家庭的经济基础，同时社会主义对于家庭平权的倡导也使传统的家长制趋于瓦解，从社会观念上鼓励小家庭的独立。第二，计划生育政策对家庭结构产生了深远的影响，它缩短了传统核心家庭的生命周期。这一点从二代核心家庭的比重变化上也体现出来，从1982年至1990年二代核心家庭呈上升之势，提高了9.3%；至2000年则明显下降，减少了18.27%（王跃生，2006）。在多子女生育环境下，一个子女离家求学或工作虽使家庭规模缩小，但尚不会引起家庭类型发生转变。对独生子女家庭来说，子女离家则直接导致家庭类型改变。第三，家庭联产承包责任制度的催化。家庭联产承包责任制的实施，使农民变成了相对独立的商品生产者，农民的劳动生产能力得到了最大限度的释放，雷洁琼（1991）认为家庭联产承包责任制的最大影响就在于家庭重新变成生产的组织单位，进而影响到家庭的结构和家庭的关系。第四，工业化、城市化导致的城乡人口大规模转移，家庭联产承包责任制实施之后，农业劳动生产率就获得显著的提高，但是因为农村耕地有限，"人多地少"，多数农村家庭的劳动力都出现了时间"剩余"，1990年代城乡二元体制松动，使农业剩余劳动力有了"释放"的空间，年轻农业劳动力从1990年代初就开始季节性移民，到2010年，城乡迁移农业劳动力规模已经超过2亿人，农村人口的流动导致了农村家庭结构、家庭功能和家庭关系发生了深刻的变革。

二　市场化的后果：家庭权力关系的翻转

自1990年代之后，中国社会进入了经济发展的快车道，宏观的社会制度不可避免地影响了微观的个体生活。年青一代进入城市，接触了城市文化，对传统的代际关系产生很大的冲击。1990年代以后，随着物质生活水平的提高，大众消费开始成为一种普遍文化，从城市到农村，渗透到日常生活的各个层面。农村中的老年一代，经历三年自然灾害，物质要求较低，节俭已经内化到老一代的生活观念之中。可是到了1990年代以后，随着年青一代步入城市，城市生活中物质冲击力是巨大的，对城市生活的向往成为推动青年一代奋斗的强大动力，他们通过努力工作，购买时髦的服装、家用电器，到 2010 年后，在小城镇购房也逐步提上日程。这些消费欲望反映了青年一代与老年一代在生活理念上出现了很大的不同。老年一代，还是受传统伦理观念的束缚，子嗣的延续是他们精神世界的最大寄托，为了完成这种信念，他们是愿意承受苦难的，他们的荣耀回报不在当下生活，而在将来对祖先有所交代。在这套伦理叙事下，老一代人能够兢兢业业，安然的做自我牺牲。而青年一代则有所不同，他们希望能即时性的享受物质生活带来的生活快感，而不愿再恪守勤俭的理念，过苦行僧似的生活。在这种理念支配下，年青一代的个体欲望更加彰昂，在欲望通过自己的能力不能获得满足时，甚至伸手向父母寻求资助，即当下所谓的"啃老"文化。那么在这种文化下，两代人之间的权力关系发生了何样的变化？

第一，在集体化时期，家庭就不再是一个生产的独立单位，父亲在家庭农业生产中的领导地位被社队干部取代。父亲与子女都是同等以社员的身份听从社队长的指挥，这种生产管理的模式不可避免的削弱父亲的权力（闫云翔，2012）。到市场化之后，子代季节性移民城市，个人收入和经历远超过父代，进一步削弱了父亲的权威。在主干家庭中，家庭决策方面主要依赖于儿子儿媳做主。在整个市场化过程中，家庭关系的主轴已经发生根本性的变化，原本的父子纵向关系转为夫妻之间的横向关系。老一代人在很多重大的家庭决策中都失去了参与权和发言权。用老人自己的话说，"现在家家都儿媳妇做主，哪里还敢让她侍候，都是我们侍候人家，干得不好都到不了跟前"。从这一点上讲，在家庭地位上，子代与父代已经发生了翻转，对老年人来讲，希冀再维持传统的家长地位，一言九鼎是没有可能的。在这种情况下，越来越多的老人选择独立居住，一是为了避免与子代发生冲突，二是在小家庭中继续捍卫自身的尊严和权力。对大部分老人来讲，独立生活是一种理想的选择，但是在某些情况下，比如高龄、贫困、丧夫等情况下，老人通常别无选择地与子代生活在一起，只能被动地适应这种权力关系的逆转。

第二，女性权力的张扬是自集体化时期就不断累积的，上文中我们谈及集体化时期父权的衰落，伴随而来的就是女性自主意识的增强。集体化时期采取工分制度记录每个家庭成员对集体经济的贡献，个人的贡献在集体中是相当透明的，工分最终会依照集体当年的收入转换为现金价值。这样女性的贡献开始凸显出来，在一些家庭中，女性甚至是主要挣工分的劳动者，因为家庭中男性劳动力外出，只有女性能参与集体劳动。由于女性在家庭经济中的巨大贡献，他们的独立自主意识逐步增加。到市场化时期，由于部分男性劳动力外出打工，部分家庭中仅剩老年、女性和孩子，即所谓的"389961部队"。年轻女性成为实际上的家庭顶梁柱，她们既要承担起男性外出之后留下的农业劳动，又要承担照顾家庭一老一小的压力。权力通常与家庭贡献是对等的，在市场化时期女性的家庭权力进一步增强，这不仅仅体现在家务劳动等细碎的活动上，更体现在家庭资源分配上，比如在娘家和婆家的资源分配中，女性的天平通常会向娘家倾斜。这一点我们会在下一章中进行更加详细的论述。

第三，恩往下流导致权力关系进一步失衡。无论城市还是农村，少子化已经成为不争的事实。"只生一个孩子"目前在农村女性中也达成了广泛共识，即便现在放开了二孩政策，短期内也很难改变。一个孩子的养育方式与上一辈多个孩子的养育方式有明显的不同。农村人对孩子养育投入的成本也是在逐年递增，在家庭资源分配上，"老子不如孙子""孙子第一大"，无论教育还是医疗等投入上，都优先考虑孙辈。老年人甚至会牺牲自身的资源，满足子辈的需求。久而久之，老年人在这种家庭关系格局中处于最劣势的地位，权力需求进一步被挤压。

以上几个方面综合起来看，家庭生活中几个重要的身份——老人、儿子、媳妇、女儿权力地位关系与传统相比都发生了实质性的变化，具体来讲，越来越向子代倾斜，向女性倾斜，这种趋势对新的家庭模式和代际合作关系都提出挑战，老年人需要不断矫止自身的传统观念以适应现代化的需求。

三 找回家庭：对抗市场化的最后壁垒

如上文所言，到市场化时期，一方面家庭成员之间的关系深受市场化消费主义文化的洗礼，个体主义在代际关系中占据主体地位，传统家庭模式以及伦理观念都难以为继；但另一方面，随着城市化的深入，年青一代越来越多的投入到城市化的浪潮中，参与到大工业的生产节奏当中，而家庭再生产的功能在整个社会却是缺失的。在中国社会中，一是不存在完善的社会福利体系可以替代家庭的照养责任；二是农村人口的收入水平虽然较 1990 年代有显著增长，但是还不能奢谈依靠市场提供养老服务。所以在这种情况下，育儿、养老的责任最终还是需要回归家庭。但是这种回归，再也不会是传统社会的家庭形态，家庭结构、家庭成员之间的合作关系都会与传统社会存在本质性的差异。闫云翔在一次内部讲座中曾经谈到，"当中国的家庭能够成为一个战斗的单位的时候，是所有人可以亲密合作的最佳时期。当前，当孙代上升成为主干，家庭再次变成战斗的单元的时候，亲代和祖代可以联合在一起，为了这个共同的目标奋斗，代际亲密就成了自然而然、水到渠成的事，两代人至少要为了怎么样培养这个完美的孙子或孙女在一起奋斗"。闫云翔的观点反映了目前家庭成员间代际合作的一个重要方面。

（一）以照顾"孙辈"为中心的代际合作：孙代异地就读的现实需求

长期城乡二元经济的发展模式导致农村社会公共资源投入严重匮乏，特别是医疗资源和教育资源的匮乏。为了子代有更好的教育机会，近两年越来越多的农村家庭都将孩子送到乡镇或县城读书。收入一般的家庭可能选择就近的乡镇，而收入较高的家庭就可能会选择县城的小学就读。小学儿童的年龄介于 6~12 岁，通常这个年龄段的儿童离不开家长的照护。无论是选择乡镇读书还是县城读书，都意味远离原来的家庭和社区，这个时候谁来照顾孩子就成为问题，如果由父亲或母亲照护孩子，乡镇和县城没有充分的就业资源，父母双方的收入不足以支撑孩子的教育和日常消费支出。这个时候，学龄儿童的父母会重新考虑祖父母家庭的人力资源，由老人照顾儿童从经济上是最经济最有效率的合作方式，儿童父母外出打工，而由祖父母在儿童就学地提供照护服务，不管这个老人是不是实际的家庭成员，在家庭内部形成新的代际分工合作，这种分工合作模式有别于传统家庭性别分工之外发展起来的一种新的家庭分工模式。传统的性别分工是夫妻之间基于经济原则对家庭事务的责任分配，男性劳动力负责对外事务，而妇女在家务农、照顾子女或赡养老人等等。而现在的分工模式是年轻夫妻双方共同主外，老人主内（杨华，2013）。

实际调查中，很多老人都已经与子女分家单过，但还是被动的承担起照顾孙子女的责任。这就是有些学者提出的分而不离的状态。上文中我们从历史的维度描化了土地改革以来农村家庭形态的变化，子代追求独立、追求个人享受之风风靡，而对传统家庭下老年的干预越来越排斥。但是在需要老人的时候，子代又重新找回老年家庭。这种合作与以往不同的是即便与祖父母家庭合作带孙子，两个家庭还是两个经济单位，有些情况下，在儿童父母亲经济拮据的情况下，老年人还需要自己投入经济资源照顾孙代。那么为什么老年人在这个时期还愿意承担这样的家庭分工呢？这与老年人传统的价值理想息息相关，子嗣的延续是老一辈人的终极目标，为了大家庭，老人可以在独立居住的情况下，继续承担起照顾孙子女的责任。换句话说，目前的家庭成员间的代际合作，从微观上看也有可能是子女家庭与老人家庭两个家庭之间的合作。

以照顾孙子为中心的代际合作受到多方面因素的影响，一个是老年人所处的生命周期；另一个是老年人自身的经济情况。从老年人所处的生命周期看，1945 年到 1955 年出生的老人，年富力强，部分老年人可能还处于外出打工状态，因此这个年龄阶段的老年人是否承担照顾孙子女的责任还要依据老年自身的主观选择，如果继续留守农村，可能需要责无旁贷的承担起照顾孙子女的责任，而如果在外出打工，子代可能就不得不将子女带到打工地，自己独立承担照顾子女的责任。从老年自身的经济情况看，当老年自身的经济情况较差时，与子女之间更容易达成一种互惠，老年人照顾孙子女，而孙子女的父母则定期的或者年终一次性的给予老年人经济补贴。未来老年人也可以以现在照顾孙子女的劳动付出，换得子女养老送终的义务。但这种代际的互惠充满不确定性，根据杨华等的调研，当老年人年老丧失行动能力时，即便一些老年人曾经承担过照顾孙子女的责任，还是有大量的子代家庭拒绝承担照顾老年人的义务，导致老年时期自杀行为的出现。在这种情况下，由老年人照顾孙子女就不再是一种代际的长期互惠，而变成一种代际剥削。所以，有些经济独立的老年人已经未雨绸缪，他们或者拒绝承担照顾孙子女的责任，或者间断性的承担照顾孙子女的责任，而不会将全部精力投入到照顾隔代家庭的繁重劳务中来。

（二）以照顾"老人"为中心的代际合作：女儿的重新介入

20 世纪 90 年代以后东部地区的劳动力短缺严重，一度出现民工荒的问题。这个时期劳动力饥渴症成为劳动密集型企业的典型特征。一些企业甚至直接到中西部地区集体招工，女性原本是距离市场化较远的，但是随着招工单位进入小城镇，一些职位也对女性开放，女性也开始萌发外出打工的欲望。而在一些打工者密集的长三角、珠三角地区，先期外出打工者已经结成地缘或者亲缘共同体，在巨大的招工需求来临时，他们又会通过这个网络进一步吸纳家乡的劳动力，总之这些条件都为女性外出打工创造了条件。

如果说以上这些条件是导致女性外出打工的拉力的话，在农村社会内部，也有对女性外出打工的推力。上文谈到孙子女到乡镇或县城异地就读，这种异地就读的方式成本非常高昂，一方面，由于儿童年龄低，从乡村到乡镇或县城路途遥远，经济条件稍好的家庭通常会选择在就读地租房居住。这种居住模式的成本是非常高昂的，根据我们的调查，租房花销一年在1000元到5000元之间，如果考虑到食品的花销，一个家庭一年的消费至少在10000元上下。依靠当地的打工收入很难维持儿童异地就学的消费支出，为此，很多孩子的父母亲选择双双外出，而依据农村的习俗，照顾孩子的人通常为孩子的祖父母。

从我们调查的结果看，大部分农村老年人的身体健康状况都并不理想，但是为了完成照顾孙子女的责任，有些老年人在未倒下的情况下还要强硬坚持。很多情况下，留守老人在承担留守儿童的照护责任，那么问题是，谁来照护留守的老年？在农村当下，存在着一个悖谬的现实情况，在媳妇不外出打工的情况下，由于媳妇地位的提高，老人家庭通常与子女家庭是分开单过的，合在一起共同生活的家庭少之又少；而在媳妇外出打工的情况下，对老人的劳力需要是放在首位的，而照顾的责任则放在次要范畴考虑，老年人还是不太可能获得媳妇的照顾。所以无论在哪种情况下，原来父系社会传统媳妇照护、儿孙绕膝的情况都已不再多见。那么又回到最初的问题，当老年人因为沉重的压力倒下时，谁来提供照顾？从我们调查的情况看，女儿在老年照顾中发挥了越来越大的作用。

女儿提供对老年人的照顾，这在传统社会下是不可想象也不可接受的。"嫁出去的女儿泼出去的水"，女儿的出嫁意味着与父系家庭责任的终结。女儿的责任是对夫家的婆婆的。但是现在情况有所变化，一是因为上文中我们反复提到的女性地位的提高和自主权的扩大，部分女性因为早年外出打工，积攒下一些收入，在家庭中的决策权并不亚于丈夫；另一方面，农村中的通婚圈比较小，一般不超过县域的范围，在交通发达的地方，女儿家到父母家的时间不过1个小时。在媳妇缺位的情况下，女儿因为父母的养育之恩和不舍亲情，不会置父母健康于不顾。女儿介入父母照顾有很多形式，一般情况下，在父母需要短暂照护的时候，女儿会不定期的回娘家帮父母打理家务；在经济宽裕的情况下，会给予父母一定的现金支持；通常女儿也是与父母沟通联络最多的子女，这对于排解老年人的精神压力起到非常大的作用。

综合来看，从代际合作的形式上看，以父系家庭功能为核心的模式出现了多种变异：首先，从纵向代际合作看，"照护孙辈"原本是主干家庭内部的家庭分工，现在转变为子代家庭与父代家庭之间两个家庭之间的合作，在这种合作模式下，存在着不对等的价值取向，老年人付出时间和金钱，最好的互惠方式就是未来子女能养老，所谓"我养你一小，你养我一老"。但即便子女不养老，老年人也对照顾孙子女责无旁贷，这是传统祭祀延续伦理价值的要求，虽然消费主义也在一定程度上影响了老年人对当下舒适生活的渴望，但是照顾子嗣的精神要求还是内化到老年人的精神世界和现实行动当中来。其次，从横向家庭合作看，由于"媳妇"的角色缺席，女儿照顾父母成为不得已的被动选择，女儿介入往往是自身主动参与，出于照顾父母的亲情，女儿的照顾通常也是不求回报的。在当下，由于社会的压力，迫使原始家庭的不完整处处存在，留守儿童照护缺失，留守老人照顾也是缺失的，而且后一方面的缺失引起的重视远远不够。目前女儿照料可能在一定程度上弥补父系家庭照护不足的缺失，但是并非是一种稳固的照护模式。现代性代际分工合作，无论从背后隐藏的价值取向，还是实际的行动上，都存在着诸多不确定性。

四 互惠与分工：父系家庭代际合作的价值基础

从上文所述的分工合作模式看，家庭分工透出浓浓的现代化理性，在研究家庭分工的理论中，贝克尔是最早基于个人理性分析家庭分工的学者，他主要从四个方面阐述了家庭分工合作的合理性。

（1）社会中家庭是最小的，也是最富于效率的经济组织。由于亲缘和血缘关系纽带，家庭成员间产生了较为稳固的相互信赖关系，同时家庭成员之间信息充分，因此，家庭经济活动一般以节约交易成本的方式完成，也更有效率。

（2）家庭是一个再生产单位，家庭成员利用市场交换购买商品、投入时间，其目标产出为孩子、声望、利他主义、幸福等家庭产品。

（3）家庭成员的目标追求总的效用最大化和家庭福利最大化。因为家庭中的经济资源和人力资源有限，因此家庭决策总是以效用最大化的方式配置这些资源。

（4）家庭中每个成员都有比较优势，个人根据在家庭中的比较优势确立在家庭中的分工。具体地说，一个家庭中的成员因为各具比较优势，通常不会在市场部门和家庭部门同时进行投资。在市场部门专业化的成员只会投资于市场资本，而在家庭部门专业化的成员只会投资于家庭资本。

单纯从经济学的视角解释农村家庭分工行为是有一定的合理性的，老年人在家庭部门更具优势，同时成本也更低，而年轻人在市场部门更具优势，放弃市场部门回归家庭的机会成本也很高。如果双方能够合作，年轻人从市场部门获得最大化收入，是有可能改善家庭整体福利水平，或者说使家庭整体福利最大化的。但是贝克尔忽略的一点是，家庭整体福利的最大化不一定代表每个人的福利可以均等的受益，年轻家庭成员获得的收入不一定能惠及父代家庭成员，即便他们为了家庭收益最大化而被动的卷入家庭分工之中。所以，理解这种家庭分工背后的逻辑可能还需要从中国传统伦理观念与现代化的理性冲突着手。

在传统社会，由于整个社会伦理的制约，代际的互动还体现出一定以孝道伦理为基础的价值理性。即亲子双方在价值观上还是有着一些共识的，比如"养儿防老""父慈子孝""传宗接代"等等，所以我们会看到1945年以前出生的老年群体，对家族延续的责任意识，为了子代能够过上好日子，他们甘愿奉献和牺牲。这代人与他们理想意识形态下构建的家庭代际合作模式中，更多的是基于伦理价值理性。

但是从集体化时代开始，家庭的主干形态首先被剥离，而社会主义改造更是将祖先崇拜打入地狱。父代权威时代一去不复返，父子两代第一次站在平等的地位上对话。那么对话的基础是什么呢？在集体化时代，家庭的生产性功能消失了，这种"去家庭化"的宏观政治运动进一步将家庭成员之间的代际交换功能割裂开来，每个人对家庭的贡献都可以从"工分"贡献中清清楚楚地看到，1957年我国人口的平均预期寿命为57.9岁，农村人口的预期寿命更低，这就意味着大部分人口可能还没有走到依靠子女供养就进入了坟墓。

到市场化时代以后，工业化、消费主义等闯进了原本相对封闭的乡土社会，子代对物质生活的需求和渴望激发出巨大的生产力，传统家庭对劳动力的一切束缚都土崩瓦解了，至少照护老年的家庭目标再也不能成为抑制劳动力追求价值最大化的理由。那么老年人如何才能找回失去的家庭呢？适应市场化的调试成为一种必然的选择，这一点正如贝克尔所言，"家庭是一种最小的、最富于效率的经济组织"。老年人的价值也开始从交换价值中体现出来。当然，在市场化时代，由于社会功能的缺失，养育儿童将耗费劳动力巨大的机会成本，而老年人的比较优势就在于家庭部门的机会成本较低，在地就业，可以就近替补劳动力外出之后家庭育儿功能的缺口。于是在这种以保证家庭收益最大化核心的背景下，家庭重新组合成了一个"战斗单位"（参见阎云翔2015年内部报告文稿）。父子两代在这种社会需求下重新找到了一个一致性的目标，两代人的关系因为共同的目标而亲密起来。但是背后的工具性交换逻辑没有改变。陈柏峰在研究老年自杀问题时曾经注意到这种现象，"日常生活成为功利性的，对老年的重视与否取决于他们是否对子代家庭的生活更加有用"，老年人甚至也认同这样的价值，"现在不给看孩子，不自己赚点钱，以后怎么能到孩子跟前，让孩子尽孝呢"。

父系家庭代际互惠内容的对等性

在传统社会，代际的互惠以"哺育"和"反馈"为表现形式，哺育、反馈体现的是尊卑有序的伦理规范，亲子之间的互惠是尽心而为，很少计算对等关系，或者说这种对等关系用实物价值是难以衡量的。但是在现代，老年人在子代的市场竞争中能不能发挥作用，成为子代考量代际关系的基本标准。而有用的标准就在于老年的工具性价值：首先如果老年人能在子代竞争中帮助子代胜出，比如当下子代纷纷在县城买房的浪潮中，老年人如果能倾囊相助，未来可能就会获得子代的照护。退而求其次，就是减轻子代的负担，在子代在市场竞争中打拼的时候，老年人能帮助子代解决市场之外的家庭子女照护问题，这样老年人也相当于积累了养老的资本。总之，工具性的价值理性（孙新华、王艳霞，2013）是以经济效率为优先考虑的标准，而其他层面的价值处于次要地位。这是与传统代际合作的最大差异之处，传统的合作原则，既包含物质、经济层面的有形交换，更包括情感和象征性方面的无形交换。但是在现下的交换活动中，情感性、象征性的交换日益式微，而工具性对等价值则甚嚣尘上。这一点正如阎云翔

2006 年所描述的，"根据市场经济中流行的新道德观，两代人之间的关系更多的是一种理性的、平等的交换关系，双方必须相互有对等的给予"。杨华在研究中也强调，子代家庭与亲代家庭的互动合作中更加强调"指标"的对等性。所谓指标，就不仅仅是"哺育"，更强调父母当下的价值和贡献。调查中可以发现，老年人在当代的农村社会都处于相对较边缘的社会地位，无论经济能力还是社会动员能力都较子代有较大的差距，在代际协商对话中并不占据优势，因此，这种强调指标的对等实际上隐含着生命历程上的不平等，老年人从不同的历史起点走过来，受各种社会运动的影响，无论是 1944 年以前的老人，还是 1945 年到 1955 年的老人，他们在社会资源的占有上都不具优势，特别是再与城市社会需求对比之后，老年人在农村社会所积攒的财富更是杯水车薪。在这种社会背景下，老年人承担照顾孙代的责任成为老年获得未来照顾资源的为数不多的砝码，正因为子代有这方面的迫切需求，而老年人无论有任何的难处，通常也会承担起这方面的责任。从老年人的视角来看，他们提供这种照护一方面是基于对等性的现实原则，为未来养老积攒资本；另一方面，传统的祭祀延续理念仍然在左右老年人的价值取向。如果从生命历程的角度考虑，老年人的付出和牺牲极有可能是不对等的，但是大多数老年人的追求远在等价目标之外，对祖先和家庭的责任是老年人首先考量的原则。

父系家庭代际互惠过程的长期性

从子代的视角看，由于强调代际互惠的对等性，代际互惠的过程必然要拉长。费孝通曾经描述西方社会的代际互惠模式是单向的传递，即甲代对乙代，乙代对丙代，这种代际互惠模式就是掐断了子女因为养育之恩而回馈父母的逻辑。回到我们讨论的问题，当农村社会走到市场化的今天，传统的双向反馈模式实际上也已经难以为继了。父母养育子女在很大程度上已经被认为是一种理所当然的工作，在乡村家庭养老实践中，子女养老一定程度上是与养育这件事脱离的。当下子女更强调的是市场原则下的"现世现报"（孙新华、王艳霞，2013）。老年人对成年子女贡献越多，贡献时间越长，子女回报父母的动力越大；反之，如果老年人成为一种累赘，拖累子女外出就业，子女回报父母的动力可能就大打折扣，在农村社会中子女不养老的情景比比皆是。陈皆明（1998）在其研究中就指出，家庭早期的哺育对子女养老行为几乎没有影响，有影响的首先是父母在子女结婚

42

时的经济贡献，其次是父母近期在为子女家务或经济上的帮助。这种"现世现报"的互惠原则对老年人提出了更高的要求，从生命历程上讲，50岁以上的老年人在农村已经步入老年，他们的人力资本已经跟不上社会发展的需要，部分身体健康状况较差的老人甚至已经退出了劳动力市场。换句话说，老年人现世现报的资本已经严重贬值。但是基于对等互惠的原则，更基于老年未来养老的考量，很多老年人还不得不强硬头皮承担起家庭责任。如访谈中的一位老人所言，"现在不多干点，以后儿媳妇肯定看不上。"为了换取儿子家庭更稳固的支持，老年人通常在身体尚可的情况下，倾尽全力照顾子女家庭的饮食起居、孙子辈上学，直至丧失劳动能力，才会仰赖儿子家庭养老送终。但实际上，到老年丧失劳动能力之时，距离生命尽头大都不会太遥远。综合来说，现下由于强调代际互惠对等性引致代际互惠长期性是对老年人的一种长期性代际剥削（杨华、欧阳静，2013）。

综合来看，基于平等价值下的互惠分工已经成为父系家庭下代际分工的基本模式，在这种模式下，老年一代的边缘地位决定了他们在与子代的互动中缺乏其应有的主体性和能动性，同时由于传统伦理价值的内化，他们也没有子女一代的工于算计的理性逻辑。所以在父代与子代的代际合作中，存在着两种力量的较量，一种是以尊卑有序为内涵的价值逻辑，一种是以对等交换为内涵的理性逻辑，如果全然将子代推到传统道德的对立面可能也过于片面，本研究认为，这种市场化的代际合作既然嵌入当下的市场化秩序，必然摆脱不了交换的原则，但是传统的伦理能在多大程度上延续下来，还是需要继续研究的，这也是本研究希望着重突破的方面。

五　互惠规则之外：女儿介入父系家庭的动力

在传统代际合作关系研究中，女儿始终是一个被忽略的角色。费孝通（1998）曾经说过，女儿一生有两个时期，一是从父时期，二是从夫时期，婚前是父系家族的"附从成员"，婚后成为丈夫家庭的正式成员（陈其南，1990）。正是由于传统上女性不是父系家庭的正式成员，没有宗祧和财产的继承权利，因此，女儿一般也不会承担家计与赡养父母的职责。但是随着城市化的加速，女儿的工具性意义开始凸显。首先，在农村，总的说来，女性外出打工的比例低于男性，这样女儿距离娘家的地理距离相对外出打工的儿子反而更近了，这也使得老人在遇到困难时自然而然的导向女儿。

其次，如前文所述，目前农村的家庭权力向女性转移，女性的角色通常是双重的，一是媳妇的角色，对应的是婆家的身份；二是女儿的角色，对应的是娘家的身份，随着女儿家庭权力的上升，娘家父母逐渐成为主要的受益者。再次，在父系家庭中，儿子的性格角色通常承袭父亲，给予老人的是经济的支持，而经济支持之外的情感需求只能通过女儿弥补（唐灿、马春华、石金群，2009）。

目前许多研究都表明，在农村代际关系日益理性化、功利化的倾向中，父母与女儿之间的联系越来越紧密，而女儿作为传统父系家庭中的暂时角色，目前越来越多的介入到娘家父母的照护、经济支持等活动中来。但是从对老年父母的赡养角色看，女儿与儿子还是存在着一定的差异。

首先，女儿对父母的照护行为通常是自发自愿的，并没有强制性。相反，儿子对老人的赡养是相对正式的。由于传统上儿子是宗祧和财产的继承身份，儿子就有责无旁贷的赡养老人的义务，这种义务在农村赡养中已经内化为一种正式的规范。而女儿则有所不同，女儿在父系家庭中没有正式的角色。所以，虽然目前女儿可能承担了很多父母的照护功能，但在农村人眼里，父母最终还是需要儿子供养，有的媳妇甚至会厌恶女儿对娘家事务的过多介入。

胡幼慧认为，女儿的动力来自情感和良心（胡幼慧，1995：104）。贾德也曾指出，已婚妇女虽然已经从属于婆家，但她仍然希望继续成为娘家世界的一员。

其次，女儿对父母的照护行为通常是不求回报的，这也与儿子的赡养动机有很大的差异。上文中我们着重探讨了儿子在老人赡养行为中的功利性心态，基于平等互惠的原则，儿子的赡养更注重老人为子代家庭贡献了多少，而女儿的行为则鲜有这种功利性的心态，女儿无论是给予老年经济支持，还是照护，都是出于自发性。在农村，随着女性参与一些非农就业，手头的收入也逐渐增加，有的女性甚至背着丈夫和婆家给予娘家支持，帮助娘家老人看病、支付医疗费用等等，这些支持通常都是单向的、无偿给予的。

再次，女儿对老人的照护活动一般体现在家务劳动和给予老年人精神慰藉。在父母年老之时，女儿通常跟父母更贴心，父母也愿意将家长里短向女儿倾诉。反之，婆婆与媳妇的关系就达不到这种精神层次，用访谈中一位老人的话语概括，媳妇和老人之间是"隔层肚皮差成山"。而从农村中儿子的角色看，到需要儿子供养时期，儿子通常会提供老年人的口粮，满足老人的温饱需求，这一点正如唐灿所言，"儿子的行为目标就是满足父母的基本温饱，并以此合理化，而女儿的赡养活动则多是提供温饱之上的其他物质和精神内容"（唐灿，2009：23）。从这一点上看，女儿在乡村中的角色是儿子所不能替代的。

综合来看，女儿在代际互动中的动力基础与儿子存在着根本性的差异。女儿对老年的照护行为是以情感为基础的，女儿怀着对父母的养育之恩为父系家庭提供无偿性的援助，这种援助本质上是利他性的。由于传统上女儿身份的非正式性，女儿的照护责任原本是没有规定的，但是现代社会中，由于女儿越来越多的介入娘家事务，在有些地区，如果女儿不再承担照料角色反倒被认为是一种不孝，特别是在儿子外出打工的情况下，女儿也不得不投入到照顾娘家的活动中来。

六　小结

随着城市化、市场化的变迁，农村的代际合作关系呈现多样化趋向。一方面，经历现代化的冲击，家庭规模是在逐渐缩小的，夫妇核心家庭最大限度地满足了个人主义的价值观，个体服从家庭整体利益的传统家庭关系被瓦解。这一点从农村的发展变化趋向上也得到证实。随着家庭核心化，父系代际的合作关系也逐步转向实用主义，传统的赡养义务不再建立在父子身份关系上，而是依据市场化的规则，越来越呈现互惠的、对等的交换原则，父辈家庭需要通过工具性的价值来积攒养老资本，也正因为如此，父辈投入家庭劳动的时间和周期较传统延长。而父辈从传统社会走来，生命历程中的传统宗祧祭祀观念，要求父辈为祖先的延续而牺牲，这种价值伦理与功利主义的价值伦理存在根本性的相互对立。在老年人尚能劳动之时，这种对立尚不明显，但是当老年人因年老体衰陷入仰赖子辈照护时，这种代际的价值冲突才会凸显出来。

另一方面，在传统代际关系中，女儿通常与娘家的关系是相互脱离的。但是现代化的另一方面就是女性权力的上升，女儿重新构建起娘家的强关系纽带。基于亲情、养育之恩等动力，女儿在娘家的经济、资源和家庭事务中扮演越来越重要的角色。这是突破传统代际合作的一个重要的社会转型。未来随着儿子家庭更多地融入城市，女儿照料资源的重要性可能被提升到重要的地位。

综合这两个方面，中国农村的代际关系变迁与现代化理论并不完全一致，一方面存在着家庭核心化和功利主义的价值取向；另一方面，家庭的继替规则在突破传统的条件下得到一定的维系，闫云翔曾经指出，随着市场化时代子代家庭对父代家庭的分工依赖，两代家庭之间的亲密关系重新建构起来。而女儿赡养行为的出现也为传统父系养老资源的缺失提供了另一种补偿机制。在这种复合的代际互动规则中，家庭成员的行为将存在着因各种意外而形成的张力，这也是我们研究的价值所在。

第四章
社会结构、社会关系与精神健康问题

一　西方社会资本理论的演进

社会资本理论从 20 世纪 60 年代兴起，80 年代以后逐渐被经济学、政治学、社会学等多个学科所关注。从理论渊源上来讲，社会资本理论最早可追溯至涂尔干，涂尔干观察到一个社会事实，社会群体的特征决定社会自杀率的高低，在集体意识较为薄弱的社会，社会整合度低，社会群体的自杀率较高；反之，在高度凝聚和团结的社会中，社会共同意识能实现"共同的道德支持"，将软弱的个体带入集体的方向，使个体成员免遭失范性自杀的风险（涂尔干，2010）。涂尔干的社会整合理论实际上把社会资本视为一种集体性的资源，体现为一个社会整体的特征，而非个体所独立拥有的资源。随着社会资本理论的发展，社会资本理论开始发展出不同的理论分支。

20 世纪 60 年代，布迪厄在对社会空间研究中提出"社会资本"的概念，布迪厄认为，在一个高度分化的社会中，社会是由大量相对自主性的小社会构成。这些小世界是具有自身的运转逻辑和必然性的客观关系的空间，而社会资本是建构这些关系的基础。所谓社会资本，即"实际的或潜在的资源的集合体，那些资源是同对某些持久的网络的占有密不可分的。这一网络是大家共同熟悉的，得到公认的，而且是一种体制化的网络，这一网络是同某团体的会员制相联系的，它从集体性拥有资本的角度为每个会员提供支持"（包亚明，1997）。在布迪厄社会资本的概念中有两个核心的要素，第一，社会资本并不是一种孤立的资源，它是与经济资本和文化资本联系在一起的无形资源；第二，社会资源的获得以成员间相互认知和相识为基础。布迪厄继而认为，社会主体拥有的社会资本量取决于个人在社会交往过程中可以动员的社会网络和社会关系的结构和规模。在布迪厄的理论中，与场域相连的微观社会结构和社会网络关系是决定社会资本的关键（周红云，2010）。

其后，科尔曼对布迪厄的社会资本理论进行了一些继承和完善。科尔曼从社会功能的角度对社会资本进行定义，"它不是一个单一体，而是多种实体，彼此之间有很多共同之处，社会资本包含社会结构的某些方面，有利于处于某一结构中的行动者采取个体的或集体的行动。和其他形式的资本一样，社会资本也是生产性的，有利于达成某些目标，而在缺少它的时候，这些目的很难实现"（科尔曼，2008）。在科尔曼的社会资本定义中，科尔曼着重强调了社会资本的结构性特征和公共产品性质。科尔曼认为，将社会资本置于一定的社会结构之下，一是有助于揭示不同地位的社会行动者的结果；二是有助于在更宏大的背景下观察社会现象的发生过程。从社会资本的公共产品性质看，社会资本一旦形成，它就会有利于社会结构内部的所有个体采用不同的形式利用这种资源，实现个人的目标，同时也有利于集体目标的实现。科尔曼同时拓展了社会资本的个体性资源属性，将它置于一个功能主义理论框架之中，科尔曼认为，行动者固然是理性的，但是在一个特定的社会结构之下，通过建立义务、期望和信任，建立信息渠道，设立有效的惩罚机制，社会资本相当于一种非正式的规范，潜在地影响社会主体的行动。科尔曼以社会主体的理性动机为出发点，在阐述社会资本作为一种个体性社会资源增进个人收益的同时，也能解决一定的社会结构中的集体问题。因此，在社会结构的视角上，科尔曼对布迪厄的社会理论是有一定的继承和发展的。在社会资本理论脉络中，布迪厄和科尔曼都被归类到从个体性社会资源的角度建构社会资本的概念，但是两位研究者在建构社会资本的概念和功能时，同时关注社会资本所嵌入的社会结构，因此，对于我们后续的研究来讲，是相当有启发的。

在社会资本理论脉络中，帕特南是从另外一个脉络切入研究社会资本理论的，帕特南所要回答的问题并非一个个体性的社会资源问题，而是一个社会治理的问题。意大利南部的某些地区具有紧密的公民社会网络和规范，经济绩效较高，公共服务资源配置效率也很高；而与之相对，北部一些地区则为垂直的政治结构，孤立的社会生活，以及缺乏信任的社会文化，同时伴随的是较低的经济绩效和公共服务水平。帕特南在运用新制度研究方法中引入了社会资本的概念，帕特南认为，社会资本是指社会组织的某种特征，是能够通过协调行动来提高集体行动的网络、信任和规范。从这个概念中，我们可以发现，帕特南试图构建的社会资本理论框架不同于布迪厄和科尔曼，在《使民主运转起来》的结尾，帕特南指出，信任是社会资本不可或缺的组成部分，也是社会资本的核心要素，信任可以推动互惠规范和公民社会网络的建立，社会信任、互惠规范和公民参与三者相互强化，通过重复性的互惠行动和公民参与，一个社会内部的信任才可能牢靠地建立起来，集体行动的困境在普遍信任的背景下才有可能寻求到解决之道（帕特南，2001）。

帕特南从社会资本的集体属性出发建构了社会资本框架，在社会资本的公共属性上，帕特南与科尔曼对社会资本的认识是殊途同归的。社会资本一旦建构起来，既是私人产品同时也是公共产品，它对于生活于其中的人们及整个社会都有非常重要的意义。在现实社会情境下，由社会网络产生的共同的理解、默许的规则、共享的程序和社会信任可以使人更容易为了共同的诉求进行合作。与科尔曼不同的是，帕特南认为公民社会组织是蕴藏社会资本的基石，在一个紧密的社会组织之中，社会资本能弥合社会裂痕，整合人们的价值分歧，促进集体合作和互惠规范的形成，从而有利于一个良性的社会秩序的形成。在帕特南的另一本著作《独自打保龄》中，帕特南细致而微地分析了社会资本促进社会整合的各个层面，第一，社会资本能够更加轻松地解决集体问题，在一定程度上克服集体行动的困境；第二，"社会资本是社区前进车轮的润滑剂"，在人们能相互信任以及在社会成员可以重复互动的地方，日常的商业和社会交往的成本将大大降低；第三，社会资本拓展了我们的认知，培养我们健康的人格——有活跃社会联系并相互信任，培养并维持着一种对社会其他人有益的性格特征；第四，社会资本通过心理的过程提高人们的生活水平，社会资本丰富的人们可以更好地应对社会压力（帕特南，2011）。

布迪厄、科尔曼和帕特南是对社会资本理论发展做出奠基性研究工作的三位学者，他们关注的焦点和研究脉络虽然具有一定的差异，但是在社会资本的一些公共属性上却存在共鸣。后来的研究者大都是基于三位研究者的理论脉络进行探索，比如 Szreter 和 Woolcock 从三个层面对社会资本的效能进行了解释。第一，社会支持的视角，他们认为社会网络对人们的主观和客观幸福感都是至关重要的；第二，不平等的视角，严峻的经济不平等会腐蚀人们相互尊重、相互信任的传统；第三，政治经济的视角，健康不平等会延续到人们获取物质资源的不平等（Szreter & Woolcock，2004）。社会资本的三种不同视角与三种社会资本类型似乎是平行发展的。黏合性社会资本是指同一个社会网络中地位相近的成员紧密连接的社会纽带，在一个特定的社会群体中与社会凝聚的概念是相对的（Lochner et al.，1999）；桥接性社会资本是指社会中不同地位的社会群体建立的社会联系，通常与社会公平、社会团结和相互尊重相对应；耦合性社会资本，它是桥接性社会资本的一种特殊形式，适用于垂直联系的社会关系，通常是正式的或者是制度化的权力机构之间的联系。所有这三种形式的社会资本对人们的健康和社会福祉都相当重要，黏合性社会资本提供必要的社会支持，桥接性社会资本提供跨群体的社会融合剂；耦合性社会资本可以有效地动员政治制度和政治意愿（帕特南，2011）。除此之外，还可以从结构性和认知性两个层面来认识社会资本，前者通常指社会联系和社会活动的范围和强度；后者指个人感知的社会支持、社会信任、互惠行为。换句话说，结构性社会资本更多的是由客观的组织结构构成的社会资本；而主观性社会资本是指人们主观感受到的可利用的社会资本。

从上面这些概念中，我们可以发现社会资本是一个很宽泛的社会概念，不同意义之间联系松散。一些学者甚至认为由于社会资本对各种社会现象无所不包，因此已经失去了其明确的含义（Macinko & Starfield，2001；Portes，1998）。根据 Subramanian SV 等人的见解，社会资本之所以会变成一个具有很多争议的概念，主要是因为学术界没有对社会资本究竟为个体性社会资源还是集体性社会资产达成共识（Subramanian SV，Lochner KA，Kawachi I.，2003）。

在这种背景下，Lochner 等人在 1999 年对社会资本、社会网络与社会支持进行了一个尝试性的区分，社会网络和社会支持是指个人所嵌入的社会网络及其所能动员的个人资源（Lindstrom，2004）。而社会资本则是指集体性合作规范或行为，这个区分是非常有意义的，由此基于信任的集体性的社会资本和以社会支持为基础的个体性的社会资本就有一个区分。目前在健康研究领域，也在利用这个区分进行一些理论与实证方面的探索，社会资本既可以是嵌入一定社会结构之下的人们可能获得的个体性资源；又可能是规范个体屈从于一定集体规范的道德约束。从本研究关注的焦点来看，社会资本的两种属性都可能对个体的健康产生影响，从个体的角度讲，健康资源的获得可能内嵌于一定的社会结构和社会网络之内；从集体性的角度讲，整合性的社会与离散性的社会，个体所面对的社会压力和风险可能迥然不同。

二 社会资本与个体健康的关系耦合

在社会资本概念建立之初，并未预期到其会产生健康收益（帕特南，2011）。但是随着社会资本概念的发展，越来越多的证据显示社会资本会带来显著的健康收益。比如社会资本与社会的平均健康水平、心血管发病率、癌症发病率、自杀率、犯罪率等都具有显著的相关性（Subramanian, Kim, & Kawachi, 2002）。但是正如上文所述，即便社会资本与人们的健康有显著的相关性，但是对于社会资本影响健康的过程却存在着大量不一致的研究。一些研究认为社会资本为人们提供了物质支持，在逆境中扮演了压力缓冲器的角色（Wilkinson, 1996）。也有研究认为，社会凝聚力比较高的社区通过较高的集体效能，抵抗权威机构对于地方公共服务的财政削减（Kawachi, Kennedy, & Glass, 1999）。还有一些研究认为，具有较高社会资本的社区通常也具有较强的社会规范，因此在控制人们的健康偏离行为方面会更加有效率，比如吸烟和酗酒行为（Subramanian et al., 2002）。

（一）微观社会网络、社会支持与精神健康

1950 年代中期，一些英国人类学家发现越来越难以理解一些传统类型的个体和组织，比如家庭、家族和村庄。Barnes（1954）和 Bott（1957）发展了社会网络的概念，以此来分析传统的亲属关系、居住区域和等级关系在找工作、政治参与和婚姻角色中的作用。社会网络模型提供了一种观察人们之间社会关系的结构性视角，这种社会关系是先天存在的，没有明确的预期和约束。这一点正像拉德克利夫－布朗所言，所谓社会的组成部分，无非是人与人之间发生的关系，而社会结构就是实际存在的社会关系的网络，"特定时刻所有个体的社会关系的总和"构成了特定社会的结构（Radcliffe-Brown, 1940）。社会网络分析集中于"社会系统中成员之间的互动性质，而非个体自身的属性，利用这种描述分析来研究社会结构如何约束个

体成员的行为"（Hall & Wellman，1985）。社会网络分析聚焦于社会网络的结构和构成要素，同时关注在整个网络结构中流动的资源（社会支持）。社会网络分析有两条路径，一是关注社会网络的结构性特征；二是关注社会网络的功能，即社会网络可能提供哪些支持性的社会资源。

社会网络分析的长处在于，社会网络结构通过形塑网络资源的流动方向、范围决定个人可能获得的机会和可能遇到的约束，在很大程度上决定了个体的行为和态度。社会网络分析与结构功能主义有很多共通之处。社会制度的结构性安排将决定个体可以获得的资源，因此会影响个体的行为和情感反应。社会网络理论的另一个贡献是社会网络结构并不总是遵从预想的观念，比如以地理或家族为标准构造的社区。因此，斯科特认为社会网络的精髓在于对社会结构的重视。它将个人或组织视为"节点"，将网络中的个人或组织之间的联系视为"线"（wire），这些点和线形成了一个个网络状的结构，乃至整个社会都可视为一个大网络（Scott，1991）。而网络中流动的资源就似电源一样（electricity），完全由社会网络结构所决定。海因斯等人（Haines & Hurlbert，1992）在健康研究中曾经提出，社会网络结构与社会支持是互相独立的因素。社会支持反映的是个体通过所嵌入的社会环境（社会结构）所能获取的资源；而社会网络结构则会更加重视对社会环境和社会结构的描述。还有一些研究直接强调了社会网络结构特征，而非社会网络实际提供的资源。这些研究提出特定社会网络是人们社会行动的基础，人们与亲密社会网络中的成员通过长期的互动，已经形成了对资源可得性和资源获取方式的固定模式（Hurlbert et al.，2000）。

社会网络结构通过不同的社会支持功能提供来影响健康。这个框架很快就得到认可，并不是所有的网络纽带都是支持性的，社会支持在种类、频率、强度和范围上都有差异。比如，有一些纽带提供集中类型的社会支持，而其他的纽带则是专门性的，只提供一种社会支持。社会支持可以具体分为情感支持、工具性支持、评价和信息支持（Weiss，1974）。情感支持与个体可能获得的"爱与关怀、同情与理解、自尊与价值"等密切相关（Thoits，1995）。情感支持通常由家庭成员或亲密的朋友来提供，当然在一些特殊的情况下，非亲密的关系纽带也可能提供情感支持。

工具性支持通常指与可见的需求相关的一些帮忙或者协助，比如购买杂货、预约医生、打电话、做饭、清洁或者付账单。House（1981）将工具性社会支持指代为实物的、金钱的或者劳动的帮助。评价性支持，通常是指第三种类型的支持，它是指个人需要进行决策、给予合适的反馈或者帮忙决定行动步骤。信息支持通常是指在有特别需求的情况下需要建议或信息。情感的、评价性的或者信息的支持是很难被分解开来的，因此也存在很多不同的定义（自尊支持）。

可能比表面的社会支持更深入的是紧密的社会联系提供了人与人之间相互依恋的基础。亲密与依恋的意义不仅仅在家庭之内，也可以延展到家庭之外，比如在社区成员非常团结的背景下，个人可能会感受到一种强烈的引力，愿意投入社区或者组织。

社会网络分析中强调社会角色的重要意义，人们在社会参与的过程中可以获得应有的社会角色。通过参与，社会网络将确认和强化个人的社会角色，比如为人父母的角色、家族角色、职业角色、社区角色等等，在参与的过程中，个人将获得一种自我价值感、归属感和依恋感。这些角色将为个人提供连贯和一致的个人身份感知，这就像一个演员在剧院的舞台上获得了一个适合自身的角色，社会网络其时就是在提供这样的一种平台。同时，网络参与也为深化友谊和社会化提供了机会。社会参与给予个人生命以意义，帮助个人全身心的投入，感受到自身的社会义务，同时也能感受到对一个社区的归属感。

（二）集体性社会资本与精神健康

对于社会网络和社会支持与健康的关系，已经有大量的文献论证了社会网络与社会支持对于健康促进的积极意义；另外一些研究从个体社会参与、社会信任的角度论证社会资本与健康的关系，也得出了一致性的结论（Ellaway & Macintyre，2000）。但是个体性的路径研究也存在一些问题，他们可以清楚地论证个体的社会网络、社会支持等因素对维持个体健康的重要作用，但是个体所嵌入的社会背景却被有意无意地忽视了，因此，个体研究路径不能稳健地论证真正的社会背景性因素是不是比由个体加总的集体因素更能促进人口的健康水平（Poortinga，2006）。

考虑到集体性社会资本因素与个体层面的社会网络和社会支持因素可能相互混淆，在具体的定量研究中应该同时考虑个体性和集体性的社会资本。目前有一些研究仅仅考虑了集体层面的社会资本指标，没有考虑到个体层面的社会网络和社会支持，在这种情况下，很难分清楚社会资本究竟是在社区层面影响个体的健康水平还是仍然依托于社会网络、社会支持影响个体的健康水平。为了澄清社会资本本身的属性可能带来的混淆，Subramanian 等于 2002 年同时估计了个体层面的社会信任因素和集体层面的社会信任因素对于健康的影响，他们研究发现社会资本对于健康的影响主要还是落在个体层面的社会资本属性上。这个论点在 Lindstrom（2004）的研究中获得了进一步的证实，当模型控制了社会人口学指标和个体社会参与的差异时，集体性社会资本对于健康的影响降为零，这意味着集体性社会因素的影响完全是由个体性因素整合在一起的。Poortinga（2006）利用欧盟的数据，也得出了类似的结论。上述三个研究殊途同归，最终都发现，当控制住个体的社会人口学因素和个体的社会信任、社会参与等因素，集体性社会资本与个体健康的联系就消失了。尽管存在集体性社会资本对个体健康因素解释力不足等问题，但是集体性社会资本并不是全无意义，需要注意的一点问题是，集体性社会资本与个体性社会资本存在着跨层次的关联，换句话说，集体性社会资本会影响到个体性社会资本功能的发挥。因此，集体性社会资本因素并非直接的、自动的影响个体健康的因素，从这两个研究结果中可以看出，社会资本因素具有选择性效应，社会信任越高、个人参与积极性越高的个体，其从社会资本中获得的健康收益就越高，反之，如果个人厌恶社会参与，或者由于各种客观因素不能参与到社区社会资本中来，那么这样的个体也不可能从社会资本中获益。

目前已经有一些经验研究显示集体性的社会资本对于健康的影响。一些生态学研究已经注意到这个问题，并基于统计数据验证了社区、地区甚至国家层面的社会资本会对整体人群的健康水平产生影响（Kawachi，2004）。比如说，kawachi 等（1997，1999）研究显示美国地区层面的社会资本是地区全因素死亡率、特定因素死亡率以及较低自评健康的预测指标，Kennedy（1998）等人发现俄罗斯社会的信任缺失、犯罪、劳动关系和公民参与与预期寿命具有显著的相关性；Veenstra（2005）研究发现在加拿大萨斯喀彻温省的 39 个卫生服务区内，社会资本与人口健康负相关；但是，也有一些研究显示，集体社会资本对人口健康具有积极的效应（Lynch et al.，2001）。在已有的关于集体性社会资本的研究中，有一点仍无法规避，即便是在地区生态的层面上解释社会资本，最后落脚点仍然是个体性的社会因素（Kawachi et al.，2004）。因此，已有的研究结果是否真实地反映了地区背景性因素对于健康的影响，还是反映了嵌入地区的个体性因素（比如个体的社会信任和社会参与）对于健康的影响，这点尚不明确。

三　中国传统的社会结构与社会关系

任何一种社会资本的概念必须嵌入一个社会结构中去理解才能真正展示其应有的意义。中国的社会结构与西方社会存在着根本的差异，儒家的文化传统为中国社会奠定了基调，经过数千年的文化积淀，儒家社会伦理已经渗透到整个社会结构当中，这一点正如西方学者福尔索姆所言，"儒家的目的，就是建立和宇宙的自然和谐有序相一致的人类社会的和谐与有序。他们要建立的社会，是一个充满伦常和人情味的社会，是人，而不是没有生命的政治制度"。儒家社会理论的核心即对社会关系的处理，儒家理论以家庭为起点，进一步地将整个家庭秩序延展到整个社会的秩序当中，即所谓"家天下"。在近代儒家社会理论建构中，梁漱溟、费孝通两位智识源泉对当代学术界理解儒家社会结构起到了重要的作用。他们立足于中国传统社会，讨论中国的社会关系，但其重点不在于人际关系本身，而是从社会关系概化到传统中国社会结构与社会秩序。

梁漱溟在其生平最重要的一部著作——《中国文化要义》——中系统论述了传统中国社会结构特征。梁漱溟在著作中指出，中国社会既非个体本位，也非集体本位，而是伦理本位。所谓伦理，就是个人所嵌入的社会关系。"人一生下来，便有与他相关系之人（父母、兄弟），人生且将始终在与人相关系中而生活（人不能离开社会），如此则知，人生是存在于各种关系之上。此种种关系，即是种种伦理，伦者，伦偶，正指人们彼此之相与，相与之间，关系遂生。"（梁漱溟，1987：79）梁漱溟进一步从家庭关系推延到社会层面，"中国文化的特色就是重视人与人之间的关系，它把家庭关系推广到家庭以外去，比如说他管老师叫师父，管同学叫师兄弟……它总是把家庭那种彼此亲密的味道，应用到社会上去，好像把那个离得很远的人也要拉近，把外边的人归到里头来，这就是中国的特色，中国特色的文化"（梁漱溟，2005：24）。在梁氏看来，中国传统文化的核心就是伦理关系，"伦理关系，即情谊关系，亦即是其相互间的一种义务关系……这种关系不把重点放在任何一方，而是从乎其关系，彼此相交换；其重点实放在关系上了"（梁漱溟［1949］1987：93）。不期辗转，最终形成一个总体的社会关系结构，"每一个人对于其四面八方的伦理关系，各负有其相当义务；同时，其四面八方与他有伦理关系之人，亦个对他负有义务。全社会之人，不期而辗转互相连锁起来，无形中成为一种组织……关系和伦理始于家庭，但又不至于家庭，'中国人就家庭关系推广发挥，以伦理组织社会者'指此"（梁漱溟［1949］1987：78～80）。依据梁氏的理论，中国的社会关系与西方社会存在着根本性的差异，西方社会或者以团体统治个人，或者偏重个人独立自由，而中国社会并没有走这两个极端，而是系于人与人之间的伦理关系之上，通过紧密的家庭关系网络，进而扩展到整个社会结构和社会秩序。因此，伦理组织社会的方式，实际上消融了个人与团体两端。在梁漱溟看来，儒家社会并不存在社会与个人的紧张焦虑情绪，因为社会即扩展的家庭，而社会关系即是一种抽象的家庭伦理关系（李林艳，2007；纪莺莺，2012）。

需要注意的一点是，梁漱溟努力构建的中国社会"伦理关系"不能简单等同于西方学者广为使用的"社会网络"或"社会资本"的概念。伦理虽然描述的是中国社会人与人之间的社会关系，但是这种关系不仅仅指社会关系中的资源，更重要的是指建基于关系之上的社会基础，伦理关系并不仅仅是交换、互惠的趋利性关系，同时还包含着深厚的道德情感，"指明相互之间应有之情与义……伦理社会所贵者，一言以蔽之，尊重对方……所谓伦理者，无他义，就是要人认清楚人生相关系之理，而于彼此相关系中，互以对方为重而已"（梁漱溟，1987：89）。由此，梁著中所阐述的伦理社会关系，涉及中国社会深层次的人际社会联系，这里既包括亲属之间，也包括陌生人之间，甚至国家与个人之间的关系，通过伦理社会关系，梁氏构建的是一个集体社会生活的图景。

与梁漱溟同时代的费孝通也试图用类型学的方式阐述中国社会的儒家传统，但是与梁漱溟不同的是费孝通接受过西方教育，因此在概念方法上都存在西方社会科学的影子。在《乡土中国》中，费孝通阐述了中国社会结构与西方社会结构的差异，"西方社会是由若干人组成的一个个的团体，团体是有一定界限的，谁是团体里的人，谁是团体外的人，不能模糊，一定分得清楚。在团体里的人是一伙，对于团体的关系是相同的，如果同一团体中有组别或者等级的分别，那也是先规定的"（费孝通，1985：22）。而中国社会则是角色关系的混合体，"以己为中心，像石子一般投入水中，和别人所联系成的社会关系，不像团体中的分子一般大家都在同一平面上，而是像水的波纹一般，一圈圈推出去，愈推愈远，也愈推愈薄。在这里我们遇到了中国社会结构的基本特性了。我们儒家最考究的人伦，伦是什么？我的解释就是从自己推出去和自己发生社会联系的那一群人力所发生的一轮轮波纹的序差"（费孝通，1985：25）。进一步的，费孝通认为，儒家社会的等级序差，即强调鬼神、君臣、父子、亲疏、夫妇、长幼、上下、内外等固有的次序和差别。对儒家社会秩序来说，处于每个社会位置的人都应有与其身份相对应的规范。儒家社会秩序要求个人在"一个矩阵或一个架构定位，在其中每个个体都尝试将其心灵与人际关系维持在一个令人满意的程度之上"（Hsu，1985），个体将自己安置和整合于社会世界当中，使整个社会不至于原子化为"孤独的人群"（参见郝大为、安乐哲，1999：175）。

综合来看，梁漱溟和费孝通所描述的儒家社会传统同时强调了儒家社会的伦理关系和等级序差。在梁漱溟看来，儒家社会伦理消除了个体或团体两个极端，反映了传统中国社会集体内部自在的社会规范，"伦理本位"的社会关系是中国社会结构的基础。而在费孝通看来，中国社会以"己"为中心，整个社会空间是由无数个体以自我为中心推延开来，通过构建弹性边界的关系网络构成。从狭义上来看，费孝通的"差序格局"概念似乎是与社会网络分析对接的入口，但是，费孝通的差序格局概念具有更加丰富的意义和内涵，"差序格局"并不是一个平面的人际关系网格，更重要的是，他反映了中国社会这种以自我为中心、以亲疏为序列的等级秩序（阎云翔，2000）。

四　中国传统社会结构、社会关系与老年精神健康问题

（一）农村家庭社会资本与老年精神健康问题

在中国社会背景下研究社会资本与精神健康问题，其起点必须基于中国的社会结构。从前文的综述中我们可以看出，个人的社会关系由内而外、由近及远、由亲及疏，似费孝通描述的一颗石子产生的涟漪，家庭在传统社会结构占据核心地位。因此，我们在探讨"社会资本与精神健康"问题时，家庭社会资本是一个核心的主题，从目前国内已有的研究看，研究者对老年精神健康也主要是从家庭关系、家庭社会支持的视角入手研究的。

穆光宗最早提出"精神赡养"这个概念，他认为，相对于"物质供

养"，"精神赡养"的问题是独特且重要的。特别是在转型社会中，家庭规模缩小，传统孝文化的断裂，代际关系的失衡等因素更加剧了老年的精神危机（穆光宗，2004）。"精神赡养"直接关系到老年人的健康价值、生活质量和家庭幸福。穆光宗进而提出，精神赡养的实质是满足老年人的精神需求，而老年精神需求包括了三个维度的"需求"，即自尊的需求、期待的需求和亲情的需求；与此对应的"满足"是人格的尊重、成就的安心和情感的慰藉（穆光宗，2004：125 同上）。

也有一些学者虽然没有直接提出"精神赡养"，但是将"情感支持"纳入家庭支持的范畴来讨论，比如张友琴等认为，老年人晚年的社会支持的需求包含三个层面，经济支持、工具性支持和情感支持，而情感支持相对于其他两个方面来说更为重要，"情感在老年人的社会支持网络中是一种不可忽视的内在机制，它深深地嵌在家庭支持网络之中，对老年人的选择起导引的作用，是解释亲属支持作用强于非亲属支持的重要理由。情感对个人行为具有较强的引动性。在家庭支持网中，维系家庭成员关系的机制不仅仅是信任，更重要的是那种建立在血缘和婚姻基础之上的无法割舍的情感。这种情感不仅存在于老年人一方，也存在于配偶、子女一方；一旦情感不在，其他的家庭的支持也就难以继续"（张友琴，2001：19）。从这个思路出发，张友琴着重考察了不同家庭关系带来的社会支持效果的差异，在城市，配偶在老年照顾和情感支持中占有核心地位，其次是女儿在情感支持网中具有举足轻重的作用。而在农村，儿子在老年照顾和情感支持中占有主导地位，与之相伴随的是儿媳也在老年支持中扮演重要角色，相对来说，女儿的作用则比城市要弱很多。传统父权制文化在农村养老规范中还起着主导的作用。这个研究思路对于我们后文探讨老年精神健康问题是特别有启发的（张友琴，2001）。

另外一些学者将研究的焦点放在家庭结构和家庭支持对于生活满意度和主观幸福感的影响上，比如贺寨平的研究证明，在老年支持网中有无配偶与老年人的生活满意度和身体状况都有显著关系，子女的数量只与生活满意度有关（贺寨平，2002）。李建新利用北京大学中国健康长寿调查数据，考察了社会支持对老年人生活质量的影响，研究结果表明，社会支持总体上对老年人口的生活质量提高产生积极的作用。其中，子女的日常照料和可期待的情感支持对于老年人健康自评来说非常重要（李建新，

2007)。李建新、骆为祥对高龄老人的生活满意度进行了专门的研究，他们研究发现年龄愈大的老年人，对生活满意度评价就愈积极，与子女共同居住的老年人比独立生活的老年人生活满意度更高（李建新、骆为祥，2007）。杨彦春对老年人的经济状况进行了研究，结果发现，经济收入与老年人生活满意度呈正相关趋势，但经济收入仅对非常贫穷的老年人的生活满意度有影响，一旦其基本需求得到满足，经济支持对生活满意度的影响就很小了（杨彦春，1988）。项曼君研究认为，老年人生活满意度与其自评健康相关性最强，自评健康反映了老年人的自理能力，自评健康越高的老人，其对生活的满意度也越高（项曼君，1995）。同钰莹研究认为，"亲情感"是影响老年人生活满意度的最重要的因素，而社会文化的变迁强化了工具性的赡养伦理，冲淡了传统孝文化赋予亲情感的内涵，在这种背景下，老年孤独、自杀问题非常突出（同钰莹，2000）。姚引妹对长江三角洲地区农村老年人的居住方式与生活质量进行了研究，他发现有子女的老年人主观幸福感高于无子女的老年人，入住养老院的老年人主观幸福感低于居住在家的老年人（姚引妹，2002）。梁渊等研究发现，农村老年人的主观幸福感取决于其晚年经济收入和社会支持，子女给予老年人的经济支持水平越高，老年人的幸福感也越高（梁渊等，2004）。还有一些学者将研究的焦点集中在"农村女性老人"上，李德明、陈天勇、吴振云等研究发现，农村女性老年人的主观幸福感显著低于男性老人。有两个主要因素导致了这样的结果，一是遗传和生理的原因，女性老年人的预期寿命较男性长，与之伴随的是丧偶率高，女性独居的可能性更高。二是历史和社会的原因，女性老年人受教育程度普遍比男性老人低，到老年时期，女性陷入贫困的风险更高。综合这两方面的因素，女性在老年时期更容易遭到家庭的歧视和孤立（李德明、陈天勇、吴振云，2007）。

以上这些研究都倾向于用定量的思路来探讨老年精神健康问题，它们将"生活满意度"或"主观幸福感"具体化为一些可测量的指标，这些研究虽然可以得到一些清晰的结论，但是对于老年精神健康问题却容易片面化，不容易从整体上把握老年精神世界的丰富内涵。通过以上这些涉及老年精神健康研究文献的梳理，笔者发现已有的定量研究文献存在诸多的不足，第一，从社会学的视角来看，农村老年精神健康问题并不只是一个个体问题，而是嵌入当下社会文化和传统文化的矛盾和冲突之中，根据涂尔干在《自杀论》中的总结，自杀很可能是任何社会结构的组成部分（涂尔干，2010：398），所以对于当前农村老年精神健康的研究不能脱离农村的社会文化基础，而现有的定量研究文献多从老年个体性因素去推断老年精神健康问题的起因，本质上是一种医学病因学的思路，无益于我们深刻理解农村老年精神健康的社会根源。第二，部分社会学者虽然也关注到家庭关系，在定量研究中将不同家庭角色及其功能纳入分析的视野，但是总体上来看，还是没有脱离传统文化规范的窠臼，比如在探讨子女家庭支持的问题上，重点主要还是集中在"儿子"上，儿子是传统社会家庭养老的核心支柱，但是到现代社会，老年夫妇家庭的比例已经越来越高，女儿的角色和作用是被严重忽视的，在定量研究中尤其如此。第三，在研究对象上，通常将老年群体作为一个同质整体进行研究，但实际上老年群体是一个严重分化的群体，中国在过去60年中经历了数次大的社会变革，每一代老年人从不同的历史起点走来，对社会变迁的体验是迥然不同的，在研究精神健康的问题上尤其如此，从不同历史起点走过来的老人带着历史文化的印记，对社会角色、社会关系的判断和感知离不开历史的记忆，所以在具体的分析中如果将老年群体作为一个整体来分析，就可能忽略了不同时期的老人对社会变迁的适应性。

（二）传统社会结构、集体社会资本与老年健康问题

除家庭社会资本外，在传统社会结构下也存在着集体的社会联系。在中国传统社会，所谓"皇权不下县"，乡绅自治的社会有其自在自为的社会规范，费孝通称为"无为而治"。在这样的社会背景下，乡村社会由族田、团体田保证农村集体的社会需求，比如鳏寡老人的供养。即便到现代社会，城乡二元分立，农村集体仍然承担着重要的社会治理、公共服务的职能。

从老年健康的角度来讲，影响老年健康的集体因素是多样的，上文中Simon & Woolcock（2004）的文章中提及集体性的社会资源会影响到收入、收入不平等、公共服务配置等一系列与健康密切相关的因素。但观察中国集体性的社会资源及其可能产生的社会效益，简单套用西方学者关于社会资本的分析框架可能存在一些问题。首先，中国农村的社会资本形态产生的背景与西方社会具有很大的差异，家庭与家族在整个社会资本构成中具有重大的影响，通常说农村社会是熟人社会，每个人生于斯、死于斯，乡土社会中人与人之间的关系产生了一种特色，每个孩子都是在人家眼中看着长大的,在孩子眼里,周围的人也是从小就看惯的,这是一个熟悉的社会,没有陌生人的社会。熟悉,是指从多方面、经常性的接触中所发生的亲密的感觉。在这样的社会背景下,中国农村的社会关系相对紧密,人与人之间也具有朴素的社会信任。其次,与西方社会显著不同的是,即便在如此亲密的熟人社会关系下,并没有形成如西方社会多样化的社会组织和公民参与形式,费孝通在《乡土中国》(1985)中提出中国传统社会存在着两种权力体系,"同意权力"和"横暴权力",所谓"同意权力",即在社会分工背景下,每个人都需遵守大家共同协商的规则,由集体共同授予的权力保证分工的效率;而所谓"横暴权力",即"在上的是握有权力的,利用权力去支配在下的,发施号令,以他们的意志去驱使被支配着的行动"。在传统中国社会,农业帝国虚弱,皇权并不能滋长壮健,能支配强大的横暴权力的基础不足,所以无为而治的社会治理方式得以生存。但是,正如费孝通继而描述的,"这并不是说乡土社会权力结构是普通所谓'民主'形式的。民主形式根据同意权力,在乡土社会中,把横暴权力所加上的一层'政府'的统治揭开,在传统的无为政治中这层统治本来并不很强的,基层上所表现出来的却并不完全是许多权利上相等的公民共同参与的政治"。在西方社会背景下,社会组织、公民参与在中国传统农村的乡土社会并不常见,在我们历次的问卷调查中,社会组织的覆盖率不超过10%。但是在民主的参与形式之外,有一种基于长幼尊卑秩序的"教化权力",费孝通称为"长老统治"。那么在这样的社会结构下,中国农村存不存在集体意义上的社会资本,如果存在这样的集体社会资本,它主要以什么样的方式存在?在当下农村社会发挥着怎样的功能?伦理"关系"中的道德、情感与意义对于现实社会结构与社会转型意义何在?传统的集体性资源对于与农民最密切的健康福祉的影响何在?这是我们切入问题的关键。我们将在下文中着重探讨这些问题。

第五章
从生命历程理解老年

    从 20 世纪 50 年代开始，以美国埃尔德教授为代表的生命历程研究得到了快速的发展（埃尔德，2002）。它将时间的多面性同社会结构的变迁融合在一起，从历史的角度关注个体的生活经历和体验，同时从文化的角度关注个体在特定社会结构中所处的位置。老龄问题作为一个社会、文化议题，从整个生命历程和历史变迁的角度进行理解是最合适不过的，在一个特定的社会形态下，儿童和青年的社会角色和地位取决于其父辈的社会角色和地位，与此类似，成年和老年同样也会受到上一代人在相应的生命周期下的影响。因此，当下老年人所经历的生活困境必须放在一个历史过程中才能获得深切的理解，老人晚年时期的家庭地位和角色是由生命历程累积因素和早年时期特定的历史事件所建构的，反思他们在特定历史时期所处的位置以及与这个位置相关联的社会角色对于我们理解老年人的社会适应能力、老年人对家庭关系以及家庭照顾的预期都是很有启发意义的（Riley，1972）。

    生命历程理论将个体的生命轨迹与历史变迁过程中的集体行为联系在一起，老年人不再被当做一个同质的群体，而是一个随着历史不断变化的同龄群体（age cohort），每一个同龄群体都有他们特定的历史经历，这些历史经历构筑了同龄群体的集体记忆，在老年人整个生命历程中都会留下印记，生命历程研究为我们提供了一个综合的、完整的研究框架，我们可以用一个连续的、变迁的逻辑去思考个体抑或家庭的变革。从个体的角度看，个体在一个连续的变迁序列上不断进行着优先选择，而从家庭的角度看，个体的选择必然带来整个家庭结构的同步变迁。生命历程研究的核心焦点即在个体和家庭变迁的交互作用上，随着个体的发展和社会的变迁，个体行为与家庭行为是否同步。在具体研究策略上，生命历程理论透过三个时间维度——个体时间（individual time）、家庭时间（family time）和历史时间（historical time）——把个体和家庭的变迁联系在一起。所谓个体时间是指个人的年龄，代表个体在整个生命历程中所处的位置；家庭时间是指个体扮演特定家庭角色的时间（比如结婚），它反映社会文化因素对个体发展的制约；历史时间指出生年份，代表个体在历史中所处的位置，它强调把个人置于一定的历史情境中，由此出发去关注历史事件和环境对人的影响。对每一个个体而言，现实中的每一个时刻都是这三个时间的交集，他们可能处在不同的年龄、不同的家庭时间上，这就是所谓"同时代人的非同时代性"（曼海姆，2002）。生命历程理论的精华就在于探讨这三个时间的耦合交错对个体生命的塑造过程。

一 生命历程理论的发展历史

社会学研究分为宏观和微观两种视角，宏观社会学的中心议题在于理解并追溯社会变迁的过程，同时观察社会变迁对个体生命史的塑造结果。微观视角上的议题在于追溯个体生命史的转变过程，并找出在这种转变过程中个体主观反应的诠释类型（George，1993）。在研究侧重上，宏观社会学更着重强调社会结构和社会变迁的整体性，而微观社会学更关心个体的发展和人际互动。两者之间如何连接整合是1950年代前学术界的焦点（Alexander et al.，1987）。由于当时深受结构功能论的影响，研究者对社会结构的分析多半停留在静态均衡的观点，将社会变迁视为一个整体均衡的联动过程，并未注重社会变迁的连续性特征，但是个体的变迁却是一个循序渐进的过程，一个时代的个体生命始终带着上一个时代历史刻画的遗迹。正因为这种视角上的差异，宏观研究和微观研究始终难以跨越一个鸿沟，即如何从个体研究走向宏观结构研究。从1950年代开始，一些社会学者试图从时间的维度将个体变迁与宏观变迁联系在一起。人口年龄是个体的时间特征，每个年龄角色同时代表着一种与社会价值相容的社会规范，进入社会中的新成员必须学习并适应这样的年龄规范，这其实就是一种社会化的过程，整个生命历程随着年龄结构的增长不断改变着个人的角色和社会期望，而这种社会期望正是一定时期的社会结构所赋予的，从这个角度出发，微观个体与宏观社会结构就有机地联系起来，基于这样的共识，从20世

50 年代开始，欧美社会学者针对社会变迁与个人生命历程的研究拥有了长达 50 年的历史。

1960 年代，最先将生命历程与社会结构联结起来的学者是凯恩（Cain，1964），他将年龄结构视为地位体系与社会结构的一个面向，随着个体年龄的增长，个体的社会地位也将逐渐变化，透过社会化的路径引导个体由一个生命历程阶段进入下一个生命历程阶段。因此，个体生命历程就是一个不断变换年龄地位（age status）的过程。随着年龄的增长，每个人都将进入不同的社会地位，扮演不同的社会角色。在凯恩看来，年龄地位具体而微地刻画了社会结构与个体生命历程的关系，社会结构潜在地规范了个体在生命历程中的角色和期望体系。

在同一时期，瑞德（Ryder，1965）提出了"同龄群体"（age cohort）的概念，这是一个非常重要的社会学概念，它刻画了特定的历史过程对世代生命历程的形塑轨迹。由于个体从不同的历史时间点上走来，所以不同的同龄群体具有不同的生活经历和体验，也正因为如此，处于同一个时代的个体在同样的社会结构下也会展现出不同的生命历程。瑞德在文章中着重提出了时间在社会研究中的重要意义，只有全面地掌握时间的多面性，才可能深刻理解个体生命历程的变迁过程，同时个体生命历程的影响因素也对掌握社会变迁具有重要价值，它可以进一步反思社会结构的建构过程。自此以后，"同龄群体效应"（cohort effect）便在社会学研究中广泛应用起来。

另一位学者瑞雷（Riley et al.，1972）也是生命历程理论的代表人物，她提出了"年龄分层"（age stratification）的概念。她认为社会结构是一个由不同年龄阶层人群组成的体系，换句话说，年龄与性别、种族、社会经济地位一样，也是一种社会分层的指标。每个年龄阶层都包含特定的角色和期望规范，随着个体年龄的增长，社会成员会被自动地调配到特定的角色丛中，根据既有的角色规范，个体需要不断学习并将这种社会期望内化为自身的发展目标。从这一点上来讲，瑞雷和凯恩都深受结构功能论的影响。但是瑞雷并非结构决定论者，她同时也强调，个体也具有能动性，个体生命历程的变化同时也可能会改变其所处的社会环境。换句话说，社会结构在形塑行动者的同时，也处在被建构、被再生产的过程中，个体生命历程固然深受社会环境的影响，但是一种新的生命历程形态也会造就一种新的社会结构形态（Riley，1979）。

　　真正成功应用生命历程理论并将其贯彻始终的学者是埃尔德，在《大萧条的孩子们》中，埃尔德运用奥克兰出生组（1920～1921 年出生组）的长期跟踪材料，分析了 1930 年美国经济大萧条给遭遇其中的青少年、中年人及其家庭带来了怎样的影响，并将研究视角拓展到一个更宽广的时空领域，去分析在宏大历史事件的影响下，不同阶层的个体其生命变迁的轨迹会发生怎样的变化，埃尔德的研究奠定了生命历程研究的基础（Elder，1974）。其后的生命历程研究逐步发展起来，围绕生命历程研究发展出了若干有价值的概念，其中轨迹（trajectory）、转变（transition）和延续（duration）三个概念指明了个人生命历程的长期和短期观。轨迹是一种长期概念，强调个人毕生发展过程中变迁的路径；转变是一种短期观，强调一种生命状态转折性的变化；而延续强调了相邻的转变之间的时间跨度，延续的时间可长可短，取决于当时所处的情境。转变和延续都是轨迹的构成部分，转变往往以离职、退休等事件为标志，每一次转变都嵌入事件发生的轨迹之中，代表着一个旧的角色丧失和一个新的角色确立。以老年为例，丧偶就是一个重大的转变，丧偶的发生会使老年人的生活形态、居住形态发生全新的变化，老年人在丧偶之后经历一定的延续期，将进入一个新的轨迹发展过程，不同的老年个体可能显示出不同的轨迹形态。由此看来，个体的生命轨迹是由一系列的转变和延续构成的，埃尔德（Elder，1994；1995）提出了四个重要的原理来把握这三种变迁趋势。

　　第一，人生与变化着的历史时空（historical time and place）。埃尔德继承了瑞德对"同龄群体"的重视，他强调不同的历史时间对不同世代的人们具有不同程度的影响。在剧烈变迁的社会中，对于出生在不同年代的人来说，他们被置于截然不同的社会限制与社会机遇的历史世界之中，埃尔德以 1920～1930 年出生组的生命历程为例，揭示了大萧条对于一个出生组的持久性影响。因此，出生组的差异将人与某种历史力量联系起来，个体在不同的生命历程上遭遇同一个历史事件会引致不同的变迁结果。

　　第二，生命过程中的恰当时机（timing）。恰当时机是指生活转变对个体的影响取决于它们所发生的时间，某一生活事件在何时发生甚至比这一事件本身更具意义，时机体现了个人生命转变的社会规定性，个体在何时需要扮演什么样的社会角色都有一套社会的逻辑在背后引导，如果个体一旦超出这个时间段，一种后果是不再可能发生转变（比如结婚），另外一种后果是可能会被社会成员所排斥或鄙视。总之，个体生命时间与社会性时间（social timing）越是能契合到一起，个体越能从容地在社会中扮演其相应的角色。

第三，生命过程存在于相互联系的个体之中（linked lives）。个体总是生活在一定的社会网络之中，个人正是通过这种社会关系才被整合到一定的群体之中。这种社会网络不仅仅表现为横向的人际社会关系以及关系中的资源，也同时表现为纵向的历史文化传承，每一代人的生命历程都深受上一代人生命历程的影响。因此，相互联系的生命将个体的生活世界延展到一个更加广阔的空间之上，把历史、社会和个人按照时间的次序紧密地联系起来。

第四，能动性的人类行动主体（human agency）。尽管个体的生命历程深受时间、空间和社会网络的局限，在这种多维约束下，个体仍然有可能突破社会结构的约束，按照自己的偏好做出决定，从而主动地选择推进自身的生命历程。从这一点上看，生命历程理论是站在结构决定论的对立面的，它强调行动者对于社会结构的反馈作用，在面对变迁的社会环境中，行动者会本能地从自己的文化传统中汲取经验、智慧，重新加工经验来应对变迁社会的各种挑战。

二 生命历程理论的研究视角

1. 个体生命历程与家庭变迁的同步性

在整个生命历程中，个人在不同的家庭结构下生活（童年、中年和老年），在不同的历史背景下这些家庭结构本身也在发生变化。虽然年龄是决定个人生命变迁的一个重要因素，但是并不是唯一关键的变量，家庭地位的改变和相应的家庭角色的改变与年龄本身一样重要，个人生命变迁与家庭变迁一样是整个生命历程的重要部分。在中国传统文化中，个体是属于一个家庭或家族的，当个人的目标与整个大家庭需求冲突的时候，个体需求必须服从于家庭需求。这一点特别体现在传统大家庭对后代"分家"要求的约束上，为了维护大家庭的利益和家长的权威，家长通常会限制后代提早分家的要求。这种传统不仅在中国如此，在19世纪的欧洲也有过这样的一个时期，比如哈莱文发现中世纪老年父母通常阻止年轻的女儿离家，以便她们能持续地照顾年迈的父母（Hareven，1978）。在这种情况下，即便她们倾向于离家或开始她们自己的新生活，但通常还是会屈从于父母的命令。霍根等人研究证明了晚年时期代际变迁的互联性：老年父母的去世使个人将生活重点转向子代，而在那个时代，由于个人预期寿命较短，他们一面要为自己养老做准备，一面要照看他们成年的子女或孙子女（Hogan，1995）。

我们每个人在不同的生命阶段都会牵扯到几个家庭，所以个体实际上在不停重组他们自身的生活世界。在不同的家庭中每个人所发挥的功能是显著不同的，有些个体同时在多个家庭中履行不同的功能。比如一个已婚的人，既是他原生家庭的一分子，也是新组建家庭的成员（在不同的家庭中处于不同的地位和扮演不同的角色）。除此之外，这样一个人通常还要被算进他的配偶的原生家庭中，嵌入他的配偶的家庭关系网络之内。当一个儿子离开家时，一个家庭可能少了一个主要劳动力，也可能少了一个被供养者。当他结婚之后就形成了一个新的家庭单位，他的角色和责任与他在父母家庭中完全不同。这表明个体的社会流动将会同时影响三个家庭——原生家庭、新组建的家庭和配偶的家庭。如果配偶死亡或离异，新的配偶家庭就将进入家庭关系的轨道，而前一个配偶家庭的影响也不会完全消失。比如说离婚，女性通常会终止与婆婆的联系，但是作为孩子的奶奶，婆婆仍然在他们的生活中占有一席之地。因此家庭关系的多面性在个体的整个生命历程中都在变化，与这些变化相伴随的是个体进入不同社会角色的时间也在相应地发生着变化。从这一点上看，年龄虽然是一个决定个体生命变迁的重要变量，但并非是唯一的变量，家庭地位的改变和随之而来的社会角色改变与年龄一样是决定个人生命历程的不容忽略的变量。

2. 个体生命历程变迁与历史变迁的互动性

个体生命历程分析的第二个面向是历史过程对于个体或家庭变迁时间的影响。生命历程的变迁是由人口、社会、经济，以及家庭偏好等多种因素决定的。以结婚为例，在不同的时代，个体初婚的年龄具有显著的差异，这说明社会文化价值、惯例、国家制度等都会影响个体的生命历程。

社会变迁对于个体产生的影响包含诸多方面。首先从人口学变迁来看，死亡率、出生率会影响一个家庭中不同成员在他们的生命周期中相互交叠的时间。在传统社会，人们预期寿命较短，因此一个家庭成员通常还未进入中年时就已经离世，整个家庭代际轮换的速度非常快；而进入现代社会，随着人口预期寿命延长，有些老人甚至能看到自己的曾孙一辈，所以不同的历史时期家庭成员的交错时间是具有显著差异的。其次，从经济变迁看，经济变迁通常以机会结构的方式影响个体进入劳动力市场的时间，在计划经济时代，农民被完全隔离在城市经济社会之外，而到了市场经济时代，很多青年农民已经可以自由地出入城市和农村，自由地选择职业。再次，从制度变迁看，比如义务教育制度的执行、退休年龄的规定，它们将会影响不同群体进入和退出劳动力市场的时间。在任何一个对生命历程变迁的时间检验中，最重要的问题是"历史"变迁和"社会"变迁两个概念，历史变迁通常是由一个比较有代表性的历史事件来界定，比如埃尔德笔下的大萧条。但是从对个人的影响上来看，历史变迁的意义最终还依赖于社会转型的实现过程，有些历史事件转瞬即逝，但是社会变迁的过程却会循序渐进地引致社会结构的实质性变革（比如家庭结构变迁），而正是这种社会结构的变革彻底地改变了一代又一代人的生命经历。

那么如何观察社会变迁对个体生命历程的镌刻过程？瑞德曾经建议把焦点放在一个特定的同龄群体上（Ryder，1965），社会变迁的发生通常会与某些同龄群体的转化同步发生，换句话说，社会变迁的结果实质上就是通过同龄群体的集中变化呈现的。比如说埃尔德在《大萧条的孩子们》中曾经论述到，在大萧条时期已经步入成年的人们经历了家庭生活和工作生涯的双重断裂，他们的经历同时也会波及下一代人的教育、婚姻和职业规划，这些是具体的社会变迁过程，从这个过程中我们才能深切地了解历史对个人的形塑过程。在中国，有些学者将研究视野放在受"大饥荒"和"文化大革命"影响的一代人上，有一句俗语形象地形容了这一代人的历史经历，"该吃饱饭的时候闹饥荒了，该上学的时候下乡了，该工作的时候却上学了，到工作的时候下岗了，到该拿社保的时候断保了"，所以从这个角度来看，每一代人的生命经历就是活生生的历史，我们研究社会转型，从一个同时代的人的生命历程中，能抽离出许多有意义的转型命题。

3. 个体生命历程的累积性

生命历程理论的第三个面向是早期生命事件对随后的生命历程的累积性影响。个人的生命转折会影响以后生命历程的变迁过程，早期经历可能会以不同的形式持续地影响一个人或其家庭的变迁历程。比如说，埃尔德教授研究表明大萧条时期那些年轻的孩子们正在步入成年期，他们所遭受的消极影响是最严重的，教育时间的推迟和工作时间的提前造成大萧条的孩子们之后的职业生涯的推迟和无序。因此历史力量对个体的影响是比较复杂的，它并不是一个即时的过程，它还具有持续性的间接影响。这意味着每个社会群体（social cohort）的生活既受到当下社会条件的制约，更受生命历程中重大历史事件的形塑。历史力量对生命历程的影响有时甚至可以持续几个世代，一代人在特定历史时期的经历可能通过涟漪效应（ripple effect）影响下一代人，埃尔德教授在研究两个社区的同龄群体时发现，大萧条时期父母职业生涯的推迟影响了他们孩子生命历程的变迁过程。对于经历大萧条的孩子们而言，直接的影响在于他们经历了大萧条的冲击；同时间接的影响在于，历史事件的负面影响产生了跨代的涟漪效应。

从累积性变迁的逻辑思考，生命历程理论实际帮助我们建构了一个理解晚年时期老年家庭支持模式的框架，老年人口都是从不同的历史时期走来，他们的社会文化背景、累积性的生活资本会影响他们对于家庭支持的预期，代际的支持模式是由特定社会的文化价值观和整个生命历程形塑下的经历所决定的。比如我们观察当下老年人，20 世纪 40 年代以前出生的老龄群体，他们出生于新中国成立之前，经历过传统家庭结构的熏陶，在他们晚年时期更希望通过同样的方式走完他们的生命历程；而对于 50 年代以后出生的老年群体，他们经历了新中国对于传统父权制文化的打压过程，更受到了市场文化的冲击，在他们晚年时期对于家庭支持与上一代人具有显著不同的预期。因此，早期生命历程的体验虽然发生在特定的历史时期，但是对于一代人来讲，他们会把这种价值观和理想带到当下社会中来，这种价值观和理想同时也会影响他们与子女、亲属之间的关系建构。

通过上述总结，可以发现生命历程理论其实在反复使用两个概念，一个是"代"（generation）的概念，个人变迁与家庭变迁的同步性实际上是强调代与代变迁的同步性，另外一个是"同龄群体"的概念，历史的变迁最终会通过同龄群体的变迁呈现。对于这两个概念，我们在此有必要做一个澄清，所谓"代"的概念，通常是指一种家庭关系，比如父母和子女，祖父母和孙子女，它通常包含了一个年龄跨度，通常为 30 年或更长时间，这个概念与曼海姆所讲的"代单元"是一个意涵。而"同龄群体"的概念通常包含一个特殊的年龄群体，他们分享着共同的历史体验。最重要的是一个同龄群体通常都是由这个群体与特殊的历史事件相互作用来定义的，这个历史体验可能会影响这个群体未来的生命历程。一个"代"可能包含了若干个同龄群体，每一个同龄群体都可能会面对影响他们生命历程的特定历史事件。这种区分对于我们后文分析非常有必要，即便在一个"代"上，不同的年龄群体对于社会支持的预期和感知也可能具有明显的差异，这也是我们希望采用生命历程理论的一个初衷。

三　生命历程理论下的"老年"

如何界定"老年"，这涉及一个社会的历史、制度和文化的规定性。在传统社会，"五十而知天命"意味着 50 岁就已经步入老年，但是根据现在的法律界定，"男性 60 岁，女性 55 岁为退休年龄"，意味着 55、60 岁就是一个年龄分界的门槛，过了这个门槛，个体就算进入老年。从这个意义上来看，老年在不同的历史时期具有不同的文化意义。关于"年龄"的内涵，很多学者都曾有过探讨，比如瑞里（Riley）提出的"年龄层级模型"（Riley，1972），纽加顿（Bernice Neugarten）的"标准时间表"（转引自 Elder，1998），柏腾提出的"年龄规范"（age norm），都反映了人们对于一定年龄下的行为的一种预期，这种预期反映了由社会所规定的适当年龄下的社会角色（Burton，1992）。传统社会对于个人在整个生命历程的各个阶段的社会角色也有规定性，它是以一种"社会认同"的方式展现出来，这种约束性通常是由潜在的社会团体的力量来进行调控，比如传统的家族或族群等等。这种潜在的规定性在流动性比较低的传统社会中是具有强烈的约束意义的，它能够监督个体遵从一个社会预期的路线，比如传统上，孔子《论语为政》曰："吾十有五，而志于学。三十而立，四十而不惑，五十而知天命，六十而耳顺，七十而从心所欲，不逾矩。"根据既定的时间表，人们可以知晓一定的年龄行为是否适时，甚至可以以在一个规定的年龄内是否完成社会的规定性判定个人的成就。

随着历史的进步，社会对于人类生命不同阶段的需要和社会功能有了独特的认知。实际上，社会对于一个特定的阶段的发现是一个复杂的过程，因为它包含制度和文化因素对于这个特定生命阶段概念的形成和认知。一个生命阶段的特征最初是由个体在日常生活中体验到的，之后逐步被一种文化所认可，最后，再被制度化或被公众认可。而公众的认可通常是通过法律的形式进行确认，同时为了激发人们在某一个生命阶段的潜能和预防这个阶段可能出现的风险，社会通常会建立相应的机构来满足特殊的公众需求。当公共机构介入以后，由于公众机构提供了公共支持或约束，它会进一步影响个体进入和退出一个生命阶段的时间。

游朗治指出，过去的一个世纪中，人口、经济、文化等因素联合起来影响人们在离家、进入和退出劳动力市场、为人父母、空巢、独居的时间（Uhlengerg，1978）。人口学的发展倾向于使人们的生命历程更加统一，这也增加了人们在一个家庭单位内完整地度过一生的可能性。随着死亡率的下降，从孩童活到成年，再从成年活到老年的可能性大大增加了。同样的，女性活到成年，履行各种规范上的家庭责任的机会也增加了，比如说结婚生子、与丈夫养育孩子、与丈夫共度残年的可能性在过去一个世纪都在显著地增强。对于女人来讲，预期寿命的延长意味着女性会在更长的生命周期中面临没有子女在身边的阶段。对于男性来说，则是相反的，因为较低的生命预期而更可能在完整的家庭中度过晚年时期。人们在经历统一的生命历程的同时，也在经历着生命历程中的一些中断，比如离家、结婚、新建家庭、为人父母。就像默德尔所说的，人们在生命历程上的年龄越来越统一了，而各种角色的变迁却越来越定时和突然。在传统社会中，人们从原生家庭到婚姻再到一户之主的时间是逐步发生的，并没有严格的时间规定性（Modell，L. and Hareven，T. K.，1973）。传统社会中一个年龄群体社会变迁的时间跨度更大，从一个角色到另一个角色也不是立即实现的，有一个缓冲期。而当下社会则是相反的，生命变迁的时间具有更强的年龄规定性，需要与特定的年龄规范相吻合，而不是与家庭的迫切需求相吻合。

现代社会个体家庭与原生家庭分离趋势增强，同时市场经济的引入，造成了社会上老年人的普遍疏离和隔阂。同时他们在家庭需求和责任上形成了新的紧张。相对来说，传统社会下早婚、高出生率和低生命预期使家庭结构与现代社会迥然不同。成年人更多的是与子女一同度过的，当他们进入老年时，子女还未离家，这样的家庭可以持续相对较长的时间，有时甚至贯穿整个生命。因为孩子在家庭中居住很长的时间，所以年轻的孩子通常会照看他们老一些的兄长和临近的家庭。更长一些的兄弟姐妹从小就接受成人化教育，扮演家长角色。最重要的是，空巢家庭很少出现，总会有一个子女留在身边。

四 生命历程与社会变迁研究

传统上，家庭互助的规范和老年的权威是"年龄规范"（age norm）。这与现代社会的年龄规范是格格不入的。现代生命历程的变迁越来越被严格的社会年龄规范所制约。纽加顿 1968 年提出了"标准时间表"（Neugarten，1968），即反映了现代社会对于人们年龄规范的时间限制，而在早些时期，家庭的经济需求和家庭责任是传统的年龄规范（age norm），这与当下的年龄规范具有显著差异。当下与特定年龄相关的个体变迁和家庭互助性降低相关，也与个体化和情感取向的家庭关系增加相关。这种趋势造成了老年人的疏离感，增加了不同群体的年龄分割。传统上子女与年老父母同住并不简单的是因为太年轻而不能远离，即便儿女 30 岁以上，至少也要有一个子女留在老年父母身边照顾，因为这是那个时代的传统。现代社会一个很大的矛盾在于，老年人希望保证在家庭中获得控制权（social control），而这又与逐步老化的需求相冲突。如果社会没有充分的公共支持措施，那么老年人将陷入一个两难困境：一方面需要依赖儿女的支持，另一方面他们又希望继续保持家长的权力。

家庭是所有生命历程集中的核心区域。今天我们思索的个体变迁实际上是家庭的整体变迁，是由家庭中每个家庭成员共同承受的，即便他们沉浸在个体的社会活动当中（比如工作、事业），他们也不可避免地要与整个家庭联系在一起，这种变迁会影响到整个家庭或者至少家庭中的某些成员，比如婚姻既是一个个体的选择同时也是家庭的集体抉择，它通常要依家庭中每个成员的需求来确定时机。传统上家庭的经济弹性是非常弱的，由于个体掌握的资源不稳定，正式制度又非常欠缺，所以家庭成员对于老年人在特殊生命周期上的适应是非常关键的。家庭同时也是最重要的中介，它既是新的生命历程的起点，也是旧的生命历程的终点，个体生命历程变迁最重要的不是个体什么时候离家、结婚或为人父母，而是这个个体的变迁与家庭的其他成员的变迁联系在一起，特别是与老年父母的变迁联系在一起。在传统社会中，受经济条件的制约，家庭的迫切需求和责任是年龄规范的第一原则（norm of timing）。在家庭需求和责任的优先序列下，早期生命变迁的时间选择与晚期的变迁是紧密联系在一起的。年龄并不是最重要的，变迁次序和期望发生的时间耦合性是最重要的。默德尔研究证明，传统社会中人们转入成年的时间比现在的社会更有弹性，他们从不遵循什么特定的次序，生命历程的变迁不拘于年龄规范（age norm），而是由家庭的经济决策和相互依赖性而定，比如结婚是依老年父母需要和家庭经济实力而定（Model，1976）。同时个人的发展也受到社会经济发展的影响，特别是受到一些制度的约束。由于没有正式制度的支持，比如医疗保险和养老保障等，传统社会中家庭成员的压力是相当沉重的。

在现代社会，家庭还承担着许多经济和福利的功能，现代社会中工作与家庭相分离了，随着工业化的深入，人们的教育、福利和社会控制的功能越来越转向专业化的机构，但是家庭的核心功能没有变，家庭仍然是个体从外部世界逃离后的港湾，哺育子女也是家庭专有的功能，同时大部分家庭还是一个经济和工作单位。家庭和个体都很依赖家庭关系，这是他们的社会基础。社会时间（social timing）是家庭努力维持其资源控制能力的核心要素，特别是在平衡不同家庭成员对家庭的经济贡献上。历史上，家庭互助是维持安全的唯一资源，因此个体对于家庭的多面责任在家庭不同的生命周期上是非常复杂的，而现代社会这种责任已经大部分转到了公共机构。生命历程中家庭成员的变迁时间选择取决于成员间彼此的依赖性和相互的责任。在现代社会，我们已经习惯于大多数的家庭角色和工作角色是个体化的，即便如此，个人生命的变迁也并不仅仅是一个个人的时间表。历史上，个体的生命转变是作为一个家庭的整体转变来看待的，它与家庭的整体需求同步。除了要保持与原生家庭的紧密联系，个体还要在新生家庭和配偶家庭中承担责任。这种复合的责任使家庭成员在同一时期出现了多重角色，这些角色有时甚至是相互冲突的，在一个角色变成主要角色之时，另外一个角色的重要性必然会减弱，这种角色之间的变换既带有个人的价值选择，同时也受社会规范的影响（比如美国社会强调个人成就至上）。在现代社会变迁过程中，家庭的地位，特别是传统家庭的地位可能是逐步衰落的。

在现代社会中，家庭互动关系的历史变革已经动摇了生命历程中代际的支持模式，这种支持模式倾向于分割老年人和孤立老年群体。原生家庭（父母家庭）和核心家庭之间的分割越来越强，伴随而来的是家庭的私有化（privatization of family）和生命历程的间断性（discontinuity），所有的变化最终都体现在家庭关系的质量上。在传统社会中，家庭关系的典型特征是高度的家族一体化。家庭作为最重要的社会单位，承担许多社会福利的功能，父母、子女以及兄弟姐妹之间具有紧密的社会联系，这种联系给予家庭中的老年人、孩子或者弱势群体一种稳定的、可预期的社会支持。随着工业化、城市化的深入，家庭关系的逐步淡化增加了老年人的不安全感和疏离感，如果想检视这种历史变迁的特殊影响，最重要的途径就是去观察家庭的有效性（availability）、亲属互动的本质和家庭支持系统。最主要的社会变迁并不是表现在家庭结构的变化上，而是表现在背后所隐含的家庭成员承担功能的深刻变化上。

最近有些研究证明即便在高度工业化的国家中，家庭成员在外出移民、求职、互助支持上还在发挥着很大的功能，苏斯曼在 1950 年代对纽黑文城市的家庭跟踪研究表明，亲属关系结构已经转变为一种互惠互利的交换关系，互惠互利的交换方式包括许多种：生病照料、经济支持、儿童照料、礼物交换等，这些互动模式都是家庭在城市社会中依然具有团结性和凝聚力的重要证明（Sussman，1959）。阿莫斯研究发现，在工业化过程中的英国家庭，亲属之间仍然保持着频繁的互动，这种相互支持既包括物质性的支持，比如食品、金钱；也包括非物质性的交流，比如情感、信息等，父母与子女的互惠通常是一种双向的交换，但实际上，父母的帮助一般大于子女的帮助，子女回报因种种因素具有时间滞后性（Ben-Amos，2000）。哈雷雯在对 20 世纪早期曼彻斯特和新罕布什尔移民工人的亲属模式研究表明，亲属关系充当了个人和家庭从前工业环境到工业环境的传输工具（转引自唐灿，2010：214）。这些研究都坚持认为代与代之间仍然维持着广泛的社会联系，但很少有关于老人从子女或亲属那里获得支持的强度、质量和稳定性的资料。同时这些研究还有一个普遍的问题——将所有老年人当做一个同质的群体来看待，但实际上随着年龄的变化，老年人具有很强的异质性，较老的年龄群体会将他们的价值观带到当下，他们更倾向于与亲人进行交换，这是那个时代的社会规范。而对于较年轻的年龄群体，当他们步入老年，可能不会再具有那种强烈的家庭一体性的意识。

第六章
"分而不离"：居住安排对老年
精神健康的影响

　　社会的巨大变迁给家庭带来的影响是多方面的，最直接的一个影响就是子女流动带来的家庭结构的变迁，在家庭结构变迁的基础之上，家庭成员甚至扩展家庭成员的角色关系、代际互动都会深受影响，而农村家庭的老年群体在这个变迁链条上处于弱势的一端，现代化理论强调了传统家庭在现代化过程被解构是不可避免的命运，比如古德（William J. Goode）在其经典之作《世界革命和家庭模式》中，将社会变迁对家庭的解传统化概括为："传统家庭（通常指扩大或联合家庭）趋向于夫妇式家庭，夫妇式家庭因高度流动而倾向于新居制和双系制，个人价值高于世系和家庭的延续，性别平等主义倾向于对传统和习俗的贬抑。"（Goode，1963）

　　中国当下社会正在经历这种现代化的过程，但是与现代化理论不同的是，农村家庭并不是一个被动的、"被解构"的主体，部分农村中的老年群体在现代化过程中重新建构了他们的社会角色，构建起一种新的家庭关系，以回应现代化的挑战，最大程度地维护传统的"家本位"社会秩序。本章希望首先探讨的一个问题是，现代化过程究竟在何种程度上冲击了传统的家庭结构，从不同历史背景中走过来的农村老人是否具有适应这种现代化过程的能力？这种适应性是否具有结构性特征？西方社会学者在分析人的精神健康影响因素时，通常把分析的视角放在一个特定的社会结构框架下：比如涂尔干在《自杀论》中希望验证的一个假设就是个体自杀的倾向是否决定于社会群体一体化的水平，涂尔干从宗教社会一体化、家庭社会一体化和政治社会一体化三个维度验证了自杀问题的社会决定性（涂尔干，

2010）。韦伯在《新教伦理与资本主义精神》中认为，在资本主义社会体系中，资本主义精神的发展完全可以理解为群体理性主义发展的一部分，而且可以从群体理性主义对于生活基本问题的根本立场中演绎出来（马克斯·韦伯，2010）。而对农村老年群体来说，"家庭"是老年人建构自身生活的最重要空间，通过对个人所嵌入的家庭结构的观照，我们将在后面的章节中进一步挖掘现代化究竟通过何种机制冲击了老年群体的社会适应性，而老年群体又通过何种方式重构农村家庭结构以适应现代化的需求。

一 研究数据与变量

因变量

因变量是关于老人精神健康状态的测量，我们采用美国疾病控制中心发布的一套衡量精神健康的指标（CES－D），原问卷一共包含 20 个问题，目前国内很多学者根据中国人的心理特征进行了分解。在我们的研究中，具体分解为 10 个问题："1. 上周有没有觉得很难集中精力做事；2. 上周有没有感觉到抑郁；3. 上周有没有觉得做什么都很费劲；4. 上周有没有觉得对未来充满希望；5. 上周有没有感觉到害怕；6. 上周有没有觉得睡得不安宁；7. 上周有没有感觉很愉快；8. 上周有没有感觉到孤独；9. 上周有没有觉得做什么都打不起精神；10. 是否有些事情通常不会让受访者烦，但上周让受访者很烦。"我们按照 CES－D 的一般计算方法，每项不足 1 天的为"0"分；有 1～2 天的为"1"分；有 3～4 天的为"2"分；有 5～7 天的为"3"分；把 10 项问题加总形成精神健康评分，最低值为 0 分，最高值为 30 分。10 个问题的相关性为 0.9，alpha 可信度为 0.83。值得注意的是，这里我们采取负向衡量方法，分数越高，表明老人的精神健康状态越差。

自变量

本部分的主要自变量是家庭结构，家庭结构由老人的居住安排生成，是一个定类变量（见表 6－1）。当老年人处于不同的生命时点时，家庭结构存在很大的差异。个体的家庭结构既受宏观因素的影响，也受微观因素的制约。宏观的社会环境的影响主要表现为个体接受教育、离开家庭或外出就业的时间，不同的历史时期，个体时间选择有很大的不同，特别是公共政策的介入，不同时期家庭周期的变化也会呈现不一致。在表 6－1 中，1956 年以后的出生组当下的平均年龄大约在 47 岁，二代核心家庭超过

50%，这一组老年人口年龄相对较轻，他们的子女大约处于 22～25 岁，大部分尚未结婚，因此这个出生组的家庭结构主要以核心家庭为主；而在1945～1955 年出生组中，老年人的年龄介于 55～65 岁，在这个年龄群体中，子女大都已经结婚，一部分老年人继续选择与已婚子女共同生活，因此主干家庭的比例占到 54%，另一部分老年人选择独居，这个比例占到31%。在这个年龄层中，一部分老年人的居住安排是家庭成员协商的结果。在 1944 年以前出生组中，老年人的平均年龄在 70 多岁，这个年龄层中最显著的变化是核心家庭仅占 2%，而主干家庭占到 57%，夫妇家庭占到 40%。这个年龄层的家庭结构应该说是老年人和家庭成员共同协商的结果，而不仅仅反映的是一个家庭周期的概念。

表 6－1 居住安排对精神健康回归统计量描述

变量	总样本	1944 年以前出生组（新中国成立前一代）	1945～1955 年出生组（合作化一代）	1956 年以后出生组（后合作化一代）
精神健康评分	8.37	8.72	8.52	7.92
	(6.16)	(5.89)	(6.43)	(6.02)
家庭结构：定类变量				
主干家庭 = 1（参照）	0.47	0.57	0.54	0.27
二代核心家庭 = 2	0.22	0.02	0.14	0.54
夫妇/独居家庭 = 3	0.29	0.40	0.31	0.18
性别（男性 = 1）	0.49	0.60	0.50	0.40
	(0.50)	(0.49)	(0.50)	(0.49)
年龄（岁）	57.64	70.43	57.52	47.51
	(9.63)	(5.43)	(3.06)	(3.13)
婚姻状况：定类变量				
已婚/同居 = 1（参照）	0.82	0.66	0.86	0.95
离异/分居 = 2	0.02	0.02	0.03	0.01
丧偶 = 3	0.13	0.29	0.09	0.04
身体自理能力	10.86	11.82	10.89	10.06
	(2.54)	(3.07)	(2.51)	(1.69)
教育水平：定类变量				
文盲 = 1（参照）	0.49	0.64	0.47	0.37
小学 = 2	0.39	0.35	0.48	0.32
初中 = 3	0.11	0.08	0.06	0.20

变量	总样本	1944年以前出生组（新中国成立前一代）	1945～1955年出生组（合作化一代）	1956年以后出生组（后合作化一代）
高中及以上=4	0.06	0.03	0.03	0.11
出生组：定类变量				
1944年以前=1	0.33			
1945～1955年=2	0.37			
1956年以后=3	0.30			
家庭人均年收入（元）	9154	4345	9788	11073
	(18222)	(7401)	(13873)	(24627)
观测值	1439	385	575	479

注：括号数字为标准差。

控制变量

在回归模型中，我们还控制了老人个人的信息，具体包括受访者及其配偶的年龄、性别、婚姻状况、身体自理能力、受教育水平、家庭收入、出生组信息。根据表6-1的统计描述结果，在婚姻状况上，新中国成立前一代出生的老年人与后两代人具有显著的差异，他们的丧偶率最高，达到29%，而后两代人的丧偶率较低，较高的丧偶率意味着老年时期的家庭生活将格外艰难，无论从精神生活上，还是从物质生活上，这部分农村老人的状态普遍比家庭结构完整的老年家庭差，下文中我们会详细分析。从个人身体自理能力评分上看，三个年龄层的老年人口在均值上具有微弱的差距，新中国成立前一代老年人的身体自理能力最差。从个人的受教育水平上看，三代老年人也显著不同，新中国成立前出生的老年人教育水平的众数出现在文盲上，达到64%，而后两代人接受教育的机会要比前两代人大得多，后合作化出生的一代老年人接受中学教育的比例已经达到20%。从老年时期的社会经济地位看，越晚的出生组，个人收入水平越高，新中国成立前一代家庭人均年收入为4345元，合作化一代的老年人的家庭人均年收入为9788元，是上一代老年人的2倍多；后合作化一代的老年人的家庭人均年收入为11073元，比上一代老年人高出13%多。

二　不同居住安排下老年人的精神健康

1. 居住安排对老年精神健康存在影响吗？

我们首先从统计上比较不同类型家庭老人的精神健康水平是否具有差

异，从主干家庭与核心家庭老人精神健康的差异看，主干家庭比二代核心家庭老人精神健康得分高 0.96，方差检验 p 值为 0.02，在 5% 的水平上具有显著差异，这说明二代核心家庭老人的精神健康状态显著优于主干家庭。主干家庭比夫妇核心家庭的精神健康得分高 1.33，方差检验 p 值为 0.002，在 1% 的水平上具有显著差异，夫妇核心家庭老人的精神健康状态也显著优于主干家庭。

表 6 – 2 不同居住安排下老人精神健康的方差分析

家庭类型	精神健康得分	均值差	p 值
主干家庭 *	8.98	对比组	—
二代核心家庭	8.02	– 0.96	0.02
夫/妇核心家庭	7.65	– 1.32	0.002

* 因为在其他家庭类型中，主干家庭占到了 90%，所以我们以"主干家庭"笼统地代称此类家庭形态。

从逻辑上来讲，如果要确定"家庭结构"性因素确实对于精神健康具有影响，那么我们首先就需要逐步排除个体因素影响精神健康的可能性，否则就可能出现一种解释：个体的居住安排是一种选择效应，一个老人身体健康差，然后选择了"主干家庭"的居住方式获得亲属帮助，因此说个体的身体因素才是解释精神健康的真实变量，而与居住安排的关联只是一个假象。这就是计量经济常常需要确定的内生性问题。在解释精神健康差异时，两个最可能产生内生性问题的变量是个体的身体自理能力和年龄。因此，我们采取逐步回归的方式来判断"家庭结构"性因素是否会影响个体的精神健康水平。

表 6 – 3 居住安排对精神健康影响的方差分析

变量	基准模型	模型 1	模型 2	模型 3	模型 4
参照组：主干家庭					
二代核心家庭	– 1.328 ***	0.010	– 0.393	– 0.323	– 0.272
	(0.396)	(0.363)	(0.404)	(0.404)	(0.404)
夫妇核心家庭	– 0.965 ***	– 0.629 *	– 0.571 *	– 0.596 *	– 0.526
	(0.367)	(0.332)	(0.332)	(0.332)	(0.332)

变量	基准模型	模型 1	模型 2	模型 3	模型 4
身体自理能力		1.086 ***	1.122 ***	1.092 ***	1.080 ***
		(0.057)	(0.058)	(0.059)	(0.059)
参照组：1944 年以前出生组					
1945~1955 年出生组			0.788 **	0.821 **	1.108 ***
			(0.362)	(0.362)	(0.372)
1956 年以后出生组			1.204 ***	1.314 ***	1.654 ***
			(0.426)	(0.431)	(0.443)
参照组：文盲					
小学				-0.737 **	-0.699 **
				(0.317)	(0.317)
初中				-0.730	-0.664
				(0.484)	(0.483)
高中及以上				-1.673 **	-1.609 **
				(0.657)	(0.656)
参照组：已婚/同居					
离异/分居					0.414
					(0.983)
丧偶					1.410 ***
					(0.452)
常数项	8.981 ***	-3.251 ***	-4.284 ***	-3.551 ***	-3.904 ***
	(0.243)	(0.677)	(0.769)	(0.809)	(0.815)
观测值	1516	1503	1503	1503	1501
拟合 R-squared	0.009	0.203	0.207	0.213	0.217

注：表中括号里是标准差；*** $p < 0.01$，** $p < 0.05$，* $p < 0.1$。

从基准模型看，家庭结构对老年精神健康确实具有显著影响，二代核心家庭老人精神健康状态比主干家庭精神健康状态得分高 4.4%，[①] 夫妇核心家庭老人精神健康水平比主干家庭精神健康水平得分高 3.2%。模型 1 考

---

① 老人精神健康采取 10 个问题加总的方式进行衡量，最低分为 0 分，最高分为 30 分。分数越高，个体的精神健康水平越差，自变量的边际效应与最高分 30 分的比值，反映了自变量对于精神健康的相对影响。

虑了老人身体自理能力的选择效应，个人的生活自理水平确实会影响精神健康水平，自理水平越差，个人的精神健康状况越差，其边际效应为1.086。考虑个人的生活自理水平因素之后，二代核心家庭结构的促进效用消失了，夫妇核心家庭结构对于精神健康的促进作用降低了，这说明夫妇核心家庭结构的部分效应被个人身体健康水平因素所解释，但是夫妇核心家庭结构仍然对个人的精神健康具有显著的促进效用。当考虑个体的自理能力时，模型的拟合值从0.009提高到0.203，自理能力解释了约20%的方差变异，这个结果也意味着身体自理能力是影响老年精神健康状况的核心要素。模型3考虑了个体的年龄结构，以"1944年以前"出生老人为参照组，"1945~1955年"出生组精神健康水平显著弱于"1944年以前"出生组，"1956年以后"出生组的精神健康水平也显著弱于"1944年以前"出生组，如果排序的话，"1956年以后"出生组精神健康状态最差，其次为"1945~1955年"出生组，"1944年以前"出生组精神健康状态最好。考虑年龄结构之后，夫妇核心家庭结构的效应进一步降低（从 -0.629 降低到 -0.571），但是夫妇核心家庭结构的优势效应还显著存在。我们进一步考虑个人的教育水平，相对于文盲老人，小学教育水平的老人精神健康提高2.4%，高中教育水平的老人精神健康提高4%，这两个结果都具有显著效应。在考虑个体教育水平之后，夫妇核心家庭结构的效应基本恒定（从 -0.571 变到 -0.596），夫妇核心家庭结构的优势效应仍然存在。最后，我们在模型4中考虑了个体的婚姻状态，在个体婚姻状态中，丧偶是造成个体精神健康状况变差的显著因素，丧偶比未丧偶的老年人口精神健康状态得分低4.7%。在考虑个体婚姻状态之后，夫妇核心家庭结构的促进效应消失了，丧偶对于老年精神健康的负面效应已经覆盖了家庭结构的效应，这就是说丧偶的老年人无论选择何种家庭形态，都可能是精神健康状态最差的。这个结果是非常有价值的，它意味着丧偶的老龄人口可能会被动地选择主干家庭结构，所以家庭结构的解释力消失了。

通过数据库中的主观意愿居住安排量表，我们可以进一步佐证上述问题，在老年有配偶的情况下，老年人希望与配偶独立生活的比例为52.93%，而希望与儿女合住的比例为43.81%，与配偶独立生活的比例高于与儿女同住的比例。而在老年无配偶的情况下，情况发生了逆转，65.1%的老人首选的居住方式是与子女共同生活，28.9%的老人选择独立生活。这个结果也验证了我们的推测，丧偶是农村老人被动转变居住方式的一个重要原因。

表6-4　老人主观偏好的居住安排

单位：%

	老人主观偏好的居住安排	
	有配偶	无配偶
独居或与配偶住	52.93	28.90
与已婚儿女合住	43.81	65.10
其他居住方式	3.26	6.00
合计	100	100

通过上述的逐步分析，我们至少可以推断一个事实，在不考虑丧偶这种极端的生活事件的情况下，家庭结构因素始终对于个体的精神健康状态具有显著影响，特别是夫妇核心家庭，即便考虑个体各方面的因素之后，仍然会对个体的精神健康水平具有显著的促进作用。涂尔干在《自杀论》中总结，"个体从来都是嵌入在一定的社会结构之下，自杀很可能是任何社会结构的组成部分"（涂尔干，［1930］2010），在我们的研究框架下，我们推测，"农村老年人从来都是嵌入特定社会背景下的家庭结构之内，家庭的社会性力量在很大程度上可能决定个人的精神健康水平"。

2. 不同生命时点上老年人的居住安排及其对精神健康的影响

在上文的分析中，我们实际上遇到一个比较棘手的问题——不能排除婚姻状况对老年居住安排的选择性效应，如果同时考虑婚姻状况和居住安排，居住安排对精神健康的显著影响就会降低。那么我们的问题就在于，在什么情况下老年的家庭结构特征可以超越老年的个体特征，影响到老年的精神健康水平？

在表6-5的模型1中，我们首先对"1944年以前出生组"的老人精神健康进行回归分析，结果显示居住安排对老人精神健康具有显著正向影响，与配偶共同居住或单独居住的老人精神健康状况好于与已婚儿女合住的老人，其平均精神健康水平比与儿女合住的家庭老人精神健康水平得分高3.3%。在这个年龄组中，婚姻对于精神健康的影响并不显著，这个结果与上文中的对全部老人的回归分析结果恰好相反。结合模型2、模型3的回归结果来看，在"1945~1955年出生组"中，婚姻状况对于精神健康的影响具有显著意义，丧偶者比未丧偶者精神健康水平差 9.6% ；在"1956 年以后出生组"中，丧偶者比未丧偶者精神健康水平差 16% ，越是年龄较小的出生组，丧偶对于精神健康的负面影响越强烈。"夫妇核心家庭"结构对"1945~1955 年出生组"和"1956 年以后出生组"的比"1944 年以前出生组"的精神健康贡献更大，但是结果并不显著。

从这个回归结果中，我们更加能够发现生命历程视角的意义，"1944 年以前出生组""1945~1955 年出生组"和"1956 年以后出生组"出生于不同的历史时期，当下他们也正处于不同的家庭周期中，对三个不同的出生组来说，影响他们精神健康的重要因素是显著不同的，对于"1944 年以前出生组"来说，"自理能力"和"居住安排"是决定他们精神健康水平的核心因素；对于"1945~1955 年出生组"来说，丧偶与否是决定精神健康水平的第一要素，其次是自理能力、教育水平和年龄，教育程度体现了个体适应社会的能力，这个出生组中接受小学教育的老人比文盲老人精神健康水平要高 3% ；对于"1956 年以后出生组"，丧偶与否也是决定精神健康水平的第一要素，其次是身体自理能力、教育水平和年龄，这个出生组中接受初中和高中教育水平的老人比文盲老人精神健康水平高 4.3%~6% 。

表 6-5 分出生组居住安排对老年精神健康的影响

变量	模型 1	模型 2	模型 3
	1944 年以前出生组	1945~1955 年出生组	1956 年以后出生组
参照组：主干家庭			
二代核心家庭	2.018	-0.159	-0.796
	(1.469)	(0.687)	(0.609)
夫妇核心家庭	-1.103**	-0.212	-0.269
	(0.557)	(0.503)	(0.741)
性别	0.606	-0.329	0.670
	(0.589)	(0.515)	(0.565)
年龄	-0.085	-0.153**	-0.225***
	(0.052)	(0.077)	(0.085)
参照组：文盲			
小学	-0.592	-1.031**	-0.390
	(0.604)	(0.522)	(0.622)

续表

变量	模型 1 1944 年以前出生组	模型 2 1945~1955 年出生组	模型 3 1956 年以后出生组
初中	-0.850	0.304	-1.302*
	(1.052)	(1.045)	(0.702)
高中及以上	-0.579	-1.808	-1.900**
	(1.675)	(1.465)	(0.885)
身体健康	0.916***	1.204***	1.351***
	(0.088)	(0.096)	(0.148)
参照组：已婚/同居			
离异/分居	1.199	-0.018	0.845
	(2.029)	(1.323)	(2.085)
丧偶	0.390	2.955***	4.971***
	(0.620)	(0.809)	(1.320)
常数项	4.109	4.681	5.624
	(3.637)	(4.410)	(4.285)
观测值	402	593	506
拟合 R-squared	0.248	0.272	0.197

注：表中括号里是标准差；*** $p<0.01$，** $p<0.05$，* $p<0.1$。

三　分而不离：居住安排影响老人精神健康的机制

接下来，我们要思考的一个问题是，在不同的生命时点上，"家庭结构"通过什么样的社会力量决定了个体的精神健康水平？为了找到进一步分析的线索，我们希望通过"老人口述生命史"来找到个人建构精神需求的核心要素。

关于"单过"（与配偶居住或单独居住），老人是这样评价的：

> 现在的家，媳妇地位高着呢，都咯嗫儿（嫌弃老人），老人到的了跟前儿么？单过俺们自己说了算，自己想啥买啥都行，在媳妇跟前提都不敢提。这前儿，可不抵以前，以前权力都在老人手里呢，他让小辈干什么就得干什么，儿媳妇可受气。（访谈记录 bl_x_4）

现在儿媳妇娶进门，家里就花得精光，娶到了家，人家儿就想当家，儿子挣的钱都得归人家管，现在家里媳妇说了算，儿子都得听人家媳妇的。老人在家有啥地位呀，给你口饭吃就不错了，还敢图别的？要是能动弹，还是自己单过得劲儿，不用看她（儿媳妇）脸色。（访谈记录 bl_x_5）

和媳妇一起过也有，但是少，一起过的都是一个儿子的，老人在家低三下四啥都干，洗衣服、做饭，吃饭是年轻人的活。（访谈记录 bl_x_9）

（李大爷，90岁）现在多数人都不愿意和小的过，个人自由点，小的还有读书的。我们两个哪个死了，剩下的只有和他们一起过了，一个一个月（轮养）。现在儿女不拿钱，现在稍微过得去，都不喊儿女拿钱。逢年过节孙子们也拿点。我一个月有800多，老伴没有。够用了。（访谈记录 bl_x_1）

在当下的社会环境下，老年人在家庭中的权力比子辈小已经是一个不争的事实，过去，老年人掌握着家庭的重要资产——土地、房屋，而现在这些资产都已经不是能制衡儿女的奢侈品。那么老年人何以维持自己的权力和脸面呢，在有能力可以"自己说了算"的时候，大部分老年人都选择独立生活，同时我们不能忽略当下社会经济生活水平和社会保障水平的提高给了老人独立生活的可能性，在传统农业社会，整个社会的生产方式以家庭成员集体农业劳作为主，到了老年时期，由儿子来继承一些仅有的土地、房产资源，而儿子则负责供养老人、养老送终。但是在当下社会，无论老年人还是年轻人，都希望能够有相对独立生活的自由空间。

除了权力和地位的逻辑之外，怎样"当好老人"是老人强调的第二个重要因素。

现在年轻人压力都大，我们自己能多干点尽量自己多干点，不能到老了以后都指望人家，趁着还年轻，腿脚还利索，自己攒点钱，到时候上人家跟前儿也痛快。不然干啥都朝儿媳妇伸手要，待不了几天

就烦了。（访谈记录 bl_x_4）

我现在没啥事，在家看孙子呢，现在出去打工比干农活挣钱多，我看孙子，两口子（指儿子、媳妇）都能出去，多挣点。以后老了不还得指望儿子，别人谁能管啊。（访谈记录 bl_x_8）

我回想我这一辈子都造孽，小时候四五岁就给我做石匠的幺爸掌灯，因为那时我父母都不在了，小时候过了不少苦日子，现在条件好点了，病又来了。有时儿子他们都上班去了，家里就我一个人，走动一会儿身体又遭不住，一般都在沙发上睁眼躺着缓一下，有一次在厨房做饭，突然觉得天昏地暗，赶紧扶着墙来沙发上躺着。想给儿子打电话，又怕影响他工作，就自己躺着。现在身体说不好就不好，那天早上他们都在家，我就一个人去洗澡，洗着洗着就感觉撑不住，我就悄悄地回到房间躺在床上了，后来儿子他们见浴室半天没动静，一看我不在，着急慌了，叫我也没力气答应，找了半天才发现我在卧室。我就说把孩子都带大了，没什么牵挂，自己要走就可以走快一点，这样生病太痛苦。我愿意做事，不愿意生病闲着，疼我可以承受，就是头昏受不了。（访谈记录 bl_x_2）

这三个案例里的老人一个共同心理是"我还能为儿女做些什么"，在能通过自己的劳动或照顾孙辈给儿女减轻负担时，老年人在某种程度上获得一种满足感，同时这种满足感是建立在对儿女未来照护的预期之上的。换句话说，老年人用当下自己的"投入"换得儿女未来的"养老"。相对应的，如果一个老人再也不能为儿女付出，老年人就会有一种自责、无用感。也正是因为这个原因，我们在上面的模型 1 中看到，在 1944 年以前出生的年龄组中，单独或与配偶居住的老年人精神健康状况反而好于与儿女合住的老年人，单独居住减轻了老年人的心理压力，在与儿女合住的家庭中，无论家庭权力还是经济资源获取，年纪大的老年人与子女之间都存在不平衡，在这种情况下，有自理能力单独居住反而是一种精神解脱。需要注意的是这种解脱的目的并不是完全脱离子代家庭，而是站在子代家庭的立场上，为未来更好的回归做铺垫。从这一点上讲，老年人与子代家庭的分离并非似西方社会亲子两代的彻底独立，而是处于一种中间状态，也可以称为"分而不离"的状态，即随时准备介入子代家庭，同时又保持相对的独立性，这是当代农村老人适应现代化节奏的一个理性选择。

四 结论和需要进一步讨论的问题

农村社会的转型深刻地影响了当下农村的家庭结构，本部分的一个核心议题是希望探讨"家庭结构是否会影响老年人的精神健康水平"，通过对数据的逐步分析，我们得到如下结论：在不考虑丧偶的情况下，夫妇独立生活会显著地促进老年人的健康水平，但考虑丧偶因素后，独立生活对于精神健康的促进意义消失了。我们分出生组继续验证居住安排对精神健康的影响，"1944 年以前出生组"中夫妇独立生活仍然会促进老年的精神健康水平。这个结果需要我们深思"家庭结构"究竟通过什么样的机制影响到精神健康水平？居住安排本身反映的是家庭人口结构的概念，从居住安排到个体的精神体验需要一个中介的转换过程，通过农村老人的口述，我们意识到从"有偶"到"丧偶"，居住安排的意义发生了本质的变化。首先，在"有偶"时期，独立的生活意味着老年人对自身生活拥有控制权，用老年人自己的话讲就是"自己说了算"，这使老年人在晚年时期最大限度地维持了自我尊严。其次，独立的生活空间也使老年人有机会积累"养老资本"，当下土地资源已经不构成代际交换的基础，人口的流动也使"养儿防老"传统存在越来越多的不确定性，按照市场化的逻辑，"钱攥在手里才是安全的"，资本的积累可以使老年人重新获得一种安全感。再次，青年人家庭地位的提升加剧了代际的矛盾和冲突，在主干家庭内部，从不同时代走过来的人具有不同的价值观，因此在生活细节上发生冲突在所难免，而独立的生活空间可以使这种家庭矛盾最小化，这样也增加了老人在需要的时候重新介入子代家庭的弹性。上述逻辑是老人在"有偶"时期普遍言说的话语，但到了丧偶之后，农村老人的话语逻辑就会发生逆转，"丧偶"造成了部分老年人独立性的丧失，提前了老年人在心理上"依赖"子代的过程，老年人的生活变成漫无目标的生命延续和对子代的依赖，有些老年人在这个时期深陷到自怨自艾的情绪之中不能自拔。所以说，"居住安排"对老人精神健康的影响主要是通过家庭关系来传递的，家庭关系结构折射出老年人对生命价值和意义的深层解读。

在当下社会，随着家庭联产承包责任制、市场化改革等社会转型力量的介入，"核心家庭"越来越成为农村家庭的主流结构，特别是"夫妇家庭"和"独居家庭"在核心家庭中已经占到了一半以上的比例，从发展趋势上看，夫妇家庭在未来几十年里还呈现上升的态势。西方在工业化过程中，也经历了一个家庭结构从"扩展形态"到"核心形态"的收敛过程，在帕森斯看来，美国的核心家庭是适应工业化发展的必然选择，核心家庭切断了与扩大的亲属关系的利益联系，从功能上能够满足其成员的情感需求和个性需要（Parsons，1943）。家庭现代化理论代表古德（W. J. Goode）也认为，夫妇家庭能够满足平等主义的价值观，而不受扩大家庭关系地位的牵制（转引自唐灿，2012）。无论帕森斯还是古德，他们的一个假设前提是夫妇家庭是排外性、自我孤立的，它的功能就在于满足个体的情感需求，而生活的意义则要通过在社会中提高个人成就来获得。

虽然中国也在经历着快速现代化的过程，也出现了夫妇家庭和独立家庭增长的趋势，但是，西方个体主义的逻辑究竟适不适合解释中国的现实？从农村老人自述的逻辑看，一方面，传统家庭形态下老年人作为一家之长的地位和权威难以维系，代际社会地位向下倾斜，在这种情况下，老年人确实有维护自身地位和平等的考虑；但同时，无论是与子女同住，还是独立居住，老年人的生活逻辑始终离不开对子辈的关照，老年人生活的目的和意义始终和子女勾连在一起。所以，老年人整个的精神和活力也是同自己能为整个"大家庭"做何贡献联系在一起。从这个角度来看，中国核心家庭模式的实质与基于西方个体主义理念下的核心家庭模式还并不一致，西方的核心家庭是"向内"用力的，从核心家庭内部寻找生活的意义和目标，而中国的老年核心家庭是"向外"用力的，虽然家庭在形式上已经分离，但老年人在生活的意义和目标上，还是把自己和子女的生活世界联系在一起。

所以，本章希望提出一个贯穿后续章节的问题，即在农村现代化过程中，农村家庭越来越核心化，那么农村老年人是不是适应这种核心化的趋势？不同的年龄群体通过什么样的角色建构来适应这种现代化的过程？与之相对的，子女与老年人的关系又如何建构？这些维度是决定老年人精神健康的最重要因素，通过理清这些关系，我们希望能够描画出在农村核心家庭背后的代际联系的逻辑，更重要的是"家庭"作为中国传统社会中最重要的非正式制度，如何在现代化过程中重构。

第七章
"照顾者"还是"被照顾者"?
——家庭角色对老年精神健康的影响

　　人类学家许烺光认为，"在中国人的人格形成过程中，祖先崇拜和家族组织扮演着至关重要的角色，每一个人都生在祖荫下，长在祖荫下，并通过延续祖荫的努力而赋予短暂的肉体生命以永恒的意义"（许烺光，2001：7）。由于中国的伦理体系强调个人利益必须服从于家的利益，因此个人在传统社会几乎不可能存在。在传统社会背景下，父母具有绝对的不可违背的权力和权威。在以农业社会为主的时代，从经济上来讲，由于生产方式的落后，社会知识的增长是缓慢的，老年人的经验和技术对农村家庭来讲是一笔巨大的财富，老农对自然节气的掌握，对农业耕种的丰富经验，对整个社会的物质生产来说都是不可替代的财富。从政治上来讲，"家长制"是封建社会的统治基础。"孝亲"与"忠君"结合起来，在维护老年人社会地位的同时，更维护了封建的统治秩序。从社会主义建立之初的"破四旧"，甚至更早时期，主流文化就已经开始挑战这种传统，随着经济发展、人口流动和传统"孝文化"的衰落，老年人对子女的权威就已经逐步衰落了。传统"孝文化"赋予了老年人一种先赋性的权威和地位，而当下的"市场竞争"社会，老年人与青年人一样，需要通过"经济的"（比如个人收入）或"工具性"价值（比如看护孙子女）来证明自身的社会地位和存在价值。但是在快速社会转型下，老年人适应社会的能力明显弱于年轻人，而社会对老年人的保护又明显不足，特别体现在农村社会保障制度的缺失上。在这种背景下，老年人整体的社会经济地位是较低的，部分老年人在老年时期甚至陷入贫困的境地。

在当下农村，观察一个家庭的实质并不能仅仅看家庭结构一个维度，实际上从老年供养到孙子女照护，"老年家庭"和"子辈家庭"都处于"剪不断、理还乱"的一种状态，在这一点上与西方社会明晰的个人权利、责任有本质的差别。"家庭本位"始终是理解中国人行为的基础。正因为如此，老年人的社会地位始终是一个"远端"的概念，而家庭地位是老年人能够深切感受到的"近身体验"。所以这里有一个很矛盾的地方，一方面在当下的"市场规范"主导下，老年人需要用"经济价值"体现自身的角色和社会价值，另一方面老年人的社会价值并不仅仅体现在一个空洞的"社会空间"中，老年人还是生活在一个活生生的"家"的范围下，其价值还体现在如何能提升整个家的生存条件和社会地位上。因此，一种可能的情况是老年人放弃实现自身的"经济价值"，转而作为其他家庭成员的后援支撑。在这种情况下，老年人的角色就是矛盾的共同体，而老年人的精神健康问题也就是在这种矛盾共同体背后衍生出来的，一方面，老年人在家庭中的角色地位很低，所以部分老年人面临着在家中"大事小事，说了不算"的尴尬境地；另一方面，无论是外界社会对老年人的就业约束，还是家庭对老年人的预期都牵制着老年人走出家庭，老年人很难在社会上实现自身的价值，因此，老年人的一种普遍感觉是"活着没有用处"。

前面我们探讨了家庭结构对老年精神健康的影响，并预设了一个假设：家庭结构通过影响家庭成员的角色进而影响到老年的精神健康水平。那么，老年人在当下这个社会形态下究竟在扮演着什么样的家庭角色，老年人对这种家庭角色的心理适应性怎样？如果这样的家庭角色带给老年人一种正向的能量的话，就说明农村老年人口能够在变迁的社会环境下重新构建自己的家庭角色，实现自身的生存价值；反之，如果这样的家庭角色带给老年人一种负向的能量的话，就说明农村老年人口不能适应这样的社会环境，因此精神健康状况处于较差的水平。

一 "角色"的理论基础

从 20 世纪 50 年代开始，"角色"概念就已经成为跨学科研究的一个载体，它把人类学、心理学、社会学、历史学等整合到了一个原则之上，即研究人类的行为，并且被大量运用于精神疾病的临床治疗上。近 30 年来，"角色"理论在社会学中得到了充分的发展，很多关于角色的次级概念已经成为社会学研究的共识,本章希望解释老年人对家庭变迁的适应性,因此我们有必要从角色理论中提炼一些适用于老年研究的有效工具。

1. 角色理论的基本立场:角色的社会规定性

20世纪30年代,米德(G. H. Mead)构筑了角色理论的框架,在《心灵、自我与社会》中,米德站在社会心理学立场提出个体心理对社会群体的依赖性,"个体所有的行为都是以象征性意义为基础的自我导向性行为,而这些象征性意义在社会情境中为互动的人类所操纵、共享和交流"。米德反复使用了角色借用(role taking)概念,提出人们是在日常生活互动中学会理解社会,通过模仿他人角色,使他人和社会进入个体并使个体能够指导自己,这种交流对于合作活动是必需的(米德,1992)。个体角色扮演的成功程度取决于个体对所处地位和社会期望的内在理解、传递和选择,取决于行为受社会期望调节的程度和角色适应的能力,还取决于角色扮演的社会环境,因此,角色行为本质上是社会制度赋予的,具有社会的规定性。

米德的思想后来得到符号互动论①的继承。戈夫曼(Goffman,1959)使用"戏剧理论"说明角色理论的基本观点,现实生活中的个体与戏剧舞台上的演员一样,承担一定的角色扮演。人们所处的客观环境就像"场景",由社会要求、规范和期望构成的社会环境是"剧本",现实社会的"导演"是社会的统治者,"观众"则是由与行为者存在相互影响的真实的或想象的其他人构成。戈夫曼通过"戏剧类比"(theatrical analogy)的方式,阐述了一个核心观点,即人们在社会中的行为并非是随意的,角色实质上是一种社会给予的"身份",它标明了个体在种种社会关系中的地位、作用、权力和责任,社会对每个角色都有相应的期待和行为规范。模式化的社会行为(role),社会成员的身份或位置(position),行为的预期(expectation)是个体承担社会"角色"的三个要素。模式化的社会行为被定义成"为达致某种功能而组织起来的一套特殊规范"以及由此形成的一套应对社会环境的策略,期望被认为是角色的首要因素,它在实践中习得,即人们通过实践逐渐清楚自己所背负的期待,它主要表现为规范、信仰等等(Biddle,1986)。

---

① 符号互动论主要代表人物包括库利、托马斯和戈夫曼,他们用符号互动理论来解释人类的行为。

2. 社会结构与社会角色

人类学家林顿则在 1936 年对身份（位置）和角色作了经典区分：身份是指人们可以拥有的权利与义务的合集，而角色表示身份的动态面貌（转引自毛丹，2009）。人们被社会指派一个身份并占据它，当他使组成身份的权利与义务生效时，他就是在扮演一个角色，但角色与身份是需要分离考虑的，每个人占据某个社会位置时，社会对他该做什么、怎么做抱有一整套期待，要求他按这种期待行动；角色被理解为权利义务与身份相一致的结果。林顿暗示了一种新的角色分析模式：角色构成个人行为与社会结构的一种联结，即存在着一个与给定社会地位或身份相适应的行为网络。个人大体会扮演各自的社会角色、形成互补，就意味着稳定的社会秩序。

默顿的"角色丛"理论发展了林顿的思想，在默顿的角色理论中，个人在社会结构中的地位（position）是首要的，每个社会地位并不只是对应单一的社会角色，而是一个角色序列，社会结构的这种特征产生了"角色丛"（默顿，2008）。社会结构的存在使人们面临着如何把不同角色丛连接起来的任务，"怎样安排众多的角色丛以获得适度的社会秩序，让多数人在多数的时间内忙于自己分内的事情，而不致因角色之间的强烈冲突而无所适从"。"角色丛"理论提出了确定社会机制普遍而又具体的问题，既定的社会结构产生了既定的社会机制，社会机制协调了角色丛中的不同期望，从而减少了地位占有者的冲突。"角色丛"的概念引导我们进一步思考社会角色丛的协调机制是如何产生的？为什么在不同的社会系统下这些社会运行的机制（秩序）如此的不同？在角色丛中总是存在着区分不同的期望以找出适当行为的可能性，而社会紧张和压力之所以产生，是由于社会结构中的个体都期望维护自身的社会地位。角色丛的成员们在社会结构中被置于不同的社会地位，这些成员具有不同的利益、情感、价值观和道德期望。例如家庭中老人常常处于不同于其他家庭成员的社会地位和经济地位，老人的利益、价值观和期望也常常与其他成员显著不同。因此家庭角色丛中其他成员不容易感受到老人的冲突性期望。对一个人来说非常必要的活动对另外一个人来说可能微不足道，角色丛中占有主导地位的个体，很大程度上也占有其他地位的资源，人们就是通过角色丛在社会结构中与占有不同地位的人发生了联系。

本章希望探讨转型社会下老年人如何构建自身的家庭角色及其适应性，

通过对角色丛理论的梳理，笔者认为可以从三个进路对老年人社会角色展开分析：第一，角色是个人行为与社会结构的一种联结，个人处于什么样的社会结构之上，处于什么样的社会地位之下，决定了个人可以预期扮演的社会角色，因此说社会地位是影响社会角色的一个关键因素。第二，每个人都处于一个角色丛之中，个人的角色潜在地与他人的行为相互嵌入、相互影响，特别是老年人处于不断变化的角色之中（比如丧偶），儿子、女儿等家庭成员在老人晚年生活中占有重要地位，老年人当下的角色选择可能预示着一个长远的角色酝酿。第三，个人的社会角色是一种社会规定性，它体现了社会系统中的文化规范对老年人行为的制约，当下的市场化社会环境也是塑造老年人个人社会行为的一个重要因素。

二 研究数据及变量

因变量

因变量是关于老人精神健康状态的测量，具体测量方法参见第一章。

自变量

研究的主要自变量是老年人在家庭中所扮演的角色，主要包含三个问题，一是"老年人在过去一年是否从事农业劳动"，二是"老年人在过去一年是否从事非农业劳动"，三是"过去一年老年人是否花时间照看孙子女"，根据老人的应答，形成3个自变量，分别为"农业劳动""非农劳动"和"照看孙子女"。如果老年人从事了该项劳动的话，变量值为1，否则为0。同时我们还控制了老年人的特征及其家庭结构。老年人信息具体包括老年人的年龄、性别、婚姻状况、身体自理能力、受教育水平、家庭收入、出生组等。在模型中，我们逐步控制这些变量，这有助于我们更清楚地看到老年人建构社会角色的过程。

在进入具体回归分析之前，我们首先分析一下女性老年人和男性老年人在农村中的角色差异，从农业活动看，女性老年人从事农业活动的比例为54.56%，男性老年人从事农业活动的比例为68.15%，女性老年人比男性老年人约低14个百分点；在非农业生产活动上，农村女性老年人和男性老年人并没有体现出明显的差异，平均水平约为12%，说明当农村人口超过60岁时，从事非农活动的空间就将变得非常狭窄，有限的非农就业活动主要集中在个体非农自雇或短暂的务工活动上。从孙子女照护的比例上看，女性老年人从事照护活动的比例为60.74%，男性老年人从事照护活动的比例为51.35%，女性老年人比男性老年人约高10个百分点。

表7-1　农村老年人生存现状

社会角色	女性老人		男性老人	
	比例（%）	样本数	比例（%）	样本数
农业	54.56	1118	68.15	986
非农业	12.70	1118	12.17	986
孙子女照护	60.74	349	51.35	333

从就业类型和精神状态的关系来看，男性老年人和女性老年人也存在着差异。对于女性老年人来讲，参与农业活动的女性老年人精神健康得分为9.25，比未参与农业活动的老年人得分高0.82，女性参与农业活动给精神健康带来负面的影响；参与非农就业活动的女性老年人精神健康得分为6.74，比不参与非农活动的女性老年人约低2.5分，这表明女性参与非农就业活动给精神健康带来正面的影响；而女性是否承担孙子女照护的精神健康得分没有显示出显著的差异。对男性老年人来讲，整体上看，男性老年人精神健康得分都比女性得分要低，从这一点上说明农村男性老年人的精神状态好于女性老年人。在具体项目上，参与农业活动的男性老年人精神健康评分比不参与的低0.13分，参与非农就业的男性老年人精神健康评分比不参与非农就业的男性老年低约5.8分，男性老年人参与非农就业能显著地提高健康水平。同样的，男性是否承担孙子女照护对精神健康不存在显著影响。

表7-2　社会角色与农村老年精神状态列联表分析

单位：分

社会角色	女性老人精神健康评分（0~30）		男性老人精神健康评分（0~30）	
	参与	不参与	参与	不参与
农业	9.25	8.43	7.70	7.83
非农业	6.74	9.26	6.28	12.00
孙子女照护	9.79	9.46	8.75	8.84

三 回归结果分析

从总体来看，从事"农业活动"对老年人的精神健康具有负面的影响，边际效应为 0.904，这表明参与农业活动比没参与农业活动①的老年人精神健康水平低 3%。在大量城乡移民的背景下，农业活动已经越来越成为"女性"和"老年人"的职业，农业生产对体能要求很高，白南生等研究发现，子女外出务工导致的替代效应使老人农业劳动参与率增加 8.4 个百分点，即便考虑子女转移收入的间接效应，外出务工仍然会使老年劳动参与增加 5.8 个百分点（白南生，2007）。对于老年人来讲，农业劳动量的增加和因农业劳动力短缺造成的高负荷都给老年人精神健康带来沉重压力。"非农经济活动"虽然对老年人的精神健康具有正面的积极影响，但是效果并不显著。我们的数据显示只有不到 7% 的老年人口从事非农职业，当下城市劳动力市场对农民工就业有明确的年龄要求，50 岁以上的农村劳动力已经很难在城市找到稳定的职业，所以实际情况是无论农村男性还是女性从事非农就业的比例都非常低。"照护孙子女"是当下农村老人的一个主要任务，回归结果表明"照护孙子女"对农村老年男性和女性都具有积极的影响，特别是老年女性，照顾孙子女可以显著地提高她们的精神健康水平。

表 7-3　社会角色对老年精神健康的影响

变量	模型 1（全部样本）	模型 2（全部样本）	模型 3（全部样本）
性别	-0.488	-0.367	0.268
	(0.305)	(0.303)	(0.558)
参照组：已婚/同居			
离异/分居	0.035	0.046	-0.748
	(0.974)	(0.977)	(1.262)
丧偶	1.019**	0.858**	1.073*
	(0.433)	(0.431)	(0.610)

① 注意：我们调查的样本集中在 45~65 岁的人口，老年人在这个阶段的失能率还比较低，没参与农业活动的老人大部分身体都是在有劳动能力的范围内。因此没参与农业劳动不意味着老年人已经失能。

变量	模型1 （全部样本）	模型2 （全部样本）	模型3 （全部样本）
参照组：文盲			
小学	-0.373	-0.451	-0.044
	(0.330)	(0.330)	(0.574)
初中	-0.159	-0.230	0.814
	(0.484)	(0.487)	(0.930)
高中及以上	-1.080	-1.108*	-0.087
	(0.657)	(0.660)	(1.317)
身体健康	0.988***	0.956***	1.078***
	(0.059)	(0.058)	(0.094)
家庭人均收入	-0.312***	-0.343***	-0.455***
	(0.060)	(0.060)	(0.106)
农业劳动	0.904***		
	(0.309)		
非农活动		-0.227	
		(0.438)	
照护孙子女			-0.537*
			(0.508)
常数项	9.771***	10.972***	11.035***
	(0.991)	(0.903)	(1.614)
观测值	1501	1500	513
拟合 R-squared	0.230	0.226	0.286

注：表中括号里是标准差；*** $p<0.01$，** $p<0.05$，* $p<0.1$。

另外，女性老年人口与男性老年人口在构建自己的性别角色上也存在一些差异（参见表7-4）。对女性老年人口来讲，参与农业活动对精神健康具有显著的负面影响，边际效应为1.014，意味着参与农业活动的女性老年人比未参与的老年女性精神健康水平差3.3%；照护孙子女对精神健康具有正面影响，边际值为-1.019，这表明照顾孙子女的老年女性精神健康水平比未进行孙子女照护的老年女性高3.3%。对男性老年人口来讲，参与农业活动对精神健康具有负面影响，边际效应为0.6，负面影响程度低于女性老年人；照护孙子女对男性精神健康具有正向影响，其影响的程度与女性老年人基本相当，但这些社会活动对男性老年人精神健康的影响都不显著。通过数据结果的对比分析，我们初步推断，社会转型对农村女性老年人口的影响强于男性老年人，特别是在就业选择领域，女性老年人在子女外出打工的普遍驱动下，越来越多的介入农业生产领域，较多的农业生产活动并没有给女性的精神健康带来积极的影响，反而构成了一种压力。

表 7 - 4　分性别社会角色对老年精神健康的影响

变量	模型 1 （女性样本）	模型 2 （女性样本）	模型 3 （男性样本）	模型 4 （男性样本）
年龄	-0.101***	-0.084	-0.055**	-0.120***
	(0.026)	(0.051)	(0.024)	(0.045)
控制变量：已婚/同居				
未婚/离异	0.358	0.012	0.861	-0.016
	(1.368)	(1.649)	(1.382)	(1.999)
丧偶	1.177*	0.329	2.576***	3.416***
	(0.645)	(0.942)	(0.651)	(0.913)
控制变量：文盲				
小学	-0.728	-1.224	-0.212	0.356
	(0.467)	(0.815)	(0.482)	(0.841)
初中	-2.632***	-3.581	0.542	1.447
	(0.819)	(2.201)	(0.645)	(1.121)
高中及以上	-3.486**	-2.083	-0.666	-0.171
	(1.357)	(4.035)	(0.791)	(1.466)
身体健康	1.170***	1.274***	1.054***	1.179***
	(0.079)	(0.133)	(0.091)	(0.135)
参与农业劳动	1.014**		0.600	
	(0.437)		(0.451)	
照护孙子女		-1.019*		-0.102
		(0.789)		(0.669)
常量	1.217	-0.483	-0.755	2.116
	(1.616)	(3.156)	(1.731)	(3.112)
观测值	767	239	734	274
拟合 R-squared	0.261	0.313	0.185	0.269

注：表中括号里是标准差；*** $p < 0.01$，** $p < 0.05$，* $p < 0.1$。

四 农村老年社会角色建构的过程与意义

在上一章中我们集中探讨了农村老年人的家庭结构对老年人社会适应性的影响，其中一个耐人寻味的问题在于，农村老年人的"独立意识"已经超出了我们的预期，即便在"1944 年以前出生组"的老年群体中，老年人仍然期望独立的生活。那么老年人为什么会偏好这种背离传统的生活方式，除了思索宏观社会环境对于传统家庭伦理的消解之外，我们更希望探讨的问题是老年人如何构建自身"独立"的社会角色和这种社会角色背后衍生的一套社会规范。在这部分中我们将尝试性地挖掘这些问题。

（一）独立的社会角色与老年人的家庭地位

每个人在自身的社会结构中都会有一个相对地位（Weqener，1991），这种相对地位与个人在整体社会中的地位有显著的差异。以图 7－1 为例，如果三角形代表整体社会的金字塔形分层结构，圆形代表个人所嵌入的社会结构，我们可以看到，在整体社会中，个体 A 的地位要比 B 低。但 A 和 B 处于不同的社会结构中，A 在自己所嵌入的社会结构中处于较高的位置，而 B 在自己所嵌入的社会结构中却处于较低的位置。因此，尽管 B 在整体社会分层中的社会地位要高于 A，但 B 的网络相对地位却比 A 更低（赵延东，2008）。

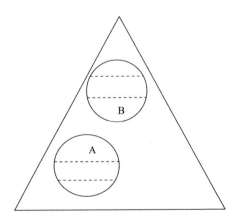

图 7－1 老年人家庭地位与社会地位的差异

这一点对于我们理解老年人对独立性的渴求非常有启发，"家庭"是传统农村社会的"根基"，从生存策略到文化政治，家庭对于生于斯、长于斯的农村人口具有重要的意义，农村人口在建构自己社会地位的过程中，"家庭"是一个重要的维度，传统社会对一个人的最高评价就是"光宗耀祖"，一个人在社会中的地位最终会回到家庭中的地位上。在传统农村社会，"老年人"在家庭中具有不可违背的权威和地位，甚至社会的法律、制度都是遵循这个原则制定出来的（瞿同祖，2010），但是在当下社会，现代化的冲击彻底瓦解了传统的伦理规范，特别是"孝"的规范，那么老年人在这种社会文化背景下，也不得不进行自我的选择，如果我们将老年人趋向于独立生活当做老年人维持"家庭地位"的一种策略来考量，那么老年人甘愿承担重负荷的"农业劳作"的意义就清晰起来了。

从基本模型看，老人参与农业活动带来的沉重压力确实会显著降低老年人的精神健康水平，边际效应为 1.218，这一点与上文的结果是一致的，但是我们顺着农业活动可能产生社会价值的路径来思索，农业活动的增加会带来老人家庭收入水平的提升，而家庭收入水平的提升会显著降低老年人的压力，提高精神健康水平。这一点在模型 1 得到证明，在考虑家庭收入时，家庭收入会显著提高老年人精神健康水平，边际效应为 -0.318，而与此同时，农业劳动对精神健康的负面影响也从 1.218 降低到 0.852。从家庭收入提升老年人经济地位的视角上继续追索，在不同的家庭结构下，老年人对家庭收入的支配能力和控制能力是不同的，在主干家庭中，青年人在家庭中的地位显著上升，而老年人的地位则显著下降，这在许多学者的研究中都得到证实。而在夫妇独立家庭中，老年人可以有完全的家庭收入支配权和控制权（此处没有考虑性别差异），希曼等的研究发现，个人的"控制感"与精神健康有着积极的关系（Secman et al.，1985）。基于模型 2 的结果，我们的这个假设也得到了证实，我们在模型 2 中放入了家庭结构类型与家庭收入的交互项，发现只有在夫妇独立家庭结构中，家庭收入对精神健康有显著的积极影响，其边际效应为 -0.041。这一结果再次表明老年人选择"独立生活"并非完全是儿女外出移民等因素带来的被动选择，老年人选择独立生活也有建构"家庭地位"的考量，在独立家庭生活中，老年人可以按照自身的意愿安排生活，这一点对老年人来讲是非常重要的，在西方社会，老年人独立生活而不与儿女同住也是基于维护自身地位的考虑。

表7-5 老年参与农业活动的社会价值

变量	基本模型	模型1	模型2
性别	-0.409	-0.438	-0.449
	(0.308)	(0.306)	(0.306)
参照组：已婚/同居			
离婚/分居	0.362	0.004	-0.012
	(0.983)	(0.976)	(0.976)
丧偶	1.167 ***	1.050 **	1.057 **
	(0.439)	(0.435)	(0.435)
参照组：文盲			
小学	-0.488	-0.419	-0.419
	(0.333)	(0.330)	(0.330)
中学	-0.337	-0.264	-0.299
	(0.492)	(0.488)	(0.489)
高中及以上	-1.234 *	-1.247 *	-1.231 *
	(0.668)	(0.662)	(0.662)
身体健康	1.066 ***	0.996 ***	0.996 ***
	(0.058)	(0.059)	(0.060)
参照组：主干家庭			
二代核心家庭	0.188	0.266	-1.218
	(0.368)	(0.365)	(1.207)
夫/妻独立家庭	-0.536	-0.559 *	-0.245
	(0.332)	(0.329)	(1.058)
农业劳动	1.218 ***	0.852 ***	0.875 ***
	(0.305)	(0.310)	(0.310)
家庭收入		-0.318 ***	-0.349 ***
		(0.060)	(0.091)
核心家庭#家庭收入			0.185
			(0.145)
夫/妻独立家庭#家庭收入		-0.041 **	
			(0.132)
常数项	6.444 ***	9.893 ***	10.121 ***
	(0.792)	(1.019)	(1.159)

变量	基本模型	模型 1	模型 2
观测值	1501	1501	1501
拟合 R-squared	0.218	0.232	0.234

注：表中括号里是标准差；$***\ p < 0.01$，$**\ p < 0.05$，$*\ p < 0.1$。

（二）社会角色与家庭交换

西方家庭社会学理论中强调，家庭中代际关系的实质是一种"互惠"和"交换"关系，因此西方社会中家庭的代际支持在很大程度上取决于老年人的遗产赠予（Silverstein et al.，2002）。交换理论的一个核心议题是"谁在用什么方式进行交换"，交换的对象不一定是看得见、摸得着的实际物品，声望、精神慰藉以及社会地位都可以用来交换。在传统社会中，如果说也存在一种"交换"行为的话，那么就是老年人借由儒家社会赋予的"权杖"来与儿女的"孝"进行交换。在当下社会，传统社会赋予老年人的先赋地位已经不复存在，那么老年人用什么与子女进行交换？如果"交换"是构建老年人精神健康的一个核心的话，那么我们认为老年人当下付出的"劳动"就是在进行或筹划着"当下"或"更长远"的交换。作为一个假设，我们也需要从数据中得到论证。

为了检验"交换"这一假设，我们在方程中加入了"父辈馈赠子辈现金"这个变量，涵盖了过去一年父辈赠与子辈所有物品的现金价值。同时考虑到不同出生组的老人可资交换的价值具有显著差异，我们对"1944 年以前""1945～1955 年""1956 年以后"三个出生组的老年人分别分析。回归结果如下：从基本模型看，老年人的家庭收入仍然对精神健康具有重大的促进意义，同时"父辈馈赠子辈现金"也对老年人的精神健康具有显著的正向作用，其边际效应为 -0.132，意味着父辈每多馈赠 100 元，老年人的精神健康评分将提高 44%。模型 1、2、3 分别对三个出生组进行检验，从"1944 年以前出生组"的回归结果看，馈赠子辈的现金对老年人的精神健康没有显著影响，这表明这个年龄组至少在"现金"或"实物"资源上已经不具备与子辈对等"互惠"的能力了，这个出生组的老年人的平均年龄已经达到 71 岁，农业劳动能力已经严重不足，因此可以获得收入的能力也已经降低了。对于"1945～1955 年出生组"而言，馈赠子辈的现金对老年人的精神健康具有显著的积极影响，边际效应为 - 0.145，意味着父辈每多馈赠 100 元，老年人的精神健康水平将提高 48%。对于"1956 年以后出生组"而言，馈赠子辈的现金对老年人的精神健康也具有显著的积极影响，边际效应为 - 0.282，意味着父辈每多馈赠 100 元，老年人的精神健康水平将提高 94%。对比这三个出生组的回归结果，越是年龄较小的出生组，与子辈可资"互换"的资源越丰富，而越是年龄较大的出生组，与子辈可资"互换"的资源越贫乏，从数据结果上看，"1944 年以前出生组"在"现金、实物"上基本没有与子辈"互换"的能力。

表 7 - 6　家庭收入、馈赠子辈与老年精神健康的关系

变量	基本模型（全部样本）	模型 1（1944 年以前出生组）	模型 2（1945～1955 年出生组）	模型 3（1956 年以后出生组）
性别	- 0.545 *	0.068	- 0.612	0.097
	(0.305)	(0.605)	(0.524)	(0.528)
参照组：已婚/同居				
离异/分居	- 0.075	0.479	- 0.281	0.261
	(0.972)	(2.018)	(1.308)	(2.039)
丧偶	0.717	0.172	2.300 ***	4.166 ***
	(0.443)	(0.608)	(0.799)	(1.292)
参照组：文盲				
小学	- 0.256	0.036	- 0.799	- 0.092
	(0.331)	(0.601)	(0.523)	(0.608)
初中	- 0.002	0.116	0.494	- 0.848
	(0.485)	(1.040)	(1.040)	(0.684)
高中	- 0.904	0.333	- 1.229	- 1.632 *
	(0.658)	(1.658)	(1.449)	(0.867)
身体健康	0.962 ***	0.910 ***	1.080 ***	1.217 ***
	(0.059)	(0.089)	(0.096)	(0.151)
农业劳动	0.841 ***	1.298 **	0.321	- 0.506
	(0.309)	(0.577)	(0.519)	(0.571)
家庭收入	- 0.292 ***	- 0.441 ***	- 0.284 ***	- 0.268 ***
	(0.060)	(0.132)	(0.093)	(0.099)

续表

变量	基本模型 （全部样本）	模型 1 （1944 年以前 出生组）	模型 2 （1945～1955 年 出生组）	模型 3 （1956 年以后 出生组）
父辈馈赠子辈现金	− 0.132 ***	− 0.061	− 0.145 **	− 0.282 ***
	(0.042)	(0.091)	(0.069)	(0.069)
常数项	10.424 ***	10.636 ***	9.726 ***	9.693 ***
	(1.010)	(1.719)	(1.607)	(2.109)
观测值	1501	402	593	506
拟合 R-squared	0.235	0.267	0.289	0.223

注：表中括号里是标准差；*** $p < 0.01$，** $p < 0.05$，* $p < 0.1$。

　　老年人与子代可资交换的"资本"除了"现金"或"实物"外，在农村社会，照看孙子女一直是老年人应该承担的责任，城乡流动实际上加重了老年人照看孙子女的责任，在父母缺席的情况下，老年人实际上承担了双重的压力。而从外出打工子女的角度来讲，老年人照顾孙子女的价值在某种程度上甚至超过馈赠的价值，因此，很多外出农民工通过汇款的方式来补偿父母在照看子女上的劳动付出。从基本模型看，老年人照顾孙子女确实能够提高其精神健康水平，边际效应为 − 0.537，但是结果不显著。从三个出生组的回归结果看，只有在"1944 年以前出生组"中，"照顾孙子女"对老人的精神健康具有显著的积极影响，边际效应为 − 1.749，即在这个年龄组中，照顾孙子女比不照顾孙子女的老年人精神健康状况得分高 6%。另外两个出生组不仅不具有显著的影响，同时从其变化趋向上看，照顾孙子女反倒形成了对老人的精神健康压力，这个结果意味着对于年龄较小的两个出生组来说，"获取收入"比"照顾子女"在交换上相对更具优势。

表 7 − 7　照顾孙子女与老年精神健康的关系

变量	基本模型 （全部样本）	模型 1 （1944 年以前 出生组）	模型 2 （1945～1955 年 出生组）	模型 3 （1956 年以后 出生组）
性别	− 0.268	0.345	− 0.418	1.291
	(0.558)	(0.986)	(0.804)	(1.707)

续表

变量	基本模型 （全部样本）	模型 1 （1944 年以前 出生组）	模型 2 （1945～1955 年 出生组）	模型 3 （1956 年以后 出生组）
参照组：已婚/同居				
离异/分居	-0.748	-0.655	-0.503	-1.238
	(1.262)	(2.639)	(1.542)	(3.627)
丧偶	1.073*	0.426	2.928***	2.867
	(0.610)	(0.944)	(0.933)	(2.503)
参照组：文盲				
小学	-0.044	-0.264	-0.144	-0.451
	(0.574)	(0.977)	(0.794)	(1.673)
初中	0.814	0.107	1.228	-0.868
	(0.930)	(1.612)	(1.450)	(2.130)
高中	-0.087	0.708	-0.442	-1.799
	(1.317)	(2.429)	(2.070)	(2.670)
身体健康	1.078***	0.956***	1.312***	1.407***
	(0.094)	(0.136)	(0.144)	(0.361)
家庭收入	-0.455***	-0.477**	-0.473***	-0.336
	(0.106)	(0.220)	(0.145)	(0.238)
照顾孙子女	-0.537	-1.749**	0.433	0.666
	(0.508)	(0.881)	(0.698)	(1.479)
常数项	11.035***	13.681***	7.368***	5.549
	(1.614)	(2.692)	(2.457)	(5.133)
观测值	513	173	255	85
拟合 R-squared	0.286	0.273	0.375	0.256

注：表中括号里是标准差；*** $p<0.01$，** $p<0.05$，* $p<0.1$。

五 结论与讨论

本部分从社会角色建构的角度思考老年群体如何建构他们的晚年角色，以及这种社会角色建构的深层意义。从理论逻辑上来讲，我们深入讨论了两个问题。

第一，"个体发展与完善"的逻辑。在西方社会，"个体主义"是其文化根基,所有的法律都是从保护"个人产权""所有权"的角度出发而设立的,因此"个人的权利是神圣而不可侵犯的"作为法律写入了美国的法条。从人本主义上来讲,个人在社会结构中的地位非常重要,它决定了个人可以利用的资源总和(物质、文化、社会资本)。每个个体都希望在社会上获得尊重和认可,以此来获得生存的价值。从这个基本的逻辑来考量,老年人也需要在变迁的社会中用一种策略来实现和维护自身的社会地位,传统的在大家庭中的地位是"礼俗"和"家族制"赋予的,那么在当下社会,老年人通过改变居住形态,通过自身的劳动投入来获得相对的社会地位,在这一点上与西方社会的老年人并无异。我们也从数据检验中得到了证实,在夫妇家庭中生活且有劳动能力的老人确实从这种居住形态中获得了较高的心理满足感。

第二,"家庭交换"的逻辑。老年人不仅仅需要一种物质上的满足,还需要通过社会互动来获得别人对自身价值的认可。戈夫曼很早就提出,"人类总是生活在各种各样的社会互动中,其中人们表现出一系列的行为,扮演一些特殊的角色,通过这些行为和行动模式,人们可以表达他们对于情境的看法以及对自我的评价"。老年人一方面通过劳动创造的价值与儿女进行交换,一方面也通过"照顾孙子女"来与儿女进行交换。每一个从不同历史起点走过来的老人,由于其优势资源和社会价值观不同,他们用以交换的选择也不同,越早出生的老年群体,越希望从自身在家庭承担的责任中获得子女的回馈;而越是年轻的老年群体,越希望从自身创造的价值中获得子女的回馈。

以上这两种假设我们都从数据中获得了证实。从第一个逻辑推演开来,如果一个社会的老年人过度追求自身的"成就"和"社会控制感"的话,他必然把"自身的权利"放在至高无上的地位,而不愿放弃"权利"去交换其他的服务。这就是西方社会老龄化的悲剧所在,发展到极致,老年人宁愿在维护自我权利中与陌生人为伴(boarding and loging),甚至"孤独死",也不愿屈尊,甚至有与儿女老死不相往来者。

而从另外一个逻辑来看,无论社会怎样发展,儿女始终与父辈保持着一定程度的联系。在现代化侵入之下,一切传统都必然经历一个"除魅"的过程,因此希冀依赖维护传统的价值观来维系一种社会秩序一定是枉然的。在现实中,从老年人的实践行为看,老年人已经逐步走出传统的窠臼,通过重新构建自身的角色来适应现代化的规范。这一点从老年人对各种社会角色的适应性心理预期上已经获得验证。因此说，如果传统的"孝悌"文化能够通过子女的回馈得到进一步的巩固的话，这种重新构建的家庭互惠机制也不失为一种适应社会变革的家庭制度。

第八章
从个人成就到子女成就
——代际地位流动对老年精神健康的影响

　　每个人都生活在一个特定的社会结构之中，个体对生活甚至生命的体验都不是凭空的，而是嵌入个人所属的社会结构之下，与个人在社会结构中的位置紧密相连（Pearlin，1989）。皮尔林的社会压力模型是解释西方社会背景下个人精神压力的一个最重要的模型，它假设社会阶层低的人群通常会遭遇更多的负面生活事件，而这些负面的生活事件会逐步累积成一种慢性的生活压力，给个人精神健康带来持久性的影响，这里暗含着潜在的社会结构的力量对个人精神世界的塑造过程。本章希望从这个经典的精神压力分析模型入手，考虑到家庭本位的文化传统，我们将家庭成就纳入分析的视角。在市场转型社会中，个体社会地位的功能和意义越来越凸显，但是对于从不同时代走过来的老人来讲，个体地位和家庭成就的意义可能迥然不同，我们首先遵循皮尔林的个体主义逻辑，来分析个体社会经济地位对农村老年人的精神健康究竟起到多大的解释效果？然后，我们将家庭成就纳入分析的视角，来检验家庭成就与个体地位相比对于农村老年人的精神健康起到多大的解释效果？通过这两个维度的分析，我们可以进一步展现个体与家庭对于当下老龄群体的重大意义。

　　关于社会经济地位与健康的关系，以往的学者形成了两种观点，一种观点支持"因果假设"，强调社会经济地位低下对精神健康的负向强化作用；另一种观点支持"选择性假设"，强调精神健康水平低的个体更容易陷入困境（Wheaton，1978），这里社会压力变成了一种社会分层的机制。过去的大部分研究都支持前一种假设，但是这些研究也存在一些问题，社会经济地位对精神健康的影响是一种总体性、恒定性的影响，还是一种随时间、年龄而变化的影响？大部分研究假定社会经济地位对个体精神健康的影响是恒定的，不随年龄变化的，这种假设本身就存在问题，它忽略了个人在生命周期不同时点上的压力具有差异性，这一方面可能与研究者的目的有关，另一方面也反映出研究者对生命历程中"社会压力变化"的忽视（Thoits，1995）。生命历程理论恰恰填补了这个空白，生命历程理论的核心就是强调时间性（timing），用埃尔德的话说，"个体在一生中会不断扮演社会规定的角色和事件，这些角色或事件的顺序是按年龄层级排列的"（埃尔德，1998）。运用生命历程的视角，可以深入地挖掘不同时代的个体其社会压力的来源。

本章从生命历程的视角检验社会地位对精神健康的影响，生命历程理论的核心观点强调在个体的生命历程中，年龄具有等级规范，个体在不同生命阶段的年龄角色、社会预期都会发生变化，因此，个体在不同生命周期中所处的社会位置对精神健康的影响必定是随时间而改变的（Elder，George，and Shanahan，1996）。同时，个体在不同生命阶段的体验并不是独立的，一个生命阶段的负面事件可能会影响到整个生命周期的精神健康，比如埃尔德所描述的《大萧条的孩子们》，经历与未经历大萧条的孩子在他们的成年时期具有显著不同的社会适应能力。从这个意义上讲，社会经济地位对于个人的精神健康水平也应该具累积性的效应，并且也得到了一些学者的证实。默顿研究发现，生命早期的负面事件，比如个人在教育获得、收入累积上的劣势会持续到整个生命历程中，造成晚年生活上剧烈的社会不平等（Merton，1968），这是个人劣势累积造成的后果。奥兰德把物质资本、健康资本、社会资本统称为"生命历程的资本形态"，它们与复杂的外部社会体系发生交互效应，任何一个生命时点上一个微小的变化都可能对未来的生命历程产生巨大的影响（O'Rand，2006）。对于在一些重要生命起点上处于弱势和较低社会地位的个体而言，由于累积性的社会压力和无法扭转的困境，个体的"生命历程资本"将随着时间的推进不断贬值。那么个人的健康轨迹将因为个体生命历程上的逆境而变得伤痕累累；同时越是这样的个体，就越有路径依赖性，弱势的社会环境有可能造成早期生活上的困境，比如较差的健康水平，较少的教育获得和较低的经济地位，而这些客观条件又将阻碍未来社会地位的改善和健康水平的维持（O'Rand，2002；2006）。

目前关于生命历程与精神健康的研究大都基于西方的社会经济背景，中国农村的社会背景与西方社会存在较大的差异，从中国农村老人的生命历程上看，大部分老人经历过新中国成立初期的集体制经济、合作化运动、家庭联产承包责任制、市场化经济等一系列重大的社会变革，那么对于从不同时代走过来的老年人，在他们的生命历程中个体地位和家庭成就对精神健康的影响会发生怎样的变化？这是本章期望解决的第一个问题。第二个问题，对从不同时代走过的老人，个体地位和家庭成就对精神健康影响的机制是否一致？什么因素主导了一个时代的老人对家庭成就的追求，不同时代的老人其差异在哪里，这其中可能会反映出一个时代同龄群体的一种集体倾向。

一　研究数据与变量

因变量

因变量是关于老人精神健康状态的测量，具体测量参见第一章。

自变量

本章主要分析的自变量有两个。

一是个体的社会地位，它包含受访者的受教育程度、曾经的职业和个人收入水平三个指标，其中受教育程度为定类变量，分为文盲、小学、初中、高中及以上四类；曾经的职业为虚拟变量，非农职业为 1，否则为 0；个人收入水平主要包含了工资性收入、个体经营收入、养老金和社会救助，它反映了以个体为单位的收入水平和能力，这一点与 Pearlin 关注个体社会经济地位的初衷一致。

二是家庭的社会地位，它包含家庭收入、家庭资产和子女成就。其中家庭收入包括家庭农业收入、家庭经营收入、政府转移支付收入以及子女转移支付收入，它反映了以家庭为单位的整体收入水平，这不仅仅体现一个家庭内的互助共济能力，也体现核心家庭之外的子女或亲属给予家庭的经济帮助。子女成就包括子女的受教育水平和职业，梁漱溟讲，西方社会传统是"个人本位"，因此从社会经济地位到个人成就的评判也都是个人主义的。但是在传统农村社会则不然，中国传统文化的"家本位"思想渗透到老年人整个的生命价值中，无论老年人自身，还是整个农村社会对老年人成就的评价除了看老年人自己"日子过得好不好"，还要看"孩子是不是过得好""孩子是不是有出息"。一个农村家庭经常因为供一个大学生而变得家徒四壁、负债累累，而即便一个老年人晚年整体经济状况并不是很好，但是如果家里出了一个"大学生"，那么对老年人来讲，他的社会地位、农村社会对他的评价都会有很大的不同。所以从这个意义来看，我们进一步衡量了老年人子女的社会经济地位，具体来讲，我们以子女的就业类型的众数衡量了子女的就业类型，以子女的受教育程度的众数衡量了子女的受教育水平。

控制变量：模型中还包含老年人个人特征变量，包含了老年人的性别、年龄、婚姻和个体自理能力四个变量。具体统计结果见表 8 - 1。

表 8 - 1　家庭社会地位与老人精神健康的回归统计量描述

	总样本	1944 年以前出生组 （新中国成立前一代）	1945～1955 年出生组 （合作化一代）	1956 年以后出生组 （后合作化一代）
精神健康评分	8.37	8.72	8.52	7.92
	(6.16)	(5.89)	(6.43)	(6.02)
性别（男性 = 1）	0.49	0.60	0.50	0.40
	(0.50)	(0.49)	(0.50)	(0.49)
年龄	57.64	70.43	57.52	47.51
	(9.63)	(5.43)	(3.06)	(3.13)
控制变量				
婚姻：已婚/同居	0.82	0.66	0.86	0.95
	(0.38)	(0.47)	(0.34)	(0.22)
离异/分居	0.02	0.02	0.03	0.01
	(0.15)	(0.13)	(0.17)	(0.12)
丧偶	0.13	0.29	0.09	0.04
	(0.33)	(0.45)	(0.29)	(0.19)
身体自理能力评分	10.86	11.82	10.89	10.06
	(2.54)	(3.07)	(2.51)	(1.69)
个体社会地位				
就业（曾非农就业 = 1）	0.24	0.13	0.24	0.33
	(0.43)	(0.33)	(0.43)	(0.47)
教育水平				
文盲	0.49	**0.64**	0.47	0.37
	(0.50)	(0.48)	(0.49)	(0.48)

	总样本	1944 年以前出生组 （新中国成立前一代）	1945~1955 年出生组 （合作化一代）	1956 年以后出生组 （后合作化一代）
小学	0.39	0.35	**0.48**	0.32
	(0.49)	(0.48)	(0.50)	(0.47)
初中	0.11	0.08	0.06	0.20
	(0.31)	(0.27)	(0.23)	(0.40)
高中及以上	0.06	0.03	0.03	0.11
	(0.23)	(0.17)	(0.16)	(0.32)
老年人个人年收入	5213	905	4890	7834
	(12267)	(3568)	(13344)	(13413)
家庭经济地位				
家庭人均年收入	9154	4345	9788	11073
	(18222)	(7401)	(13873)	(24627)
家庭人均净资产	325	84	401	489
	(7730)	(768)	(8961)	(9893)
子女成就				
子女教育水平				
小学	0.32	0.54	0.26	0.15
	(0.46)	(0.50)	(0.44)	(0.35)
初中	0.38	0.33	0.42	0.37
	(0.49)	(0.47)	(0.49)	(0.48)
高中/职高	0.20	0.15	0.17	0.27
	(0.40)	(0.36)	(0.38)	(0.45)
大专及以上	0.15	0.04	0.15	0.23
	(0.36)	(0.19)	(0.36)	(0.42)
子女非农就业	0.64	0.54	0.67	0.69
	(0.48)	(0.50)	(0.47)	(0.46)
观测值	1439	385	575	479

根据表 8-1 的统计结果，从个体社会地位上看，在教育水平上，三代老年人显著不同，新中国成立前出生的一代老年人教育水平的众数出现在文盲上，达到 64%，而后两代人接受教育的机会要比前两代人多得多，后合作化出生的一代老年人接受中学教育的比例已经达到 20%。在就业选择

上，不同时代出生的老年人面临的选择也是显著不同的，后合作化一代老年人在 1990 年代平均年龄在 40 岁，正赶上城乡二元结构松动，农村人口第一次有机会进入城市务工就业，同时农村的非农就业在 1980 年代以后也慢慢繁荣起来，所以这一代人的非农就业比例远比前两代老年人口要高，曾经有过非农就业比例的老年人达到 33%。在个人收入水平上，新中国成立前一代平均年收入为 905 元，而合作化一代老年人的平均年收入达到 4890 元，是新中国成立前出生的老年人的 5 倍多，后合作化一代老年人的平均年收入达到 7834 元，将近新中国成立前一代老年人的 9 倍。

从家庭成就上看，在家庭人均收入上，新中国成立前一代家庭人均年收入为 4345 元，合作化一代老年人的家庭人均年收入为 9788 元，是上一代老年人的 2 倍多，后合作化一代老年人的家庭人均年收入为 11073 元，比上一代老年人高出 13% 多。在子女受教育水平上，距离现在越近的老年人，子女的受教育水平越高；从子女就业水平上来看，距离当下越近的老年人，子女从事非农就业的比例越高。

二 回归结果分析

1. "生命历程资本" 对整体农村老年精神健康的累积影响

我们对农村老年人口的整体抽样数据逐步进行分析，首先，从基本的人口学控制变量上看，老年人口的年龄对精神健康具有显著的负向作用，随着年龄的增长，老年人口的精神健康水平会逐步降低，这与已有的一些研究结论不太一致。默罗斯和罗斯曾就年龄与精神健康的关系提出了 5 个理论假设，[①] 其中有两个假设——"年龄象征着适者生存""年龄意味着心智成熟"——的潜在内涵指向精神健康与年龄的正向关系（Mirowsky & Ross, 1992），默罗斯的假设给我们一些启发，首先，精神健康状况差会增加老年人死亡的可能性，目前较大年龄的老年人可能具有较好的社会适应性，也具有较成熟的心智。同时，不能忽略的一点是中国社会在过去三十几年发生了剧烈的社会变迁，农村整体的社会经济条件在不断改善，从不同时代

---

① Mirowsky and Ross 提出的 5 个假设是："年龄象征着历史趋向"（age as historical trend），"年龄象征着特定的生命周期"（age as life-cycle），"年龄象征着衰落"（age as decline），"年龄象征着适者生存"（age as survival），"年龄意味着心智成熟"（age as maturity）。

走过来的老年人对时代的感受显著不同，年龄越大的老年人对社会的满足感越强。其次，老年人口的婚姻状况也会显著地影响其精神健康水平，丧偶的老年人口比配偶健在的老年人口产生精神健康问题的可能性高6%。丧偶意味着老年人口在社会角色、家庭关系等方面都发生重大的变化，女性老年人通常比男性老年人更长寿，在农村社会，如果男性户主死亡，女性将不得不面对依赖儿女的生活，这种情况下女性的社会经济地位、家庭地位都比未丧偶时期显著地下降，伴随而来的可能就是老年时期精神世界的空虚和无望，但是这种情况也因年龄而异，这是我们下一步继续探讨的问题。再次，老年时期身体自理能力对精神健康水平具有显著的影响，身体自理能力越差，个人的精神健康水平也会越低。

表 8 - 2　家庭社会地位对农村老年精神健康的影响

变量	模型 1	模型 2	模型 3	模型 4	模型 5
性别	- 0.124	0.210	0.301	0.029	- 0.0106
	(0.292)	(0.323)	(0.324)	(0.321)	(0.323)
年龄	- 0.081***	- 0.102***	- 0.105***	- 0.101***	- 0.105***
	(0.017)	(0.018)	(0.018)	(0.017)	(0.0178)
参照组：已婚/同居					
离异/分居	0.539	0.308	0.414	0.147	0.136
	(0.977)	(0.979)	(0.977)	(0.965)	(0.968)
丧偶	1.752***	1.663***	1.626***	1.589***	1.546***
	(0.458)	(0.462)	(0.461)	(0.454)	(0.457)
身体自理能力	1.137***	1.070***	1.049***	0.975***	0.964***
	(0.059)	(0.061)	(0.062)	(0.062)	(0.0619)
个体社会经济地位					
参照组：文盲					
小学		- 0.582*	- 0.559	- 0.355	- 0.279
		(0.341)	(0.341)	(0.337)	(0.339)
初中		- 0.558	- 0.543	- 0.348	- 0.309
		(0.514)	(0.513)	(0.506)	(0.510)
高中及以上		- 1.595**	- 1.483**	- 1.518**	- 1.452**
		(0.689)	(0.688)	(0.678)	(0.686)

变量	模型 1	模型 2	模型 3	模型 4	模型 5
曾非农就业		-1.311***	-0.512	-0.270	-0.261
		(0.350)	(0.445)	(0.440)	(0.442)
老年人个人收入			-0.132***	-0.052	-0.0505
			(0.045)	(0.047)	(0.0468)
家庭经济地位					
老年人家庭收入				-0.218***	-0.200***
				(0.064)	(0.0651)
老年人家庭财产				-0.427***	-0.407***
				(0.081)	(0.0825)
子女成就					
子女教育（参照组：小学及以下）					
初中					-0.274
					(0.374)
高中/职高					-0.304
					(0.449)
大专及以上					-0.516*
					(0.498)
子女非农就业					-0.487*
					(0.311)
常数	0.492	3.018***	3.546***	6.533***	7.201***
	(0.960)	(1.105)	(1.117)	(1.219)	(1.294)
观测值	1501	1442	1442	1442	1439
拟合 R-squared	0.217	0.228	0.233	0.257	0.261

注：表中括号里是标准差；*** $p < 0.01$, ** $p < 0.05$, * $p < 0.1$。

我们在模型中逐步加入个体社会地位、家庭收入与资产、子女成就，分析这三个主要变量对当下老人精神健康的影响。

我们以个人的教育水平、个人是否参与非农就业和个体收入水平作为个体社会地位的指标。首先，个体的教育水平显著地影响个体的精神健康水平，其中，小学教育水平和高中及以上教育水平对个体精神健康水平具有显著的促进效应，小学教育水平对农村老年人口来讲是一个"门槛"，接受过教育的老年人口比未接受过教育的文盲人口的精神健康水平高2%；接受过高中以上教育的老年人口比未接受过教育的文盲人口高5.3%。从生命历程的角度来讲，教育本身就是一种正向的"生命历程资本"的积累（O'Rand，2006），教育的重要意义不仅仅在于物质财富的积累，乔治等曾提出，教育可以提高个人的自我控制能力（self-control），提高个人提前规划生活的能力（environment management）（George et al.，1996）。老年时期的个体会随着年龄增长经历一系列负面的事件（丧偶、疾病等），具有较高应对能力的个体才能保持稳定的精神健康水平，而教育是影响个人自我控制能力最重要的因素。对农村老年人而言，老年人的生活世界已经超越了农村的范围，社会的变革不停地改变着老年生活世界，较高的教育水平也是老年人适应社会变迁的重要基础。其次，模型中曾经参与非农就业是影响个人精神健康水平的显著因素，有过非农就业经历的老年人其精神健康水平与一生纯粹以务农为生的老年人相比，高4.3%，非农经历对于精神健康具有显著的促进作用。"1930～1945年出生"的老年人口，当时的农村社会是城乡二元分立的社会，各种社会制度抑制着城乡人口流动，有过非农经历的老年人大部分是夫妻两地分居，丈夫在县城上班，而妻子在乡下务农。当时有几种途径可以跳出"农门"：一是参军入伍转业进入县城企事业单位，二是接替父母，在父母的单位就业，三是担任基层的党员干部，四是在南方发达地区，市场化经济发育比较早，在1980年代左右就开始有社队企业、乡镇企业等等，农民亦工亦农。有过非农就业经历的个体大部分是农村中的"精英分子"，非农就业本身就意味着较高的社会经济地位；在经济困难时期（比如大饥荒时期），非农就业可以在很大程度上缓解家庭的经济危机。从生命历程的角度看，在合作化时代，非农就业家庭可以有"灵活资金"供下一代人求学，积累人力资本，而纯粹的农村家庭温饱尚且困难，更少有财力供子女读书求学。同时，在快速变革的社会，非农就业的经历也使这部分群体对社会环境有更强烈的感知和把握，在老年时期，这样的经历也促使这部分人具有更好的社会适应性。最后，老年个体的收入水平对老年精神健康水平具有显著影响，个体收入水平提高100元，精神健康水平将提高44%，老年时期的收入水平反映了当下老年人的就业能力，具有较强工作能力的个体具有更积极的生活态度，也具有较高的精神健康水平。

　　我们以家庭人均收入水平、家庭人均财产和子女成就来衡量家庭成就，传统农村社会并不是一个个体社会，农业家庭收入是以农民家庭为单位来计算的，家庭成员的收入可能是弥补老年人晚年收入不足的一个重要途径。家庭人均收入和家庭人均财产对老年人精神健康水平具有显著影响，家庭收入提高 100 元，精神健康水平提高 72%；家庭财产提高 100 元，精神健康水平提高 1.42 倍。家庭财产更是一个累积性的因素，较高的家庭财产意味着老年人整个生命周期内积累了较高的物质财富，这样的老年人在农村社会是非常有"面子的"，一定程度上满足了老年人对个人价值实现的渴求。在考虑家庭人均收入水平和家庭人均财产两个指标时，老年人个体收入水平的显著性影响消失了，这也意味着与老年人个体经济收入相比，家庭整体的收入水平和财富水平对老年人精神健康具有更强烈的影响。当考虑到家庭收入、财产等因素时，生命历程资本"小学教育""非农就业"因素的显著性也消失了，这意味着生命历程资本并不直接地影响老年时期的精神健康水平，而可能通过提高老年时期家庭整体收入水平、家庭财产间接地影响老年时期的精神健康水平，这个结果再一次验证了"生命过程资本"的累积性特征。

晚年时期老年人对自己社会成就的认知除了自身的社会经济地位之外，更重要的成就反映在子女身上。加里·贝克尔在《家庭论》中提出，子女是家庭最重要的投资品，也是家庭长期的耐用消费品（贝克尔，1998）。贝克尔从物质层面认识到子女对家庭的经济意义，但实际上子女在中国家庭除了代际经济互惠的意义外，更深层次的意义体现在"文化层面"，"光宗耀祖""功德圆满"是传统社会对一个人的最高评价。也正是基于这个考虑，我们将子女的社会经济地位也作为影响老年人精神健康的一个重要维度，从模型结果看，首先，子女的教育水平对老年人精神健康具有显著影响，子女主要为初中教育水平的老人比子女主要为小学教育水平的老人精神健康水平高 0.91%，子女主要为高中教育水平的老人比子女主要为小学教育水平的老人精神健康水平高 1%，而子女主要为大专以上教育水平的老人比子女主要为小学教育水平的老人精神健康水平高 1.7%，这意味着子女受教育水平具有梯度效应，子女教育水平越高，老人个人的精神健康水平越好。其次，从子女的就业上看，子女主要为非农就业的老人比子女纯粹务农的老人精神健康水平高 1.6%，这意味着子女跳出"农门"对老人精神健康也具有积极的促进意义。这两方面综合起来，都验证了上文的假设，子女经济地位高既能从经济上弥补老年人年老时的周期性贫困,更能从精神意义上满足其老年时期的社会成就需求。

2. "生命历程资本"的年龄分层效应(cohort effect)

生命历程理论的核心在于关注个人生命的"时间性",在经受巨大变迁的社会中,对于出生在不同年代的人来说,呈现在他们面前的社会景观是不一样的,因而个体所拥有的社会机会、个体所受到的社会限制和文化传承也是不一样的。当社会变化对一代又一代的同龄群体产生了不同影响时,生命轨迹的历史效应就会以同龄群体效应表现出来。基于生命历程理论的这个思路,我们结合农村社会变迁的过程,将整个老年样本分为三个年龄群体,第一个年龄群体(cohort)是"1944年以前"出生的老年群体,他们生于旧社会,主要生命历程建立在旧社会和新中国成立前期;第二个年龄群体是"1945~1955年"出生的老年群体,他们生于新中国成立前后,是新中国建立后的第一代人,他们的主要生命历程建立在新中国合作化改造初期和计划经济后期;第三个年龄群体是"1956年以后"出生的老年群体,这个老年群体生于合作化高潮时期,也经历了农村社会最大的历史悲剧——大饥荒,因此他们的生命历程主要建立在合作化晚期(后合作化时期)、家庭联产承包责任制以及市场经济初期。按照这样一个年龄层的划分,下文将着重探讨对于不同时代走过来的老年人,"生命历程资本"对其晚年时期精神健康产生的影响。

首先,对于"1944年以前"出生的老年人,年龄对精神健康的影响为 -0.102,而在整体老年人样本中,年龄对精神健康的影响为 -0.081,这说明对这个出生组而言,"选择性假设"是成立的,到了80岁以后的生命阶段,能够生存下来的老人其精神健康水平已经基本稳定,随着年龄的增长,老年人对社会需求的预期也将不断降低,社会满足感比年轻群体更高。其次,与整体老人样本相比,丧偶的负面效应不显著,可能的原因在于这个出生组的人口丧偶更集中发生在生命的早期阶段,到老年时期,这种负面影响逐渐缓和。根据数据统计结果,"1944年以前出生组"配偶去世的平均年份是1995年,到2008年已经度过13年的缓冲时间,所以这个出生组丧偶的负面效应并不明显。再次,身体自理能力对精神健康的影响为0.947,而在整体老年人样本中,身体自理能力对精神健康的影响为1.137,这意味着这个年龄组身体自理能力对精神健康的负面效应也已经降低,舍曼·富兰德（2011）研究认为，身体自理能力的剧烈恶化主要发生在 70~80 岁，80 岁以后，老年人的体征变化是趋于稳定的（富兰德，2011），这也再度验证了前文"选择性假设"。另一方面，随着年龄的增长，老年人对身体健康的预期和评价标准将不断降低，马塞尔·德吕勒研究表明，即便客观上老年人的健康状况已经恶化，他们更愿意报告积极的健康水平（德吕勒，［1996］2009）。

从个体社会地位上看，个人的教育水平、就业性质和个体收入水平对老年精神健康都没有显著的影响，这个结果与整体平均水平有很大的差异，在整体老年回归模型中，非农就业对老年精神健康的边际效应为 -1.311，小学教育对老年精神健康的边际效应为 -0.582，高中教育对老年精神健康的边际效应为 -1.595，个体收入对老年精神健康的边际效应为 -0.132，这三个因素对精神健康的影响是显著的。那么为什么对"1944 年以前"出生的老人，这三个重要的个体社会地位指标影响不显著呢？根据前面的统计结果，"1944 年以前出生组"非农就业率仅为 13%，而文盲率高达 64%，对这个出生组而言，大部分老年人在生命历程中最重要的阶段没有积累下这些资本，因此在老年时期，这些资本对精神健康的促进作用并不明显。从家庭成就上看，家庭收入对老年精神健康具有显著影响，家庭收入每提高 100 元，老年人的精神健康水平提高 1.52 倍，这也潜在地说明老年时期家庭的社会支持对老年人具有非常重要的意义。从子女成就上来看，在老年时期，子女教育水平对老年人精神健康的影响是负向的，结果不显著。这个结果与全体老人样本回归模型的结果是反向的，它说明在这个年龄组中子女受教育并不是一个提高家庭地位的有效手段，在价值观上老年人也不把提高子女受教育水平放在一个很重要的位置上来考虑。这个年龄组的老人其子女平均年龄在 45 岁，他们青年时代正值城乡二元分立的时期，农业劳动仍然是他们获得生计的主要方式，而传统农业劳动方式更在乎掌握节气与耕作的规律，而无关乎学历。

表 8-3　"1944 年以前出生组"家庭社会地位对老年精神健康的影响

变量	模型 1	模型 2	模型 3	模型 4	模型 5
性别	0.437	0.578	0.572	0.374	0.447
	(0.557)	(0.591)	(0.591)	(0.583)	(0.588)

变量	模型1	模型2	模型3	模型4	模型5
年龄	-0.102**	-0.113**	-0.112**	-0.102**	-0.0934*
	(0.0501)	(0.0507)	(0.0508)	(0.0499)	(0.0505)
参照组：已婚/同居					
离异/分居	1.190	0.619	0.714	0.0731	0.145
	(2.031)	(2.045)	(2.051)	(2.033)	(2.044)
丧偶	0.548	0.561	0.531	0.439	0.594
	(0.617)	(0.616)	(0.617)	(0.607)	(0.615)
身体自理能力	0.947***	0.933***	0.928***	0.889***	0.888***
	(0.0874)	(0.0887)	(0.0891)	(0.0881)	(0.0890)
个体社会地位					
参照组：文盲					
小学		-0.585	-0.565	-0.230	-0.356
		(0.605)	(0.606)	(0.600)	(0.613)
初中		-0.560	-0.474	-0.190	-0.375
		(1.056)	(1.063)	(1.046)	(1.056)
高中及以上		-0.640	-0.576	-0.194	-0.626
		(1.673)	(1.677)	(1.649)	(1.675)
曾非农就业		-0.643	-0.337	-0.111	-0.0494
		(0.821)	(0.922)	(0.907)	(0.931)
老年人个人收入			-0.0643	0.0271	0.0375
			(0.0881)	(0.0893)	(0.0900)
家庭经济地位					
老年人家庭收入				-0.456***	-0.479***
				(0.136)	(0.139)
老年人家庭财产				-0.209	-0.217
				(0.137)	(0.140)
子女成就					
子女教育（参照组：小学及以下）					
初中					0.780
					(0.621)

变量	模型 1	模型 2	模型 3	模型 4	模型 5
高中/职高					1.395
					(0.963)
大专及以上					0.131
					(1.461)
子女非农就业					-0.0949
					(0.570)
常数	4.276	5.317	5.350	8.764**	7.907**
	(3.539)	(3.661)	(3.664)	(3.696)	(3.778)
观测值	402	402	402	402	401
拟合 R-squared	0.232	0.247	0.248	0.279	0.286

注：表中括号里是标准差；*** $p < 0.01$，** $p < 0.05$，* $p < 0.1$。

对于"1945～1955 年"出生的老年人口，年龄对精神健康也具有显著的促进作用，随着年龄的增长，老年人的精神满足感越来越强，这个效应比 1944 年以前出生组还要大。这个结果说明，第一，这可能不仅仅是一个年龄效应（age effect），也可能与宏观制度环境的变化有很大的关系，它可能是一种时期效应（period effect），潜在地反映到以年龄为特征的时间变化上。随着社会的飞速发展，农村老年人的年龄虽然在增长，但他们从社会发展中受益的可能性也越大，而且这种受益在年龄层越低的老人中越明显。遗憾的是我们只有横截面数据，没有办法检验时期效应。第二，丧偶对这个出生组的人口具有显著的负面效应，丧偶老人比未丧偶老人的精神健康水平低 10%，在边际效应上是上一个出生组的 6 倍，是整体平均效应的 2 倍，这个年龄组配偶死亡的众数年份是 2003 年，距离当下时间更短，从这个角度看，配偶死亡时间距现在越近，对老年人的精神健康的影响越大。第三，身体自理能力对精神健康也具有显著影响，其边际效应为 1.236，比上一个年龄组和整体平均水平都要高，这说明这个出生组的老年人在这个年龄段对身体健康的预期比较高，老年人在这个生命阶段扮演的社会角色（比如看管留守孙子女）也不同于上个年龄段，因此一旦在这个时期出现身体健康的失能，对精神健康的负面影响远高于上一个年龄组。

从个体社会地位来看，个人的教育水平和就业性质对晚年精神健康水平具有显著的影响，具有小学教育水平的老年人其精神健康水平比文盲老年人高3.1%；具有非农就业经历的老人其精神健康水平比纯粹务农的老人精神健康水平高4.3%；但是个人收入对精神健康没有显著影响。和上一个出生组相比，这个出生组的老年人显然在生命历程资本积累上更有优势。

　　从家庭成就上看，老年时期的家庭收入水平和家庭财产水平对晚年精神健康水平具有显著的正向影响，家庭收入提高100元，精神健康水平提高84%；家庭财产提高100元，精神健康水平提高1.8倍，这两个效应都比整体样本老年人口的平均水平高。从子女成就看，儿女的教育水平对老年精神健康具有显著的影响，这一点与上一代老年人显著不同。子女为初中教育水平的老人，其精神健康状况比子女未受教育的老人高3.7%。这个出生组的老人，其儿女生长在1960年代后期，这一时期，整个社会的教育水平比新中国成立初期有所改善，但是受城乡二元结构的影响，中国农村整体的教育水平并不高，具有初中教育水平在当时农村相当于具有较高的文化素质，也正是这一批人（也就是我们下面要分析的出生组）首先冲破城乡二元结构的束缚，从改革开放和市场经济中获益。到2010年时，子女的平均年龄在35岁~45岁，正是积累财富的黄金时期，所以说老年人早期对子女在教育上的投资在晚年时期显现优势，由于这样一些因素，晚年时期老年生活的家庭收入和家庭财产对精神健康起到了积极的促进意义。这样的一个逻辑线索，本身就蕴含着生命历程的关怀，生命历程理论的第二个核心观点强调"个人生命与家庭生命的互锁性"（Elder，1995），个人的生命周期与家庭的生命周期具有同步性，这个出生组在当下这个历史时期，其子女正处于创业的黄金年龄，因此子女具有较高教育水平的老年人是从家庭经济中获益最多的。

表8-4　"1945~1955年出生组"家庭社会地位对老年精神健康的影响

变量	模型1	模型2	模型3	模型4	模型5
性别	-0.670	-0.338	-0.328	-0.629	-0.644
	(0.466)	(0.510)	(0.513)	(0.505)	(0.508)
年龄	-0.165**	-0.165**	-0.166**	-0.225***	-0.235***
	(0.0756)	(0.0759)	(0.0760)	(0.0751)	(0.0764)

续表

变量	模型 1	模型 2	模型 3	模型 4	模型 5
参照组：已婚/同居					
离异/分居	-0.115	-0.0138	-0.00296	-0.658	-0.506
	(1.319)	(1.316)	(1.318)	(1.295)	(1.305)
丧偶	3.074***	2.903***	2.899***	2.990***	3.040***
	(0.806)	(0.804)	(0.805)	(0.788)	(0.790)
身体自理能力	1.236***	1.157***	1.154***	1.076***	1.056***
	(0.0943)	(0.0967)	(0.0979)	(0.0968)	(0.0980)
个体社会地位					
个体教育水平（参照组：文盲）					
小学		-0.929*	-0.926*	-0.545	-0.501
		(0.522)	(0.523)	(0.516)	(0.522)
初中		0.358	0.354	0.421	0.390
		(1.041)	(1.043)	(1.020)	(1.041)
高中及以上		-1.450	-1.443	-1.588	-1.575
		(1.463)	(1.465)	(1.433)	(1.461)
曾非农就业		-1.294**	-1.216*	-0.931	-0.950
		(0.541)	(0.727)	(0.714)	(0.717)
老年人个人收入			-0.0122	0.0868	0.0734
			(0.0762)	(0.0772)	(0.0779)
家庭经济地位					
老年人家庭收入				-0.252**	-0.206**
				(0.0981)	(0.103)
老年人家庭财产				-0.556***	-0.542***
				(0.131)	(0.135)
子女成就					
子女教育水平（参照组：小学及以下）					
初中					-1.115*
					(0.590)
高中/职高					-0.661
					(0.747)

变量	模型 1	模型 2	模型 3	模型 4	模型 5
大专及以上					-0.609
					(0.782)
子女非农就业					-0.0505
					(0.530)
常数	4.558	6.040	6.095	13.26***	14.40***
	(4.287)	(4.319)	(4.337)	(4.463)	(4.602)
观测值	593	593	593	593	593
拟合 R-squared	0.265	0.280	0.280	0.314	0.319

注：表中括号里是标准差；*** $p<0.01$，** $p<0.05$，* $p<0.1$。

对于"1956 年以后"出生的老年人，年龄对精神健康仍然具有显著的作用，其作用趋向和强度与上一个出生组基本一致。丧偶对这个出生组老人的负面效应更强，丧偶比未丧偶的老年人口精神健康水平低 16%，是上一个出生组负面效应的 1.7 倍，是整体人群负面效应的 2.5 倍。这个年龄组配偶死亡的众数年份是 2007 年，距离当下更近，所以丧偶的负向影响也更强烈。身体自理能力对精神健康也具有显著影响，其边际效应为 1.362，比上一个年龄组高约 10%，这个结果再度验证了前面的推断，年轻的老年人其主要社会角色与高龄老人显著不同，其对身体健康的预期较高，因此在老年早期出现身体健康障碍，对精神健康的负面影响会更大。

从个体社会地位来看，个人的非农就业经历和教育水平都会显著促进精神健康水平，具有非农就业经历的老年人，其精神健康水平比没有这个经历的老年人高 5%，高中教育对这个年龄组的精神健康水平具有显著促进作用，具有高中教育水平的老年人与小学教育水平的老年人相比，其精神健康水平高 5.3%。同时，这个出生组与前两个出生组最显著的不同在于个体经济地位的差异，在这个出生组，老年人个人收入水平对精神健康具有显著影响，老年人个人收入提高 100 元，其精神健康水平可以提高 82%，而前两个出生组更多的依赖家庭收入水平和家庭财产水平。

从家庭经济地位来看，这个出生组的家庭资产对精神健康具有显著的正面影响，家庭财产提高 100 元，老年人的精神健康水平提高 1.6 倍。从家庭成就来看，子女的教育水平对老年人的精神健康具有显著的影响，子女具有初中教育水平的老年人，其精神健康水平比子女是小学教育水平的高5%；子女具有高中教育水平的老年人，其精神健康水平比子女是小学教育水平的高6.6%；子女具有大专以上教育水平的老年人，其精神健康水平比子女是小学教育水平的高6%。其中，子女具有高中教育水平的老年人受益最多。子女非农就业对老年人的健康水平也有显著影响，子女从事非农就业的老人，其精神健康水平比子女纯粹务农的老人高4.7%。

表 8 – 5　"1956 年以后出生组"家庭社会地位对老年精神健康的影响

变量	模型 1	模型 2	模型 3	模型 4	模型 5
性别	0.0959	0.573	0.879	0.504	0.220
	(0.519)	(0.559)	(0.560)	(0.565)	(0.566)
年龄	− 0.169 **	− 0.186 **	− 0.194 **	− 0.155 *	− 0.0938
	(0.0809)	(0.0816)	(0.0807)	(0.0807)	(0.0822)
参照组：已婚/同居					
离异/分居	1.029	0.838	0.832	1.154	0.656
	(2.063)	(2.056)	(2.033)	(2.025)	(2.003)
丧偶	4.982 ***	5.279 ***	5.239 ***	4.833 ***	4.904 ***
	(1.320)	(1.328)	(1.314)	(1.306)	(1.289)
身体自理能力	1.362 ***	1.304 ***	1.240 ***	1.142 ***	1.097 ***
	(0.147)	(0.148)	(0.148)	(0.151)	(0.150)
个体社会地位					
个体教育水平（参照组：文盲）					
小学		− 0.271	− 0.265	− 0.0205	0.0514
		(0.621)	(0.614)	(0.615)	(0.610)
初中		− 1.134	− 1.151 *	− 0.805	− 0.539
		(0.701)	(0.693)	(0.694)	(0.693)
高中及以上		− 1.634 *	− 1.540 *	− 1.332	− 1.221
		(0.884)	(0.875)	(0.876)	(0.872)
曾非农就业		− 1.469 ***	0.0879	0.271	0.231
		(0.524)	(0.684)	(0.683)	(0.679)
老年人个人收入			− 0.247 ***	− 0.186 **	− 0.185 **
			(0.0710)	(0.0732)	(0.0734)

变量	模型 1	模型 2	模型 3	模型 4	模型 5
家庭经济地位					
老年人家庭收入				-0.0495	-0.0327
				(0.104)	(0.104)
老年人家庭财产				-0.473***	-0.406***
				(0.143)	(0.144)
子女成就					
子女教育（参照组：小学及以下）					
初中					-1.508**
					(0.760)
高中/职高					-2.046**
					(0.809)
大专及以上					-1.853**
					(0.847)
子女非农就业					-1.436***
					(0.515)
常数	1.967	4.146	5.508	6.029	5.772
	(3.940)	(4.056)	(4.030)	(4.093)	(4.092)
观测值	506	506	506	506	504
拟合 R-squared	0.183	0.206	0.225	0.244	0.272

注：表中括号里是标准差；*** $p < 0.01$，** $p < 0.05$，* $p < 0.1$。

3. 个体社会地位与家庭成就的比较

上文中我们检验了个体社会地位和家庭成就对不同出生组老年人精神健康的影响，那么对于一个特定的出生组，个体社会地位和家庭成就，哪一个对老年精神健康的建构更加重要？为此，我们对上述四个主要模型计算了标准化回归系数，在老年整体模型中，家庭财产的标准化系数最高，为 -0.126；其次为家庭收入，为 -0.081，个体社会地位指标中高中及以上教育水平的标准化系数为 -0.052，居于第三，所以对于老年人整体来说，家庭成就的重要性高于个体地位。分出生组比较来看，在"1944 年以前出生组"中，家庭收入具有显著意义，其标准化系数为 -0.167，在这个出生组中，个体社会地位不具有显著意义，只有家庭收入对老年精神健康具有促进效应；在"1945 ~

1955 年出生组"中，家庭财产的标准化系数最高，为 − 0.157，其次为子女完
成初中教育，为 − 0.086，个体社会地位指标中非农就业的标准化系数，
为 − 0.064，居于第四，在这个出生组中，家庭成就的重要性还是高于个体地
位。而在"1956 年以后出生组"中，个体的教育水平、非农就业和个人收入
都具有显著意义，其中个人收入的标准化系数为 − 0.142，居于第一，其次
为家庭财产的标准化系数，为 − 0.126，子女教育的平均标准化系数为 −
0.13，只有在这个出生组中，个体社会地位高于家庭成就的作用。这个结果
说明"1944 年以前"和"1945 ~ 1955 年"出生的老年人，在老年时期更需
要依赖家庭收入或家庭资产实现养老，而对于"1956 年以后"出生的老年人，
他们具有更多的积累个人收入的机会，无论是通过非农就业、养老金还是其
他方式，他们在个人经济地位上的优势都显著地高于前两个年龄组。

表 8 − 6　家庭社会地位对精神健康影响的标准化回归系数

变量	总样本	1944 年以前出生组	1945 ~ 1955 年出生组	1956 年以后出生组
个体社会地位				
个体受教育水平（参照组：文盲）				
小学	− 0.025	− 0.028	**− 0.039**	0.004
初中	− 0.025	− 0.017	0.014	**− 0.036**
高中及以上	**− 0.052**	− 0.017	− 0.040	**− 0.064**
曾非农就业	− 0.016	− 0.003	**− 0.064**	**0.018**
老年人个人收入	− 0.033	0.022	0.049	**− 0.142**
家庭经济地位				
老年人家庭收入	**− 0.081**	**− 0.167**	**− 0.082**	− 0.014
老年人家庭财产	**− 0.126**	− 0.073	**− 0.157**	**− 0.126**
子女成就				
子女受教育水平（参照组：小学及以下）				
初中	− 0.025	0.061	**− 0.086**	**− 0.121**
高中/职高	− 0.026	0.083	− 0.039	**− 0.153**
大专及以上	**− 0.031**	0.004	− 0.035	**− 0.131**
子女非农就业	**− 0.038**	− 0.008	− 0.004	**− 0.112**
观测值	1498	401	593	504
拟合 R-squared	0.267	0.286	0.319	0.272

三 结论与思考

个体的生命历程是嵌入整个社会变迁的框架之下的，社会转型的过程塑造了特定时期个体的生命体验。本章从生命历程的视角分析了个体社会地位、家庭成就对老年精神健康的影响，得到以下结论。

首先，从个体的社会地位来看，个体社会地位确实深深地嵌入个体生命历程中所经历的各个时期之内，这一点从我们对不同出生组的分析过程中得到验证，对于1944年以前出生的老年群体来讲，他们的主要生命历程在新中国成立前期和合作化时期度过，这恰逢中国社会经济发展比较落后的一个阶段，农村整体经济发展水平落后，教育资源薄弱，同时受城乡二元结构的桎梏，农民被束缚在土地之上，很少有机会走出农村获得非农就业机会。这个时代的老人一生都处于十分困窘的生活境况中，在年富力强之时，正赶上激烈的社会改造运动，他们根本没有可能为子孙积累家庭财富；而当追求富裕生活成为可能的时代到来之时，他们已经垂垂老矣。所以我们看到这代老年人一生大都在穷困的生活中度过，而到老年时期，他们又赶上市场化转型的时代，在这个环境下，他们几乎没有家业、财产传给下一代，同时农村社会保障水平又没有与市场经济同步发展起来，导致晚年的收入水平很低，只有依赖子女生活。所以这一代老年人的精神压力与他们所生活的时代紧密相连，他们的精神健康水平是一个社会结构形塑的结果。对于1945~1955年出生的一代人，他们虽然也经历了集体化、大饥荒等负面事件，但是在他们主要生命历程中经历了家庭联产承包责任制，这是农民从贫困到富裕的一个转折点，自此以后，农民的基本生活水平不断提高。在这代老年人中，年龄对于精神健康产生了积极影响，笔者推测这里的年龄（individual time）实际上代表了一个社会的时间（social time），它体现的是一个时期的因素。因为随着年龄的增长，他们所处时代的社会经济环境越来越优越，比如合作医疗制度和农村养老保障制度都开始普及，这部分群体是刚好能受益的群体。因此，在这样的历史时期下，他们的精神健康水平随着年龄的增长逐步提高，这其实是一个历史时间（historical time）在个体生命时间的刻画过程。对于1956年以后出生的老年群体，老年个体的教育水平和个人收入都对其精神健康起到重要作用，这是与前两个年龄组的最大差异之处。初中和高中教育水平的老人在精神健康水平上更有优势，同时个体的收入水平也给精神健康带来积极影响，这说明在他们的生命历程中，老年人无论在教育可得性和就业机会上都显著优于前两个年龄组，这个结果再次说明社会发展水平对于个人生命历程的影响是非常重要的。

其次，从家庭成就的影响看，从三个时代走过来的老年群体其家庭收入和家庭财产都显著地促进了老年人口的精神健康水平，对于老龄群体而言，其家庭收入水平和家庭财产不仅仅意味着一种个人的积累，更包含了子女对于老年人的经济支持。因此家庭地位一方面反映了老人晚年时期的家庭角色，另一方面也可能反映了家庭支持对于老年精神健康的影响，这一点我们在后文中需要进一步的分析论证。从子女成就来看，子女教育成就对于精神健康的促进作用主要体现在"1945～1955年"和"1956年以后"出生的老年群体中间，而在"1944年以前出生组"中几乎没有影响。对于"1945～1955年"出生的老年群体，子女完成初中学业会显著地改善其精神健康水平；而对于"1956年以后"出生的老年群体，其追求的家庭成就更高了，子女具有大专学历或实现非农就业可以显著地改善其精神健康水平。

最后，也是回应我们题中之问，对于从不同历史时代走过的个体而言，个体社会地位、家庭成就，到底哪一项对个体精神健康造成了更大的影响？皮尔林（Pearlin）的研究建基在西方个体主义的社会背景下，他认为个体在社会结构中的位置决定了个体的角色、地位和社会关系，因此个体性社会地位决定了其精神健康水平。从皮尔林的思路出发，结合中国的文化背景，我们同时检验了个体地位和家庭成就对老年精神健康的重要性，研究发现，个体社会地位和家庭成就对不同出生组老人精神健康的影响具有显著差异，对于"1944年以前出生组"，家庭收入是促进其精神健康的核心要素，个体地位在老年时期几乎没有影响；对于"1945～1955年出生组"，家庭成就和个体社会地位均为促进精神健康的显著因素，但家庭成就还是强于个体社会地位的作用；对于"1956年以后出生组"，家庭成就和个体社会地位也都是促进精神健康的显著因素，但是在这个年龄组中，个体社会地位对于精神健康的积极意义超过了家庭成就的作用。通过这三个年龄组的比较，我们看到了一个似光谱系一样的变化趋势，家庭成就的作用在较晚出生的年龄组中越稀薄，而个体社会地位的作用在较晚出生的年龄组中越浓厚，反思家庭成就与个体社会地位所指向的意义，家庭成就体现了家庭成员之间的互助共济水平，特别内含了子女的经济支持；而个体社会地位体现了个人依靠人力资本从社会中获取资源的能力。较早出生的老龄群体在波澜起伏的社会转型时代没有机会和能力积累丰富的物质资本，到老龄时期，家庭变成唯一的支柱；而较晚出生的老龄群体在他们还有劳动能力之时恰逢市场转型的时代，同时农村社会保障制度也在逐步完善，从生命历程的视角来看，在"个体时间""家庭时间"和"历史时间"的耦合交错中，他们在一个相对恰当的时机遇到了一个适合个人发展的时代，所以他们的生命历程展现了与前两代不同的图景，但是这种图景到底似皮尔林笔下的个体主义发展路径，还是裹挟着传统的发展路径，这是需要我们进一步去挖掘的问题。

第九章
儿子还是女儿?

——代际支持对老年精神健康的影响

前面我们分别探讨了家庭结构和老年人自身角色的建构对精神健康的影响,在具体分析中,我们始终强调老年人对自己角色的建构并不是基于个体主义的逻辑,而是承继了"家本位"的传统。本书一直试图从"家庭-制度"的角度理解老年人的精神健康问题,前几章中是基于"从老年人到子女"这样一个自上而下的逻辑,那么这一章我们希望自下而上地去分析当前社会背景下子女如何满足老年人的社会需求。

传统社会中,老年人在经济、物质、情感和日常照料上的需求都是从家庭中获得满足,同时社会也相应地形成了一整套规范来保障子女对老人的供养。孔子《论语》中就有"父母在,不远游,游必有方",强调子女在老年人需要照护的时期有不得推卸的责任。可是我们看到,当下的实际情况恰好相反,子女常年留居城市,而老年人变成留守农村的守门人。费孝通曾经提出,我国的代际关系不同于西方,西方是一种"接力模式",即父母有抚育子女的责任,而子女却没有赡养父母的义务;而我国则是"甲代抚育乙代,乙代赡养甲代,乙代抚育丙代,丙代赡养乙代,下一代对上一代都要反馈的模式",其还指出,这种模式是以"养儿防老"的观念为基础的,并体现了两代人之间"均衡互惠"的原则(费孝通,1983)。但是从前面两章的论述中我们看到,农民只要有一息之力,都要为子代辛劳付出,直到身体不能劳作为止,才会仰赖子女的支持,而到了这种生命阶段,一些父母为了减轻子女的负担,甚至通过轻生的方式解除子女的养老压力(陈柏峰,2009)。可见子代对父母的支持远远不及父母对其的付出。

以往国内学者对家庭社会支持的研究已经浩如烟海，其中有些研究是从老年人社会经济地位、社会支持视角，来探讨老人晚年社会支持的变化对身心健康的影响，比如贺寨平研究证明，在老年支持网中有无配偶与老年人的生活满意度和身体状况都有显著关系，子女的数量只与生活满意度有关（贺寨平，2002）。李建新利用北京大学中国健康长寿调查数据，从不同维度考察社会支持对老年人生活质量的影响，研究结果表明，社会支持总体上对老年人口生活质量提高产生积极的正面影响（李建新，2007）。其中，子女的日常照料和可期待的情感支持对于老年人健康自评来说非常重要。张友琴研究发现，农村儿子对老年人的支持具有无可替代的作用，在精神支持方面甚至高于配偶。女儿在精神慰藉方面具有显著作用。儿媳妇对农村老年人生活和精神方面的帮助高于城市（张友琴，2001）。

还有一些研究是从动态的视角来检验子女外出务工对家庭支持的影响，杜鹰等很早就提出，农村子女外出流动造成农村家庭规模降低，传统的家庭养老功能受到很大的削弱，子女与父母在居住空间上互相隔离，在照料活动上也受到限制，特别表现在老年晚期的日常护理工作上（杜鹰等，2000）。但是斯威特等研究发现，外出子女日常照料的缺失并不是造成老年精神健康问题的原因，有些老年人在子女不在期间，仍然能维持较好的精神健康水平，其原因在于外出子女大都通过"汇款"的方式弥补了不能"事亲"的不足。老年人由子女的"汇款"提高了社会经济地位，提高了生活满足感。因此老年人口的抑郁症状与子女外出汇款反向相关（Silverstein，2006）。库恩研究显示，外出子女对老年父母的情感支持比日常照料更加重要，外出子女即便身处异地，但是通过电话联系等方式仍然能够积极地参与老年日常照料活动（Kuhn，1999）。弗兰克研究显示，家庭成员外出务工可能会激发扩展家庭成员对于老年照料的参与，所谓扩展家庭成员包含了不与老年同住的已婚儿女，特别是女儿增加了对娘家父母的照护工作。因此，部分子女外出务工并不意味着整个家庭支持网络的断裂（Frankenberg，Chan & Ofstedal，2002）。这个问题在家庭社会学研究中也已经受关注起来，比如唐灿2009年就提出，原来的父系家庭制度中，女儿不承担赡养父母和家计责任，但是随着儿子外出流动性的增加，女儿越来越多的在娘家的经济和家庭福利等方面扮演重要角色（唐灿，2009）。还有一些研究将视角集中于老年心理问题（杨善华，2011），他们坚持认为，子女外出务工虽然在物质上提高了老年人口的经济水平，但是不能缓解老年人的孤寂和精神空虚，这种精神空虚感更深刻的根源在于传统中国"以孝事亲"的文化传统，老人晚年时期更加希望子女常伴膝下，这种心理预期是物质资源不能抵补的。

将这些研究综合起来看，子女外出对老年照料的影响是多层面的，空间距离增加了日常照料的难度，但是子女对老年人的经济支持和情感支持仍具有重要意义，同时主干家庭子女外出也激发了网络家庭成员的主动参与，因此子女外出对老人晚年精神健康的影响是比较复杂的，并不是前文"家庭现代化"理论预设的那样简单。因此本书希望在已有的研究基础上提出三个问题。

第一，子女外出务工是否会影响老年人的精神健康水平，从经济支持、日常生活照料、情感支持几个方面讲，哪一个维度对老年人精神健康水平影响最强？

第二，从不同历史时期走过来的老人正处于不同的生命历程时点上，对于不同出生组老人来讲，经济支持、日常生活照料、情感支持对于他们的重要意义显著不同，那么哪一种照料对他们的精神健康影响最强？

第三，"谁"提供了家庭支持资源？这其中有两种可能的选择，一种是"互惠主义"的照料行为，子女得到老人在经济上或育儿上的帮助，因此反馈给父母；另一种是"利他主义"的照料行为，子女完全义务性地承担父母照料工作。哪种情况更能解释当下老年人的精神健康现状？结合前文的分析思路，这有助于我们进一步理清当下家庭关系的结构。

一 社会支持的心理效应

社会支持本身是一个多维的概念，从内容上讲可以分为两类：一是客观的、实际的或可见的支持，包括物质上的援助和直接服务；二是主观的、体验到的或情绪上的支持，它是指个体感到在社会中被尊重、被支持、被理解的情绪体验和满意程度。但是从社会支持与精神健康的联系角度来看，社会支持的重要性不仅仅在于支持的内容，更在于"谁"通过"什么过程"提供了上述的支持性资源。瓦克斯（Vaux）很早就提出社会支持理论的元建构（metaconstruct），包括支持主体、支持行为和对支持的主观评价（Vaux，1988）。巴瑞尔则进一步深化了这个问题，他认为社会支持应当着重区分社会嵌入性（social embeddedness）、行动性支持（enacted support）和感知性支持（perceived support）（Barrera，1988）。其后"感知性支持"这个概念在社会心理学领域得到发展，社会心理学家库伯（Cobb）认为"所谓的支持，实质就是在于个体能体验到的关爱、尊重和于困难中获得帮助的一种确定性感知"（Cobb，1976）。他认为从"工具性支持"到"感知性支持"（Perceived Support）取决于三个条件：①接受支持的主体感觉到他是被关怀的；②接受支持的主体感觉他是被尊重、受重视的；③接受支持的主体处于相互间平等沟通和富有互惠责任的社会结构之下。库伯明确地提出感知性的社会支持并不等同于工具性或行动性的社会支持，虽然后两种支持也可能转化为积极的心理效应，但是从个体心理来讲，个体对社会支持的感知更为重要（Cobb，1979）。对来自其他人的支持性行为，个人必须主观上认为是满意的、有用的以及出于对自己的关心而提供的支持等，在这样的情境下支持才能产生预期的心理效应。后来的许多研究都是在反复论证个人心理福祉与感知性社会支持的强关系，比如说，韦顿（Wethington）和凯瑟乐（Kessler）具体论证了感知性支持的首要地位，他们认为，"……并不是说感知性社会支持的实用性比客观支持行为更重要，客观支持行为只有通过感知性支持才有可能聚焦于特定社会情境，找寻到心理调适的合理方案。否则客观社会支持行为就可能事倍功半，甚至南辕北辙"（Wethington & Kessler，1986）。

"感知性社会支持"是影响个体精神健康的核心要素，那么哪些因素决定了个体对社会支持的感知呢？社会交换理论指出人际互动行为的内涵往往受到参与互动双方角色以及互动过程的规范，如互惠性、合理性、公平性等因素的影响。这些角色、规范会深切地影响到个人对别人所提供的支持性行为的评价。从接受支持的客体——老年人——的角度来看，不同社会经济地位，从不同时代走过的老人可能对感知性支持有着不同的预期，因此老人个体因素在塑造这种"感知性支持"中起了重要作用。"自我的价值感"（self-esteem）是决定社会支持感知的重要因素。如果一个老人本身觉得自己已经变得"无用""累赘"，那么家庭社会支持可能给老人带来负向的压力，而不是促进心理健康的因素。个人社会交换感在社会支持与心理健康的关系中起中介作用。一个人如果感到自己给予别人的支持比接受别人的支持多的话，就会产生不公平感与反抗情绪。相反，如果一个人感知到自己给予别人的支持少于自己所接受的支持，则内心会产生不安、歉疚与羞耻之感。社会支持对个体心理健康的增益效果只有在这两种感觉达到平衡的情况下才能产生。一个人如果担心自己缺乏回报能力，他便可能不会求助于人，甚至会拒绝别人的支持（李强，1998）。

近年来有些学者提出社会支持的专属性问题（the specialization of support），社会支持的专属性包含两个层次，一个层次指的是支持来源的专属性，个人对社会网络成员所提供的支持，会因为关系的不同而有不同的期望；另一个层次是支持种类的专属性，个人在生命历程中所面对的生活压力不同，所需要支持的类型也会有差异（Pearlin，1985），因此在探讨社会支持与精神健康的关系时，需要更明确不同"支持主体"会如何影响个人的精神状态。国外针对不同来源的社会支持对老人心理健康的研究并不是很多，其中多数的研究结果发现，来自朋友的支持与个人的精神健康水平显著相关，而来自家庭成员的支持与个人精神健康的关系则不显著，甚至有负相关情况发生（Antonucci，1990）。迪恩等人研究比较了不同支持性资源对老人抑郁程度的相对重要性，他们发现来自配偶和朋友的支持能显著降低老人的抑郁程度，而来自成年子女的支持与抑郁程度仅有微弱的相关，来自其他亲人的支持与抑郁程度基本无关（Dean，1990）。费腾等的研究结果也显示，虽然整体而言无论提供者是谁，社会支持对老人的精神健康都有促进作用，但是某些类型的支持若由某些成员提供则会发挥明显不同的效应（Felton & Berry，1992）。比如，西方社会关注自我成就肯定性的社会支持，如果这种支持来自非亲缘关系成员会比亲缘关系成员对精神健康的影响更大。反之如果关注家庭角色，亲缘关系就会比非亲缘关系成员的重要性更强。

国内学者的研究大多从社会支持的内容着手，关注不同支持形式对于老人心理健康的影响（比如经济支持、日常照料等），比较少探讨支持性资源本身的性质对于老人的重要性，一些定性的研究，比如唐灿曾从角色角度探讨支持性资源对于老人赡养的重要性（唐灿，2009）。中国儒家文化传统与西方个人主义传统不同，所以对角色的规范有显著的差异。在传统家庭关系中，一般社会习俗认为儿子是父母最重要的养老资源，而已婚女儿的奉养责任则是对公婆，而非自己的父母。但是正如我们前两章所论述的，工业化、城市化已经改变了大家庭的居住形态，夫妇家庭越来越多的出现在农村社会，在这种情况下，儿子和女儿对于家庭支持的意义是否还依循传统社会规范，还是已经突破传统的窠臼，重新构筑了新的社会互动规范，这是本章希望探讨的核心问题。

二　研究数据、变量与方法

1. 研究变量

因变量

在本研究中使用了三组不同的因变量。第 1 组因变量是关于儿子对于父母提供的家庭支持，包含三个维度：经济支持、日常照料和情感沟通。儿子"经济支持"变量是通过客观指标进行衡量，被调查者及其配偶列举"过去一年每个儿子给予的定期现金资助，不定期现金资助和非现金形式的礼品价值"，我们将每个儿子的三项现金价值进行加总，最后将所有儿子的现金资助进行加总构成儿子对于老人的"经济支持"变量；儿子"日常照料"变量是通过老人的主观推断生成，"如果以后您在生活方面需要照顾，比如吃饭、穿衣等，谁能提供照顾？"根据老人的应答，如果有儿子能提供日常照料，儿子"日常照料"的变量编码值则为 1，否则为 0；"情感沟通"变量也是通过老人的主观自述生成，"您与哪个子女联系最多？"如果有儿子能成为老人经常联络的对象，儿子"情感沟通"的变量编码值则为 1，否则为 0。第 2 组因变量是关于女儿对父母提供的家庭支持，也包含经济支持、日常照料和情感沟通三个维度，具体测量方式与儿子家庭支持的测量方式一致。此处需要特别注意一点，经济支持是以子女对老年人的转移支付来衡量的，体现了当下子女对老人家庭支持的行动，与我们文献中所描述的"客观社会支持"相对应；而日常照料和情感沟通是从老人的视角来发问的，更体现了老人对儿女日常照料和情感沟通的一种需求和预期，这两个变量与我们文中所强调的"感知性社会支持"相对应。第 3 组因变量是关于老人精神健康状态的测量，我们采用美国疾病控制中心发布的一套衡量精神健康的指标（CES－D）（Radloff 1977；Ross & Mirowsky，1984），原问卷一共包含 20 个问题，目前国内很多学者根据中国人的心理特征进行了分解。在我们的研究中，具体分解为 10 个问题，"1. 上周有没有觉得很难集中精力做事；2. 上周有没有感觉到抑郁；3. 上周有没有觉得做什么都很费劲；4. 上周有没有觉得对未来充满希望；5. 上周有没有感觉到害怕；

6. 上周有没有觉得睡得不安宁；7. 上周有没有感觉很愉快；8. 上周有没有感觉到孤独；9. 上周有没有觉得做什么都打不起精神；10. 是否有些事情通常不会让受访者烦，但上周让受访者很烦"。我们按照 CES－D 的一般计算方法，每项不足 1 天的为 "0" 分；有 1~2 天的为 "1" 分；有 3~4 天的为 "2" 分；有 5~7 天的为 "3" 分。把 10 项问题加总形成精神健康评分，最低值为 0 分，最高值为 30 分。分值越高，意味着老年人越不健康。值得注意的是，这里我们采取的是负向衡量方法，分数越高，表明老人的精神健康状态越差。

自变量

在本研究中，自变量包含三个部分：①有关被调查子女特征的变量，②有关父母特征的变量，③有关家庭结构的变量。具体地说，子女特征变量包含了子女的受教育水平和就业信息。这两个变量反映了子女供养老人的基本能力。父母特征变量包含了父母的年龄、性别、婚姻状况、身体自理能力、受教育水平、家庭收入、出生组等信息。家庭结构变量包含了家庭的居住安排、家庭中儿子和女儿非农就业的数量。控制这些变量，有助于我们更清楚地看到儿子、女儿的家庭支持究竟通过何种互动机制影响老年人的精神健康问题。表 9－1 列出了本部分主要变量的描述性统计结果，在经济支持上，农村儿子给予父母经济支持的均值为 1572 元，女儿给予父母经济支持的均值为 799 元，农村老人主要还是以儿子的经济支持为主；在日常照料上，儿子参与父母照料的比例为 87%，女儿参与父母照料的比例为 50%；在情感支持上，儿子给予父母情感支持的比例为 61%，女儿给予父母情感支持的比例为 39%。总体上看，儿子在家庭支持上的投入还是要高于女儿。

表 9－1　代际支持对老年精神健康影响回归统计量描述

变量名称	变量说明	均值	标准差
因变量			
父母精神健康	定距，0~30，分值越高，越不健康	8.32	6.14
儿子经济支持（元）	定距	1572	3388
儿子经济支持（对数值）	定距	4.09	3.50

变量名称	变量说明	均值	标准差
儿子日常照料	定类，照料 = 1，不照料 = 0	0.87	0.34
儿子情感沟通	定类，联络 = 1，不联络 = 0	0.61	0.49
女儿经济支持（元）	定距	799	5912
女儿经济支持（对数值）	定距	2.25	3.34
女儿日常照料	定类，照料 = 1，不照料 = 0	0.50	0.50
女儿情感沟通	定类：联络 = 1，不联络 = 0	0.39	0.49
控制变量			
儿子教育水平	定类，1 = 小学及以下，2 = 初中，3 = 高中，4 = 大专及以上		
儿子非农就业数量	定距	0.92	0.84
女儿教育水平	定类，1 = 小学及以下，2 = 初中，3 = 高中，4 = 大专及以上		
女儿非农就业数量	定距	0.65	0.79
父母性别	定类，0 = 女性；1 = 男性	0.49	0.50
父母年龄	定距	60.58	9.78
父母婚姻情况	定类，1 = 已婚，2 = 离异，3 = 丧偶		
父母教育水平	定类，1 = 文盲，2 = 小学，3 = 初中，4 = 高中及以上		
父母自理能力	定距，9 - 27，分值越高，越不健康	11.20	2.73
父母家庭收入（对数值）	定距	7.74	2.19
父母家庭结构	定类，1 = 主干家庭，2 = 二代核心家庭，3 = 夫妇/独身家庭		
父母出生组	定类，1 = 1944 年前出生组，2 = 1945 - 1955 年出生组，3 = 1956 年后出生组		

2. 研究方法

本研究首先利用 OLS 多元回归模型分析数据，OLS 模型回归结果显示（参见表 9 - 2），儿子对老人的经济资助越多，老年人的精神状况反而越差。这个结果不太符合逻辑，从前面的统计表格看，在当下社会环境中，老年人主要还是依靠儿子养老，但是老年人从儿子处取得资助反倒降低了精神健康水平，我们在控制了老年人的身体健康状况之后，这个结果仍然具有显著意义，说明这不完全是一个身体健康状况差的选择性结果，可能存在经济支持对于精神健康的选择性效应。因此我们选择利用联立方程模型，首先分离出老人精神健康情况对子女家庭支持的选择性效应，之后在此基础上验证家庭支持对老年人精神健康的促进效应。

联立方程设定结构如下：

$$Son_{support\_ij} = \alpha_0 + \alpha_1 Mental_{ij} + \alpha_2 X_{ij} + \alpha_3 Z_{ij} + \varepsilon_{ij} \tag{1}$$

$$Daughter_{support\_ij} = \beta_0 + \beta_1 Mental_{ij} + \beta_2 Y_{ij} + \beta_3 Z_{ij} + \varepsilon_{ij} \tag{2}$$

$$Mental_{ij} = \gamma_0 + \gamma_1 Son_{support} + \gamma_2 Daughter_{support} + \gamma_3 M_{ij} + \varepsilon_{ij} \tag{3}$$

$Son_{support\_ij}$代表村庄 j 中第 i 个家庭的儿子给予父母的经济支持、日常照料和情感沟通，$Daughter_{support\_ij}$代表女儿给予父母的经济支持、日常照料和情感沟通。在这两个子女支持模型中，我们特别加入了父母的精神健康指标 $Mental_{ij}$，以此来控制方程（3）中 $Mental_{ij}$ 的内生性问题。同时，我们控制了儿子和女儿的个人特征 X_{ij}、Y_{ij}，以及父母的家庭结构特征 Z_{ij}。

父母的精神健康指标 $Mental_{ij}$ 是我们要分析的一个核心因变量，在模型 3 中，我们在联合前两个模型的基础上，加入了 $Son_{support\_ij}$、$Daughter_{support\_ij}$，这样我们就可以更明确地看到儿子与女儿的家庭支持对父母精神健康的影响。

表 9 - 2　家庭支持对老人精神健康的 OLS 回归结果

变量	经济支持		日常照料		情感支持	
	模型 1（儿子）	模型 2（女儿）	模型 3（儿子）	模型 4（女儿）	模型 5（儿子）	模型 6（女儿）
性别	0.351	0.309	0.287	0.209	0.574	0.565
	(0.368)	(0.368)	(0.363)	(0.363)	(0.420)	(0.419)
年龄	-0.102***	-0.095***	-0.109***	-0.106***	-0.116***	-0.115***
	(0.020)	(0.020)	(0.020)	(0.020)	(0.023)	(0.022)
参考：已婚						
离异	-1.871	-1.817	-1.941	-1.853	0.258	0.230
	(1.187)	(1.185)	(1.214)	(1.208)	(0.975)	(0.973)
丧偶	1.210**	1.126**	1.699***	1.655***	1.632***	1.615***
	(0.525)	(0.526)	(0.519)	(0.517)	(0.510)	(0.509)
参考：文盲						
小学	-1.043***	-1.014***	-0.751*	-0.676*	-0.866**	-0.881**
	(0.384)	(0.384)	(0.385)	(0.384)	(0.437)	(0.436)
初中	-0.907	-0.882	-1.098*	-1.017*	-0.265	-0.211
	(0.588)	(0.588)	(0.586)	(0.583)	(0.663)	(0.662)
高中及以上	-1.418*	-1.440*	-1.959**	-1.775**	-1.774**	-1.704*
	(0.812)	(0.810)	(0.790)	(0.789)	(0.877)	(0.876)

变量	经济支持		日常照料		情感支持	
	模型 1（儿子）	模型 2（女儿）	模型 3（儿子）	模型 4（女儿）	模型 5（儿子）	模型 6（女儿）
身体健康	1.043***	1.041***	1.047***	1.040***	1.152***	1.147***
	(0.066)	(0.066)	(0.071)	(0.071)	(0.077)	(0.077)
家庭收入	-0.388***	-0.343***	-0.273***	-0.248***	-0.373***	-0.368***
	(0.075)	(0.073)	(0.070)	(0.071)	(0.079)	(0.078)
儿子资助	0.131***					
	(0.047)					
女儿资助		-0.161***				
		(0.049)				
儿子照料			0.244			
			(0.458)			
女儿照料				-1.005***		
				(0.331)		
儿子联络					0.495	
					(0.378)	
女儿联络						-0.924**
						(0.382)
常数项	5.677***	5.796***	5.013***	5.361***	5.119***	5.722***
	(1.410)	(1.408)	(1.491)	(1.466)	(1.616)	(1.602)
观测值	1066	1066	1016	1016	807	807
拟合值	0.254	0.256	0.237	0.244	0.290	0.293

注：表中括号里是标准误。*** $p<0.01$，** $p<0.05$，* $p<0.1$。

三　回归结果分析

表 9 - 2 中我们对儿子、女儿在各项家庭支持上的贡献分别进行回归，以便更清楚地看到当下社会环境中儿子、女儿在家庭功能上的不同贡献。

1. 经济支持与老人精神健康

首先我们利用老人精神健康、儿子经济支持、女儿经济支持建立联立方程进行分析。儿子和女儿的经济支持一方面受自身的社会经济地位的制约，另一方面也源于老年人的家庭结构的影响。首先从儿女自身的社会经济地位看，儿子的教育水平对老人的社会支持具有显著的正向影响，儿子教育水平越高，对老人的经济支持能力也越强，儿子具有初中文化比小学文化给予老年人的经济支持增长 30%，具有高中文化比小学文化增长 45.9%，具有大专文化比小学文化增长 41.6%。但是女儿的教育水平对老人的经济支持却没有显著的影响。这可能源于传统上重男轻女的思想意识，致使女儿接受教育的平均水平都比较低。儿子和女儿的非农就业都对老人的经济支持具有显著的正向影响，儿子非农就业每增加一人，对老人的经济支持将增加 35.6%，女儿非农就业每增加一人，对老人的经济支持将增加 24.7%。儿子和女儿非农就业对老年人的福利改善都具有积极的影响，特别是女儿，从事非农就业更有利于女儿为"娘家"做贡献。

从老年人家庭结构特征上看，老年时期的收入水平对子女的经济支持具有显著的影响，但对儿子和女儿经济支持的影响有所不同，对儿子来讲，老年人自身的家庭收入水平越高，儿子给予的经济支持越大；而女儿则相反，老年人自身的家庭收入水平越低，女儿给予的经济支持则越大。儿子的经济支持再度验证了前文的代际"交换逻辑"假定，而女儿的经济支持则验证了"利他逻辑"的假定，女儿对老年人的经济支持并不带有回报性质。老年人自身的身体自理能力和精神健康水平对女儿的经济支持产生了显著的影响，老年人自理能力越差，精神健康水平越低，女儿给予的社会支持水平越高。但是儿子的经济支持却对这两个因素不敏感，在系数上并不显著。老年人出生的历史年代对子女的经济支持也有显著的影响，"1956年以后"和"1945～1955年"出生的老人比"1944年以前"出生的老人对儿子经济支持的需求有显著的降低，"1945～1955年"出生的老人比"1944年以前"出生的老人对儿子经济支持的需求降低 54.6%，"1956年以后"出生的老人比"1944年以前"出生的老人对儿子经济支持的需求降低 62.9%；与之形成鲜明对比，"1956年以后"和"1945～1955年"出生的老人比"1944年以前"出生的老人对女儿经济支持的需求有显著升高，"1945～1955年"出生的老人比"1944年前"出生的老人对女儿经济支持的需求上升 75.7%，"1956年以后"出生的老人比"1944年以前"出生的老人对女儿经济支持的需求上升 87.5%。这个结果是非常有意义的，从不同历史时期走过来的老人浸染在不同的历史和文化背景下，传统的"养儿防老"意识在"1944年以前"出生的老人中是根深蒂固的，因此当他们步入老年时期，在思想观念上对儿子有着合理性的依赖，同时当下这个时期，老年人平均年龄已经达到 71 岁，而农村社会养老保障体系发展水平又很低，老年人不太可能通过其他方式获得养老资源。生命历程理论强调的第一点就是生命的"时机性"（timing of lives），"在经受巨大变迁的社会中，对于出生在不同年代的人来说，呈现在他们面前的社会景观是不一样的，因而个体所拥有的社会机会和个体所受到的社会限制也是不一样的"。这一点非常适合解释"1944 年以前"出生的老人对于儿子经济支持的预期。新中国成立之后出生的老年人，受到合作化、市场化、城市化等一系列社会转型的影响，对于儿女角色有了不同的认知，特别是在养老观念上，越是年龄较小的老年人，对于儿子的预期越低，对女儿的预期却有所升高。这也与当下社会"女性"在家庭和社会中的地位提高有着必然的联系。女性地位的提高使女性有能力摆脱传统"父权"的约束，更多的参与到娘家社会生活的建构中。从这个意义上讲，是女儿自身地位的提高建构了女儿与娘家亲人之间更紧密的社会联系，在这个基础上老年人对女儿的经济支持的预期才不断提高起来。对于这个推论，我们从家庭结构对子女经济支持的显著影响再次可以得到验证，二代核心家庭和夫妇家庭与主干家庭相比对儿子经济支持的需求显著降低了，同时对女儿经济支持的需求显著升高了。夫妇核心家庭是随着工业化、城市化的深化不断发展起来的，而中国农村的老年夫妇家庭一部分缘于传统"分家"习俗的历史因素，还有一部分是基于当下城市化过程吸走了农村人口，与其说这是老年夫妇家庭适应城市化、工业化的过程，不如说是老年人的一种被动选择。对于夫妇家庭来说，传统的"儿子"养老越来越遥不可及，转而转向距离相对较近的女儿，这也是现代家庭适应城市化发展的一种策略。

表 9 – 3　子女经济支持与老年精神健康的联立方程

变量	模型 1 （儿子现金资助）	模型 2 （女儿现金资助）	模型 3 （老人精神健康）
子女的特征			
子/女教育水平（参照：小学及以下）			
初中	0.300 * (0.171)	0.159 (0.137)	

变量	模型 1 （儿子现金资助）	模型 2 （女儿现金资助）	模型 3 （老人精神健康）
高中/中专	0.459 **	− 0.274	
	(0.204)	(0.185)	
大专及以上	0.416 *	0.0412	
	(0.241)	(0.221)	
子/女非农就业数量	0.356 ***	0.247 ***	
	(0.089)	(0.086)	
父母亲家庭特征			
老人家庭收入	0.389 ***	− 0.180 **	
	(0.073)	(0.074)	
老人精神健康	0.054	0.382 ***	
	(0.116)	(0.118)	
老人自理能力	0.076	0.424 ***	1.017 ***
	(0.122)	(0.125)	(0.076)
出生组：1944 年以前（参照）			
1945 – 1955 年	− 0.546 *	0.757 ***	
	(0.285)	(0.282)	
1956 年以后	− 0.629	0.875 **	
	(0.389)	(0.390)	
家庭结构：主干家庭（参照）			
二代核心家庭	− 1.167 ***	0.701 *	
	(0.383)	(0.368)	
夫妇核心家庭	− 1.085 ***	1.081 ***	
	(0.277)	(0.275)	
子女的经济帮助			
儿子现金帮助			− 0.793 ***
			(0.203)
女儿现金帮助			− 1.239 ***
			(0.252)
父母亲的个人特征			
婚姻状况：已婚（参照）			
离异			− 0.606
			(1.027)

变量	模型 1 （儿子现金资助）	模型 2 （女儿现金资助）	模型 3 （老人精神健康）
丧偶			0.554
			(0.463)
性别			0.058
			(0.313)
年龄			− 0.069 ***
			(0.025)
教育水平：文盲（参照）			
小学			− 0.427
			(0.357)
初中			− 0.123
			(0.496)
高中及以上			− 0.974
			(0.768)
常数项	1.412 *	1.120	7.316 ***
	(0.797)	(0.833)	(1.642)
观测值	769	769	769
拟合 R-squared	0.108	0.218	0.118

注：表中括号里是标准差；*** $p < 0.01$，** $p < 0.05$，* $p < 0.1$。

儿子、女儿经济支持对老人精神健康的影响

以上我们分析了子女个人的社会经济地位和老年人所处的社会结构对于子女经济支持的影响。那么下面进入我们的核心问题，儿子和女儿的经济支持究竟在多大程度上促进了老年的精神健康？从联立方程回归结果看，儿子和女儿的经济支持都对老人的精神健康具有积极的促进意义。儿子对老人的经济支持边际效应为 − 0.80，意味着儿子对老人的经济支持每增加 1元，老人的精神健康水平将提高 2.6%，女儿对老人的经济支持边际效应为 − 1.24，意味着女儿对老人的经济支持每增加 1 元，老人的精神健康水平将提高 4.1%。女儿的经济支持对于老人精神健康水平的影响要大于儿子。这是比较出乎我们意料的。从子女的经济支持到老年人的"精神健康"结果，可能并不是一个直接的关系，而是有一个间接的机制。社会心理学家强调

"实质性社会支持"（material support）与"感知性社会支持"（perceived support）并非一一对应的关系，实质性社会支持究竟能否化为感知性的社会支持，取决于三个条件：①接受支持的主体感觉他是被关怀和爱戴的；②接受支持的主体感觉他是被尊重、受重视的；③接受支持的主体处于相互间平等沟通和富有互惠责任的社会结构中。如果一种社会支持不具有这样的条件，即便社会支持的力度再大，也可能对主体产生负面的心理效应，比如富人对穷人的施舍。所以从这个意义上看，社会支持性资源本身的性质比社会支持的数量对于精神健康的意义更为重要。那么对比儿子给予的经济支持和女儿给予的经济支持，两者的差异在于，在儿子给予老人的经济资助中，"定期给钱"的比例占到20%，而在女儿给予老人的经济资助中，"定期资助"不足8%。"定期给钱"与否意味着子女给予老人经济资助的性质，在农村，老人晚年不能劳作之时，将会召集所有儿子商谈父母的养老问题，一般会按照一定的规矩每年定期给予老年人资助，以满足老年人的吃喝用度。而女儿一般不承担"规定性"的资助，女儿的资助带有自愿性和随意性。资金的不同来源可能会给老年人带来不同的协商结果和心理压力，在当下农村社会，儿子不愿养老的现象并不鲜见，如果老人有多个儿子，互相推诿的事情更是时有发生。所以虽然有不成文的规矩要求儿子按照"定额"每年支付老年人养老金，可是遵守者少，违反者多，况且这是一个约定俗成的潜规则，并没有一个特定的法律机构监督它的执行，所以有些老年人在要求儿子支付养老金的过程中费尽周折，这个过程可能对老人造成很大的心理压力。而女儿的资助更多的源于对父母的亲情，不带有利益上的争执和冲突，所以老年人在获得女儿的资助上会感到倍加安慰。在回归结果中，老年人自身的特征中年龄因素和生活自理能力对于精神健康具有显著影响，年龄越大，老年人的精神健康水平反而有所升高；自理能力越差，精神健康水平越差（边际效应为1.017）。这一点我们在前几章已经有所解释，此处不再累述。

2. 日常照料与老年人的精神健康

依照上述的分析框架，我们利用老人精神健康、儿子日常照料、女儿日常照料建立联立方程进行分析。在子女提供日常照料的概率模型中，儿子和女儿的教育水平对于老人日常照料的提供产生显著的影响，儿子的教育水平越高，越不可能提供日常照料。儿子具有高中教育水平比小学教育水平提供日常照料的可能性降低 6.3%，具有大专及以上教育水平比小学教育水平提供日常照料的可能性降低 11.5%。而女儿的趋势恰好相反，女儿具有初中教育水平提供日常照料的可能性提高 9.7%，具有高中教育水平提供日常照料的可能性提高 9.3%，但是女儿具有大专及以上教育水平对老人日常照料没有显著意义。同时子女非农就业数量对老人照料预期没有显著影响。

从老年人主观需求和预期上看，老人家庭收入仍然是影响儿子日常照料的一个重要因素。老年人的身体自理能力也是影响日常照料需求的重要因素，老年人自理能力越差，越需要日常照料，但是老年人的精神健康水平不构成影响子女日常照料需求的显著因素。老年人的家庭结构仍然是影响日常照料需求的重要因素，二代核心家庭和夫妇家庭对女儿日常照料需求具有显著的影响，二代核心家庭对女儿日常照料的需求比主干家庭增长 16.8%，而夫妇家庭对女儿日常照料的需求增长了 21.1%。但是，老人家庭结构的变化却没有对儿子日常照料的需求有显著的影响，儿子仍然是提供日常照料的主干力量。

儿子、女儿日常照料对老人精神健康的影响

从日常照料对精神健康的影响上看，儿子的日常照料对老人的精神健康没有显著的影响，而女儿的日常照料工作对老人的精神健康具有显著的促进作用，女儿参与日常照料工作，可使老年人的精神健康水平提高 18%，这是一个非常高的比例。那么为什么儿子与女儿参与日常照料对老人的精神状况的影响存在如此显著的差异呢？我们认为可能的原因有两个：第一，从社会支持本身的性质出发，从日常照料到老人的精神健康之间也存在一个中介的心理过程，上文中关于"感知的支持"的理论仍然适合这个分析逻辑，儿子的日常照料通常反映在工具性功能上，而女儿的日常照料更涉及老年人的情感需求，用唐灿的话来讲，儿子的行为目标一般是解决父母基本温饱，并以此合理化；女儿的赡养活动则多是提供温饱之上的其他物质和精神内容（唐灿，2009）。也正是这个原因，女儿的日常照料对于老人维持精神健康特别重要。这是其一。其二，我们必须考虑到当下农村的社会环境，在城乡流动加剧的情况下，儿子更可能远离父母，到城市从事非农就业工作，这也是联立模型中我们看到儿子教育水平越高越不可能提供日常照料的原因所在。在这种情况下，女儿照料就显得格外重要。特别是，

在农村社会，女儿的婚嫁范围大都在一个乡，因此女儿照料也有地理上的优势。

在回归结果中，有一点与"经济支持"联立模型有些差异，在"儿女经济支持联立模型中"，老年人的个人特征在精神健康的影响因素中并不显著，但是在"日常照料"联立模型中，老年人个人特征中婚姻状况和教育水平的影响变得显著起来，这说明老年人个体性因素也可能成为老年人对"儿女日常照料"需求的一些显著影响因素，但是出于方程识别的要求，我们仅把这些变量放在"老人精神健康联立模型"中。这些因素从直接意义上来讲确实会影响到老人个体的精神健康水平，从间接意义上讲，也可能作用到对儿子和女儿日常照料的需求上，进而影响到老年人的精神健康水平。

表 9 - 4　子女日常照料与老年精神健康的联立方程结果

变量	模型 1 （儿子日常照料）	模型 2 （女儿日常照料）	模型 3 （老人精神健康）
子/女的特征			
子/女教育水平（参照：小学）			
初中	-0.018	0.097**	
	(0.023)	(0.041)	
高中/职高	-0.063**	0.093*	
	(0.027)	(0.054)	
大专及以上	-0.115***	0.027	
	(0.034)	(0.065)	
子/女非农就业数量	0.013	0.008	
	(0.011)	(0.023)	
父母亲家庭特征			
老人家庭收入	0.006***	0.038	
	(0.005)	(0.009)	
老人精神健康	-0.000	-0.019	
	(0.008)	(0.017)	
老人自理能力	0.001*	0.011*	0.882***
	(0.008)	(0.017)	(0.092)

续表

变量	模型 1 （儿子日常照料）	模型 2 （女儿日常照料）	模型 3 （老人精神健康）
出生组（参照：1944 年以前）			
1945～1955 年	0.029	0.024	
	(0.023)	(0.044)	
1956 年以后	0.044	0.053	
	(0.031)	(0.061)	
家庭结构（参照：主干家庭）			
二代核心家庭	-0.044	0.168***	
	(0.029)	(0.054)	
夫妇家庭	-0.019	0.211***	
	(0.024)	(0.046)	
儿子日常照料			-5.518
			(4.303)
女儿日常照料			-5.372***
			(1.320)
老人个人特征			
婚姻情况（参照：已婚）			
离异			-3.307**
			(1.651)
丧偶			1.562***
			(0.582)
性别			0.382
			(0.431)
年龄			-0.123***
			(0.025)
教育水平（参照：文盲）			
小学			-0.841*
			(0.461)
初中			-0.153
			(0.696)
高中及以上			-3.118***
			(1.078)

变量	模型 1 (儿子日常照料)	模型 2 (女儿日常照料)	模型 3 (老人精神健康)
常数项	0.922***	0.097	13.767***
	(0.062)	(0.121)	(5.059)
观测值	641	641	641
拟合 R-squared	0.039	0.117	0.129

注：表中括号里是标准差；*** $p < 0.01$，** $p < 0.05$，* $p < 0.1$。

3. 情感沟通与老年人的精神健康

我们用"老年人遇到问题时通常与哪个子女联络"作为情感沟通的代理变量。在儿子和女儿情感沟通模型中，儿子的教育水平会影响到父母与之沟通联络的可能性，父母与初中教育水平儿子联络的可能性比小学教育水平高 7.2%，与高中教育水平儿子联络的可能性比小学教育水平高 12%。女儿的教育水平不会影响到父母与之联络的可能性，但女儿的非农就业数量会影响到父母与之联络的可能性，女儿非农就业的人数越多，父母越倾向于与女儿联络。伯格（Peter L. Berger）等人在《无家意识》中曾经谈到，"现代性带来了新的知识体系，而年轻人成为这个新的知识体系的主要拥有者和阐释者，他们因掌握了新的知识而导致了地位的提高"。父母与子女相比，对现代社会的适应性更差，而快速变迁的社会转型过程却给传统"流变不居"的农村社会带来了众多的不确定性，因此老年人经常在一些重大决策上必须仰赖子女的智慧，在这种情况下，老年人一方面倾向于与具有较高教育水平的儿子进行沟通，另一方面也倾向于与"见过世面"的女儿进行交流，以此在众多"不确定性"中获得一种心理上的"安全感"。

从父母家庭特征看，父母的家庭收入水平与"经济支持联立模型"的结果是一致的，对儿子而言，老人家庭收入越高，越倾向于与儿子沟通；对女儿而言，老人家庭收入越低，越倾向于与女儿进行联络。同时家庭的结构性因素再次显示出显著意义，夫妇家庭与儿子沟通的倾向比主干家庭降低 10.4%，而与女儿沟通的倾向增加 9.7%。夫妇家庭无论在经济支持、日常照料还是情感需求上，女儿都占有不可或缺的地位。

儿子、女儿情感沟通与老人的精神健康

从老年人与儿子和女儿联络对精神健康的影响来看，与儿子联络并不

能显著地改善老年人的精神健康水平，而与女儿联络则可以显著地改善老人的健康水平，经常与女儿联络的老人精神健康水平提高 28.6%。我们认为具体的原因可能体现在几个方面：第一，老年人与儿子和女儿的交流内容会有差异，与儿子的沟通更可能体现在工具意义上，比如一些物质上、经济上的问题可能会需要儿子的赞同和认定；与女儿的沟通更体现在情感需求上，比如一些家庭矛盾纠纷等"鸡毛蒜皮"的小问题。所以女儿的意义在于能够在老年人有这种心理压力需要"发牢骚"的时候，充当一个倾听者，而传统父权社会下的儿子大多不会理解老年人的心理需求。在回归模型中，老年人自身的年龄、教育水平和自理能力对精神健康的显著影响再度浮现出来，对于这一点的解释我们还是沿承着对于"照料需求"的路径，老年人自身的特征会影响到其对儿子和女儿的情感需求，这种影响直接体现在了老人精神健康联立模型中，实质上也可能通过儿子情感沟通和女儿情感沟通重新作用到老人精神健康上。

表 9-5　子女情感支持与老年精神健康联立方程结果

变量	模型 1 （儿子情感支持）	模型 2 （女儿情感支持）	模型 3 （老人精神健康）
子/女的特征			
子/女教育水平（参照：小学）			
初中	0.072 *	-0.014	
	(0.039)	(0.036)	
高中/职高	0.120 **	0.039	
	(0.048)	(0.047)	
大专及以上	0.062	-0.033	
	(0.059)	(0.062)	
子/女非农就业数量	0.014	0.036 *	
	(0.020)	(0.021)	
父母亲家庭特征			
老人家庭收入	0.025 **	-0.008 *	
	(0.012)	(0.011)	
老人精神健康	0.031	-0.007	
	(0.020)	(0.019)	

续表

变量	模型 1 （儿子情感支持）	模型 2 （女儿情感支持）	模型 3 （老人精神健康）
老人自理能力	− 0.027	0.002	1.110 ***
	(0.022)	(0.022)	(0.094)
出生组（参照：1944 年以前）			
1945 ~ 1955 年	− 0.039	0.026	
	(0.052)	(0.050)	
1956 年以后	− 0.025	− 0.039	
	(0.074)	(0.072)	
家庭结构（参照：主干家庭）			
二代核心家庭	− 0.072	0.042	
	(0.067)	(0.066)	
夫妇家庭	− 0.104 **	0.097 **	
	(0.051)	(0.049)	
儿子情感支持			− 5.421
			(3.751)
女儿情感支持			− 8.483 **
			(3.935)
老人个人特征			
婚姻情况（参照：已婚）			
离异			− 0.467
			(1.350)
丧偶			1.035
			(0.649)
性别			0.530
			(0.519)
年龄			− 0.123 ***
			(0.029)
教育水平（参照：文盲）			
小学			− 1.327 **
			(0.545)
初中			0.225
			(0.875)

续表

变量	模型 1 （儿子情感支持）	模型 2 （女儿情感支持）	模型 3 （老人精神健康）
高中及以上			− 1.224
			(1.236)
常数项	0.416***	0.435***	10.294**
	(0.140)	(0.133)	(4.040)
观测值	572	572	572
拟合 R-squared	0.077	0.026	0.113

注：表中括号里是标准差；*** $p<0.01$，** $p<0.05$，* $p<0.1$。

四 总结与讨论

本章着重探讨了家庭支持与老人精神健康的关系，从家庭支持的影响因素看，儿子和女儿在经济支持、日常照料、情感沟通上的作用力既有一致的趋向，也有分离的趋向。从"一致性"的趋向看，儿子和女儿的非农就业对老年人的经济支持都具有显著的促进作用，子女外出就业人数越多，老年人在经济福利上所获得的改善也越强。老年人的身体自理能力也是子女提供经济支持、日常照料的一个重要因素，老年人在身体自理能力越差的阶段，子女提供经济支持和日常照料的力度也就越大，从这一点上看，传统"家庭养老"的制度在社会转型时期依然得到了一定程度的继承。即便是在城乡人口快速流动的背景下，老年人的经济支持和照护需求仍然是左右儿女流动的重要因素。儿子与女儿作用的"不一致性"体现在众多方面，从子女个人特征看，儿子的教育水平影响到对老人的经济支持、日常照料和情感沟通三个方面，儿子教育水平越高，对老人的经济支持水平越高，老年人与之沟通的渴望越强烈，但是儿子提供日常照料的可能性越低。这一点是比较矛盾的，社会经济地位越高的儿子越有可能摆脱传统农村的束缚，适应城市化发展的步伐。而这样就会离传统社会越来越远，老年人希望从儿子处获得晚年照料的可能性就会越来越小。女儿的教育水平仅对老人的日常照料具有显著的影响，具有一定知识水平的女儿更可能投入到父母的日常照料工作当中，这一点与儿子形成了显著的差异。女儿在传统"父权社会"下本就属于附属性的角色，在社会转型期，女性在家庭中的地位有所提升，但是在社会地位上还是与男性有很大的差距，女性即便具有初中、高中教育水平，到了一定的年龄还是需要回到农村社会，重新扮演起家庭主妇的角色。这种社会现实压制了女性向外扩展的需求，但是从现下父母的养老需求看，女儿恰好填补了"儿子"的空白。

老人出生的历史时期和家庭结构对子女经济支持、日常照料和情感沟通都具有重要的影响，"出生组"是传统人口学家和历史学家非常喜欢的概念，因为它体现了一个人成长的历史时期，早期的生命体验会影响到整个的生命历程，而这种持续性始终带有特定时代的文化印记。而代际的支持模式恰恰是由特定社会的文化价值观和整个生命历程中的社会体验所决定的。在我们的研究中，"1944 年以前"、"1945～1955 年"与"1956 年以后"出生组相比，后两组对于儿子的经济支持的预期显著降低，而对女儿经济支持的预期显著升高。"1944 年以前"出生组最重要的生命历程都建立在传统农村社会结构之下，因此对于家庭支持的需求也建立在传统的"养儿防老"的观念体系之下，同时当下的社会制度环境也没有给予老人更多的选择空间。而对于"1945～1955 年"和"1956 年以后"出生组，一部分老人经历了从传统合作化到家庭联产承包的过程，在这个过程中，传统大家庭在经济功能上已经趋于解体。一部分老人经历了城市化、市场化的过程，在老年时期又由于城市社会制度的排斥重新回到了农村，但是工业文化已经影响到他们的理念和生活选择，特别是在养老观念上，他们对于儿子养老观念的淡化某种程度上也受到这种文化的冲击。同时，在当下社会，女性家庭地位的提高也为这部分老人的独立提供了一个家庭基础。这一点在夫妇老人家庭中体现得尤其明显，夫妇老人家庭无论在经济支持需求、日常照料还是情感沟通上，都倾向于与女儿建立联系，女儿的地位和角色显得越来越重要。

在这个基础上，我们进一步分析了儿子、女儿在经济支持、日常照料和情感沟通上对老人精神健康的影响，儿子最重要的角色体现在经济支持上，儿子的经济支持对老年人的精神健康起到了重要的促进作用，这说明在转型社会中，儿子仍然是老年人最重要的精神支柱。但是从变化的趋向上来看，女儿对老年人的精神健康越来越重要，女儿在经济支持、日常照料、情感慰藉三个方面都发挥了重要的作用，而这三方面的付出都对老人的精神健康起到了巨大的促进作用，我们之所以用"巨大"来形容，是相对儿子而言，女儿在老年人精神健康维持方面的作用已然超越了儿子。这是与传统社会最大的差异之处。在传统社会中，女儿是"泼出去的水"，从此不再将娘家作为核心世界的一部分，但是现在女儿越来越多的介入娘家的社会生活当中，甚至在给予老人支持上承担了儿子不能更不愿承担的责任。

在"家庭角色与精神健康"篇中，我们是从老年人角色建构的逻辑来理解当下的家庭结构，老年人在角色建构中始终带有传统社会的印记，虽然从家庭结构上看他们已经核心化，但是他们继续"农业劳动"的意义体现在给予子女转移支付后的满足感上，他们继续"照顾孙子女"的逻辑是为了维护扩展家庭的正常运转，无论怎样，孙子女始终是家庭香火的延续。也正是在这个逻辑下，老人重构他们的角色，以适应社会转型期对于老年人责任的强烈需要。而本章中我们实质上是从儿子和女儿角色建构的逻辑来理解家庭的建构，"儿子"是传统父权社会下最为核心的家庭角色，儿子最重要的功能"上以事宗庙，而下以继后世"。[①] 传统的"孝亲文化"要求儿子必须以"养老"为先，甚至可以为了养老而放弃社会角色，比如北魏《本纪》载"……民八十以上者，一子不从役"。明洪武年间诏："民年有七十以上者，许一子侍奉，免其杂泛差役"。为了使家有高龄父母的官吏能就近克尽养老的义务，一些朝代还规定在外地任职的官吏可以调到父母身边。但是现代化、工业化的过程对传统社会规范确实是一个打散、削弱的过程，子女的社会角色胜过家庭的角色，子女在社会上的地位胜过在家庭中的地位，因此传统的价值伦理观念不再成为制约子女社会选择的核心因素。涂尔干实际上对这样的社会转型过程是持悲观态度的，当一个社会越来越趋向于追求个体成就时，集体团结的意识就会衰落，而这是构成人们幸福的源泉，在中国，"家庭"是最重要的单位，如果家庭关系断裂，个人的幸福则变成无源之水。在目前的背景下，子女的育儿需求还是一部分从父母家庭中获得满足，而父母也希望通过当下的责任承担换得未来的养老保障，这种交换的逻辑已经很大程度上替代了传统的规范性逻辑，我们的分析实际上是从一个"良性互动"的循环中入手的，但是不能忽略的问题是，当老人身体真正陷入不能自理的境地，老人何以与"儿女"进行交换，而儿女在当下社会巨大的压力下，何以承担他们的养老责任？如果进入这样的一个

---

① 郑玄作注，《礼记·昏义》第四十四。

过程，"逆向循环"就会开始启动，这也是当下许多学者关注的老年社会问题。这个逻辑的打破单独依靠家庭恐怕难以实现，需要更强大的社会、政府力量的介入才能恢复家庭的正向循环互动。

第十章
转型期代际关系与老年精神
需求满足的社会基础

涂尔干在《自杀论》的结尾感慨地写道，文明的进步与自杀之间有某种联系，彼此不能分开，文明水平越高的国家，自杀水平也越高，这也许就是文明的代价（涂尔干，2010）。从经济发展水平和社会进步程度来讲，我们当下社会与传统社会相比发生了实质性的飞跃，但是人们却也恰恰生活在一种矛盾的胶着状态里面，一方面物质生活富足了，另一方面随着家庭结构核心化，情感需求却越来越难以得到满足，这一点特别体现在老年群体身上。费孝通在 20 世纪 80 年代还强调"空巢老人"是西方社会发展到一定阶段才出现的家庭结构，而我国的家庭从传统上就崇尚以孝为先，在代际交换逻辑上，我们的原则体现在"反馈模式"上，而西方的文化体现在"接力模式"上。20 多年过去了，"在地乡村工业"并没有成为中国经济发展的主流，城市化、大都市化的力量还是席卷了农村社会，这一点与西方并无二异。与之相对应的，"空巢家庭"在农村越来越多的出现，从这一点上看，中国家庭结构发展的路径与古德（1968）所预言的家庭现代化趋势在形式上是吻合的。古德（W. J. Goode）在其代表作《世界革命与家庭模式》和《家庭》中曾先后表达了这样的观点，"在世界各地，所有的社会制度都在或快或慢地走向某种形式的夫妇式家庭制度和工业化，这在人类历史上还是破天荒第一次"（古德，1986 /1982）。古德进一步认为夫妇家庭关系的优越性在于个体主义和平等主义的价值观念将被满足，而与扩大的亲属制度相联系的义务关系被削弱，传统的亲属联系将不再构成个人发展的牵绊。那么在中国市场化、城市化转型过程中，中国的家庭关系也如西方现代化发展路径向个体主义转变了吗？在家庭关系上也是逐步削弱和瓦解了吗？本章从农村家庭对老年人精神健康的意义出发，探讨转型时期农村家庭制度对于老人精神健康的形塑过程。

一 农村老年人精神需求的变迁

诚如本书在第一章所陈述的，任何一个社会成员的精神需求都是与特定社会结构和文化价值观相适应的，在传统社会形态下，中国社会是一个以"家本位"文化为核心的伦理社会，一切社会关系都是围绕家庭建构起来的。也正因为如此，老年人的精神需求和内在期待也必然与家庭联系在一起。本章以传统社会中老年人的精神需求和内在期待为参照系和基点，从四个角度，即家庭结构、家庭角色、家庭成就和代际关系探讨了老年精神需求的变迁问题。同时为了更清晰地理解社会转型的过程，我们将老年人分为三个同龄群体（cohort）进行研究，得出如下几方面的结果。

"1944年以前"出生的老年人，与子女共同居住的比例最高，子女的代际支持，特别是儿子的养老支持是影响老年精神健康的核心要素，这一点体现了从那个时代走过来的老年人的一种内在期待和精神需求。同时我们的研究也发现，家庭的收入和财产是影响老年人精神健康的显著因素，而老年人个人的收入对其精神健康则几乎没有影响。这个时代出生的老年群体，其生命历程基本与新中国发展历程同步，他们经历了一系列激烈的社会变革，合作化运动、大饥荒、家庭联产承包责任制、"文化大革命"等等，他们年富力强之时，根本没有机会为子孙积累殷实的家产；而当追求小康和富裕成为可能的时代到来之时，他们已经日薄西山、垂垂老矣。他们没有什么家产、财富传给下一代，或者说在代际交换中他们没有交换的资源。这个时代的老年人在他们年老之时对子女有着本能的情感依附，在物质上更需依赖子女的供养，他们与子女的关系更多的体现为一种以"赡养"为基础的传统家庭伦理关系，其精神需求和内在期待的满足很大程度上基于子女对传统"孝道"理念的认同与恪守，而老年人自身的重构能力则是非常弱的。

"1945~1955年出生"的老年人，与上一个年龄组相比，独立的生活模式给他们带来更高的精神健康水平。这个出生组的老年人在家庭联产承包责任制实施时期正值壮年之时，改革开放使得农户再度获得生产经营的自主权，农民家庭在这个时期不但解决了温饱问题，而且日渐殷实，有的甚至达到富裕的标准。也正是因为如此，这个出生组的老人在与子女的互动过程中有了更多的自主权，他们通过提高自身家庭收入与子女进行经济互动，以此带来较高的价值实现感和满足感。这个年龄层的老年人其赡养逻辑与上一个年龄层相比有了一个微妙的变化，在经济能力上，他们并不完全依赖子女的赡养，但是对子女的日常关怀和情感慰藉却有更高的需求；同时，老年人对儿子经济支持和情感支持的需求显著降低，而对女儿情感支持的需求有所升高。总之，这个年龄层的老年群体，独立性、自主权、家庭价值实现感构建了他们的精神健康水平。

"1956 年以后"出生的老年人，与前两个年龄组相比，最明显的变化在于这个出生组的老年人个人经济收入水平更高，个人收入对精神健康的促进意义更强，与之相关的独立生活模式对于精神健康的促进意义也更强。在代际关系上，由于这个出生组的老年人具有较强的财富创造能力，他们与子女构建平等经济关系的能力也更强，从而拥有较强的自我控制感和满足感。特别是，在这个年龄层中，老年人对于"子女成就"具有较高的心理预期，子女的受教育水平越高，老年人的精神健康水平也越高。而在对子女的支持需求上，他们表现出比前两个出生组更强的情感趋向，即子女的日常关怀和情感慰藉对于老年人精神健康起到了更强的促进作用，其中，女儿的促进作用比儿子的促进作用更强，这也是与传统社会的一个最大区别。

综合来看，社会转型的意义在于深刻地重塑了老年人的精神需求和内在期待，如果我们以传统社会为参照系的话，当下老年人的精神需求和内在期待表现出如下几方面的变化。

第一，当下社会，随着农村青壮年外出就业的增加，儿女"随侍在侧""抑己顺亲"的可能性越来越小。老年人也在重新调整着自己的心理预期，这表现在：其一，越晚的出生组，老年人越不愿从子女处获得物质供养，而希望通过自己创造的财富维持生活，通过自身的社会角色来赢得子女的尊重和认可。这种自我创造财富的行为使老人对晚年生活获得了控制感和自我实现感，因为没有给儿女带来拖累而表现出较好的精神健康状态。其二，由于市场经济给予老人更多的创造财富的机会，老年人对独立性的认同也越来越强烈，越晚的出生组，独立的家庭结构对老年人精神健康的促进意义越强。从老年人的口述中，我们发现了独立的家庭结构与两个重要的生活逻辑相连，一是"自己说了算"，社会转型造成了权力格局的逆转，老年人掌握的家庭重要资产——土地、房屋都已经不是能制衡儿女的奢侈品，由此独立的生活满足了老年人对自我控制的需求；二是"看不惯"，新老两代从不同的历史起点走来，他们对客观世界的判断带着所属时空文化的印记，新老两代人在价值观上存在冲突，而老年人在家庭中已经不具有传统社会说一不二的权威，老年人的意愿不再能左右家庭成员的偏好。在这种情况下，独立地生活是一种较优的选择，它保证了亲子两代在各自的价值逻辑中生活。用西方家庭历史学者哈来文（Hareven，1974）的一句话来讲，就是老年人通过建立了一种"有距离的亲近感"来获得心理上的"舒适感"。

第二，从老年人的价值实现上来讲，子辈的价值实现对老年人的精神健康具有重要的意义。在越晚的出生组中，子女的价值实现感对于老年人精神健康的促进意义越强烈，子辈具有较好的教育水平，较高的收入水平，在城市能够安稳扎根，给老人争光，对老年人来讲就是最好的精神慰藉。有学者认为中国的老年人从来就不具有独立的人格，而是与家庭的追求联系在一起（许烺光，2001）。在传统社会中，个人当下的生命被放置在家族生命的链条上，个人的成就是一种"显扬亲名""光宗耀祖"的表现。理所当然的，对子女成就的追求内化为老年人精神追求的一部分。在当下的市场社会，即便快速的城乡流动冲击了传统的家庭结构，但是家庭伦理中的一些核心的价值基础还在维系着，在农村老年人的精神需求和内在期待中，子女的成就仍然是影响老年精神健康的一个重要因素。

第三，从代际支持对精神健康的影响来看，有两个显著的变化。其一，老年人对子代的精神支持和日常关怀的需求越来越强烈，而对物质的需求则相对弱化。虽然传统社会中家庭提供给个人需求满足的最主要功能在经济方面，但是随着社会环境的改变和家庭结构的变迁，家庭组织的经济功能已经衰退，取而代之的是情感需求满足的功能，传统社会中依赖权威角色建立起来的亲子连接关系，在权威与角色的作用力相继衰退后，亲子之间的情感联系填补了上来，继续支撑这一连接关系免于瓦解断裂。其二，与传统社会老人依赖单系养老支持不同，老年人对女儿提供精神支持和日常关怀抱有越来越高的预期，女儿角色对老年人精神健康的维持越来越重要，这是与传统社会最大的差异。在传统社会中，女儿是"泼出去的水"，从此不再将娘家作为核心世界的一部分，但是现在女儿越来越多的介入娘家的社会生活当中，甚至在给予老人支持上承担了儿子不能更不愿承担的责任。

总之，在当下社会，虽然传统伦理观念在一定程度上还在影响着老年人的精神需求，但是随着社会的发展，老年人的精神需求和内在期待的内容已经发生了一些实质性的变化。叶光辉在研究传统中国的"孝道文化"时，提出了一个创新的结构性概念。他认为传统的"孝道"有两个层次，第一层次的孝道体现为"尊亲恳亲""抑己顺亲""奉养祭念""护亲荣亲"。在这一层次之上，他提炼出更深一层的结构，即为"抑顺护荣双亲"和"尊恩奉祭双亲"，前者体现为一种权威式的孝道信念，强调亲子之间的尊卑等级和抑顺关系；而后者体现为一种互惠式的孝道信念，强调亲子之间的自然情感和感恩回报（叶光辉，2009）。如果将农村老年人的精神需求与这两个维度对应起来，一方面，农村老人权威式的孝道信念正在逐年弱化，老年人倾向于独立生活、自我创造收入体现了当下老年人对于传统孝道信念的重新阐释，这种阐释已经内化为老年人新的心理预期和评判模式，能够独立生活、自我创造收入的老年人表现出更高的精神健康水平。另一方面，亲子之间互惠式的孝道信念仍然在当下社会家庭生活中具有重要的价值，亲代通过对子代的经济赠予、担负家务劳动（照看小孩）获得子女的认可和尊重；而子女也通过经济支持、日常关怀、情感慰藉等方式满足老年人的情感需求。这种互惠式的亲情模式是维系当下家庭整合的基础，也是满足老年人精神需求和内在期待的基础。

二　转型社会中老年精神需求满足的社会基础

在传统社会中，与父权家庭制度相联系的"孝"文化有以下几个特点：①家庭成员与整个家庭是一体化的，家庭高于个人，个人利益应该服从家庭利益；②每个家庭成员都对家庭负有责任，并且这种责任贯穿个人生命的始终；③"家本位"文化延展了个人的生命，每个家庭成员不仅要对当下的家庭承担责任，更要对祖先承担责任。在传统社会中，老年人所有的精神需求和内在期待是以"孝文化"为基础建构起来的。对老年人来讲，中国传统孝道文化要求子代奉养双亲（养亲）、随侍在侧（侍亲）、显扬亲名（荣亲）、抑己顺亲（无违）。如今来看，随着城市化、市场化的侵入，农村越来越多的青壮年外出就业，农村的家庭传统已经难以维系，"养亲""侍亲"成了一件很难实现的事情，至于"无违"，则随着父系父权制度的瓦解被淡化了。

从我们的研究结果看，目前农村家庭关系在老年人精神需求满足上仍然占有核心地位，只不过这种关系的建构形态越来越朝向理性化的趋势演进。首先，在老人一端，在市场化环境下，老人不再扮演一家之长的角色，而是与青年人一样，需要通过"经济的"（比如个人收入）或"工具性"价值（比如看护孙子女）来证明自身的社会地位和社会价值。其次，在子女一端，赡养责任在家庭范围内进行重新分配，家庭成员自觉地按照性别、年龄和是否外出进行了重组：女儿在日常照料和情感慰藉上的角色进一步强化，父权制度下单系偏重的养老性别分工实质上正在逐步被打破；未外出的年长家庭成员或者因身体原因不能外出的家庭成员承担了更多的支持性责任；而对于外出子女，他们会通过汇款、探望、打电话等方式维持与原有农村家庭成员和亲属之间的联系。通过这种角色关系的重构，我们看到原有的家庭秩序延展到了一个更加广阔的地理空间和社会空间之上，在竞争性的市场社会环境中具备了一定程度的"弹力"和"张力"。但是这样的家庭关系格局与传统稳固的亲密关系格局已经大相径庭，每一个人都处在一个"暂时性"的角色位置上，没有一个实在的社会规范来制约个人应该承担的责任，也没有一个社会机构来真正惩罚那些不赡养老人的子女。今天可能是女儿在照料父母；明天儿子或儿媳可能又在扮演照料者的角色；或者还有更消极的结果，所有子女都将远离父母，融入到城市化的浪潮之中。这种假设在未来极有可能成为现实，因为独生子女政策使得农村老人没有选择。一言以蔽之，当下重构的家庭社会秩序虽然在一定程度上延续了传统的家庭伦理，但是与传统家庭结构相比已经迥然不同了。那么进一步的问题在于，这种重构的家庭秩序的社会基础来源于何处呢？

涂尔干在《社会分工论》中集中讨论了法人团体社会分工对于整个社会有机团结的达成至关重要，从我们的分析视角来看，"家庭"也是一个小的"社会单位"，家庭内部也存在着精细的社会分工，在市场社会下，为了提高家庭成员的整体福利，增强家庭的竞争力，家庭成员也在进行合理的分工。从当下农村家庭的实际来看，老人与子女之间的社会分工已经越来越明晰，子女外出打工，老人留守农村、照看孙子女，实际上这种分工的意识已经达成。本研究认为这种明确的家庭内部社会分工是促进当下农村家庭整合的社会基础。

农村家庭内部社会分工的原因和结果

关于家庭内部为何会产生分工，经济学家加里·贝克尔在《家庭论》中曾专门就家庭分工进行了论述，他用经济学比较优势的原理解释了家庭分工的原则，"如果一个有效率的家庭的所有成员都有不同的比较优势，那么，没有一个人愿意把时间同时配置到市场和家庭两个部门。在市场部门有更多优势的家庭成员都会使市场活动专业化，而在家庭部门有更大优势的家庭成员又会使其家庭活动专业化"（贝克尔，2007：45）。因为把时间配置到市场和家庭两个部门的家庭成员，必定会有相等的边际产品，所以在市场部门有更多比较优势的成员，其市场部门的边际产品会大于家庭部门的边际产品；对于在家庭部门有更多比较优势的成员来说，其结果正好相反。

在转型社会中，贝克尔的家庭分工论对于农村家庭内部的社会分工有一定的解释意义，以家庭中的青壮年和老年来讲，青壮年的比较优势在市场部门，所以青壮年将投入更多的人力资本和时间在城市市场中；而老年人的比较优势在家庭部门，所以老年人将投入更多的人力资本和时间在家庭中，这样整个家庭的效率是最高的。贝克尔的理论从纯经济学意义上很好地解释了家庭内部分工的原因，但是在中国的社会环境中，家庭内部的社会分工还有很多社会性的原因：首先，目前城乡二元劳动力市场虽然已经打破，但是潜在的制度性约束还存在，比如教育制度、社会保障制度还是将农村人口排斥在城市之外，由于不能在城市长期立足，外来打工者不得不将子女留在农村，以减轻自身在城市的生活压力。其次，按照西方家庭现代化的逻辑，老年人既可以接受抚育孙子女的重任，也可以因为生活独立拒绝接受这样的责任。这里，中国传统的伦理文化要素还是起了作用，老年家庭与子女家庭虽然已经分家，但随时会根据社会环境的变化进行弹性调整，当有需要时，子女家庭仍然会将老年人策略性地包容进来。而对老年人来讲，为了子辈能过好日子，老年人义不容辞，这是传统家庭文化在现代社会的延续。综合来看，家庭成员比较优势虽然是家庭内部社会分工的直接原因，但其背后的社会制度和传统伦理文化是更深层次的原因。

从家庭社会分工的结果来看，农村青壮年外出就业的经历越多，就越需要父辈家庭提供社会支持（比如子女照护），反过来讲，父辈承担孙子女照护的责任越多，子女也越能轻松地投入城市的劳动力市场当中，父辈的家庭责任与子辈的职业紧密联系起来。从这一点上来看，家庭内部的社会分工促进了家庭的整合，市场社会越是要求个人融入社会，这种社会分工所构建的团结就越具有紧密性，这是市场社会的一个必然结果。转型社会中老人已经深深地嵌入家庭内部分工体系之中，没有老年人的社会角色，外出打工家庭的育儿需求将是难以满足的；从跨时期维度上来讲，老年人当下承担的家庭责任也增强了其未来在养老上与子女讨价还价的能力。从我们的数据结果上来看，老年人越是积极地承担这些家庭责任，就越显示出较高的精神健康水平，这也进一步佐证了转型社会中的家庭分工实际上促发了家庭成员的职能分化，而这种职能的分化又进一步强化了彼此的依赖，强化了代与代之间的归属感。

涂尔干在《社会分工论》中曾经描述道，"劳动分工的最大作用，并不在于功能以这种分化方式提高了生产率，而在于这些功能彼此紧密的结合，……没有这些功能，社会就不可能存在，因此，在任何情况下，分工都超出了纯粹的经济利益的范围，构成了社会和道德秩序本身"（涂尔干，2009：24）。涂尔干进一步阐释了分工的社会意义，"有了分工，个人才会摆脱孤立的状态，而形成相互间的关系；有了分工，人们才会同舟共济，而不一意孤行。总之，只有分工才能使人们牢固的结合起来形成一种联系……正因为分工需要一种秩序、和谐和社会团结，所以它是道德的"（涂尔干，2009：26）。涂尔干对于社会分工形成的有机团结有一种理想化的预期，用涂尔干的逻辑来思考农村社会父子两代人之间的社会纽带，确实有一种积极的意义，中国农村虽然正在经历着史无前例的市场化转型，但是，家庭并没有滑入古德所说的孤立的个体化家庭的轨道，父代家庭与子代家庭之间仍然建立了千丝万缕的联系，而分工恐怕就是这种联系的具体实现形式。家庭分工使家庭功能在市场化时期显示出一种勃勃的生机，使父代家庭和子代家庭牢固地联系在一起，构成了市场化时期的家庭秩序，这是家庭分工的积极意义所在。

但是，对于涂尔干所提出的"分工具有一种道德属性"，我们却持保留意见。首先无论是从社会分工来看，还是从家庭分工来看，群体成员之间彼此的依赖都具有自我的理性价值判断，换句话说，两者之间的紧密联系说到底还是在于交换，也正是因为这种功利性，这种"家庭社会分工"构建的紧密团结与原来的"家庭伦理"构建的紧密团结是有差异的，个体在分工中的贡献被放在了一个比较重要的位置，而个体在伦理上的位置则显得不那么重要。我们研究发现，在父子两代的交换中，父母的家庭收入越高，或者父母投身照顾隔代的劳动中时，儿子会倾向于给予更多的经济回报。这种功利性本质上侵蚀了原有的"孝道文化"，其负面后果在老人不再能够与子女进行平等交换时将暴露无遗，一旦个人丧失了社会分工所要求的角色，而只余下伦理上的角色，这种家庭分工平衡就会打破。这也是导论中很多社会学者对当下家庭秩序持批判态度的原因，家庭分工平衡的打破意味着老年人将被甩出家庭社会分工的框架之外，一部分老年人将因为不再能承受这种社会压力而选择过早地结束生命。总的来看，转型社会中重构的家庭社会秩序虽然一定程度地延续了传统的家庭伦理，促进了家庭的内部整合，但是具有无可回避的结构脆弱性，因而危机重重。这一点正如斯科特研究所指出的，虽然农民本能地采取各种形式的"弱武器"来对抗外来社会制度的侵袭，但是不能将其过度浪漫化，他们仅仅能对现有的制度产生边缘性的影响，他们的目标是将现有制度的不利程度降到最低。家庭秩序在未来如何重构仍然是值得我们继续追踪研究的一个问题。

三　研究缺陷及不足

本研究希望从社会学的视角来探讨农村老人的精神健康问题，并从定量指标上对老人的精神健康现状进行衡量，但是研究仍存在以下缺陷与不足。第一，农村老人的精神世界是相当复杂的，单从"抑郁"一个指标可能不能全面地把握农村老人的精神全貌。比如，一个老人一方面可能因儿女远离而体现出孤独、抑郁的倾向，但同时儿女的成就又会让老人倍感欣慰，就是说一个老人的精神世界可能具有多面性，抑郁感、孤独感与满足感、成就感共存。穆光宗从老年需求的角度提出了精神赡养的三个指标，包括人格的尊重、成就的安心和情感的慰藉（穆光宗，2004）。但是这三个指标是否能涵盖农村老人的精神需求是一个从理论上还需深入探讨的问题，"精神健康"既然是一个社会结构、社会规范、社会价值观等形塑的问题，那么首先我们必须从理论上对中国老人，或者更进一步对农村老人的精神需求进行理论上的梳理和挖掘，然后再通过客观指标进行刻画，但是这一步显然我们做得还不够。在西方精神健康研究文献中，已经有相当多的探讨，比如 Ryff 最早根据西方人对于个人价值的追求，构建了精神健康的六大维度，包括自我接受（self acceptance）、积极的社会关系（positive relations with others）、自主性（autonomy）、环境掌控性（environmental mastery）、生活的目标（purpose in life）、个人的发展（personal growth），每一个维度包含 20 个项目，这样构成了一个完整的精神健康衡量体系（Ryff, 1989）。

第二是数据的缺陷，生命历程研究有三个时间性的概念，轨迹（trajectory）、转变（transition）与延续（duration），这三个时间性的概念都关涉个体生命历程动力的长期或短期观。因为我们的数据是横截面数据，只能从转变的角度探讨从不同历史时期走过来的老人对社会转型的适应性，但是轨迹和延续的过程却是我们无法探讨的。不同老人对于社会转型适应的过程很重要，随着社会环境、家庭关系的变化，某些特征可能会随着时间的改变不断变化，而一些固有的特征，比如教育、性别等因素也可能会随着时间的因素放大或缩小，这是生命历程视角中一个很有意思的问题，它可以体现一代人生命历程的变迁轨迹。如果未来有面板数据，我们才有可能做这样的跟踪研究工作。

第三个缺陷是社会政策对于精神健康的影响未能呈现，对于老人精神健康的影响从近端来看是家庭关系、家庭地位、家庭结构等因素，但是宏观社会环境可能是调节家庭关系、家庭地位和家庭结构的重要因素，我们仅仅关注了市场化转型这个社会环境，但是社会政策的影响却没有纳入进来，从西方福利国家的实践来看，社会政策已经在一定程度上挤出了家庭功能，那么在我国当下的社会环境中，社会政策究竟是在鼓励家庭功能的实现，还是挤出家庭功能，也是一个特别有意思的问题。

四　下一步研究的问题

转型社会中由于城市化、市场化等因素，家庭作为社会基本元素和主要福利机构的功能已经遭到破坏，这意味着赡养老人已经成为整个社会所必须面临的问题。社会保障制度是与工业化相伴生的，西方在工业化过程中，也曾面临上述困境，为了维护工业化生产的正常运转，西方国家相继通过了一系列社会保障制度解除劳工阶级的后顾之忧，比如俾斯麦在德国工业化初期（19 世纪中期）构建了一套强制社会保障体系，开全世界社会保障制度的先河，英国 1941 年通过了《贝弗里奇报告》，提供了一整套"从摇篮到坟墓"的制度，国家全面接管了家庭的福利功能，其覆盖范围扩大到了全体国民，包括了农民、低收入人员及其他各类生活困难者。瑞典的福利国家模型是希望创造一个"人民之家"（The People's home）的理想社会，按照公平、正义的原则，瑞典 1935 年即通过了"基本年金系统"，67 岁以上的老年人、残疾者均可领取年金给付。日本 1997 年通过了《介护保险法》，目的是保证老人个人能够在高龄情况下独立生存。

在整个 20 世纪，西方福利国家经历了一个社会福利迅速扩大的时期，国家社会保障的范围几乎覆盖了所有个人和家庭不能解决的困难和问题，大到全国性的养老保障制度，小到私人的家庭照护，家庭功能越来越多地转到公共机构的范畴之下。用帕森斯（Parsons，1943）的话来讲，在现代化过程中，"家庭的主要功能在于生育和满足私人的情感需求"，言外之意其他的功能都可以通过公共部门来接管。西方工业化国家在最近 30 年中通过大量的社会保障法规和政府法律已经把国家福利功能发挥到了极致。即便如此，有关老年人家庭支持和社会安全的矛盾和潜在冲突依然存在。特别是在 1970 年代后期，由于经济、政治等因素，西方福利国家的社会保障制度受到多方面的挑战。一方面，由于人口结构老化和劳动力市场的开放，很多正规的社会保障措施，比如养老保险和医疗保险等，面临着严重的财政困难和制度缺陷；另一方面，"空巢家庭""孤独死"等现象大量出现，引发了一系列的连锁反应。在日本和美国，研究者最近几年开始反思政府是不是过多地取代了社会养老的责任，特别是在家庭支持和互助安排的预期上，亲人到底应该付出多少为宜？当下福利国家面临着一种两难困境：一方面，国家已经把照顾老年人的责任从子女手中接管过来；另一方面，公共政策措施在基本保障领域已显不足（比如法国和希腊的养老保障危机），更不用说传统社会中由家庭提供的情感支持。也正是因为这种困境，西方社会虽然跨出了将社会福利功能由家庭转向社会的第一步，但这也瞬即成为老年人面临的最核心的问题。

反思我们国家的家庭福利制度，与西方国家相比，我们恰好处在一个相反的极点上。从计划经济体制时期开始，为了"赶超发达国家"，我们国家实行以工补农的各种措施，在生产领域实行"工农剪刀差"，在社会保障领域国家仅承担国有单位的社会福利，农民被排斥在正规社会福利体系之外。与此同时，家庭被户籍制度严格限定为以"户"为单位，一切的社会制度以家庭为单位（比如工分制）。在这个时期，国家确实无力为全体国民建立一套社会福利保障系统，所以不得不将责任推向家庭，家庭实际上承担了一种低水平的社会保障功能，政府的社会福利仅停留于社会救助层次，有限的资源仅能覆盖农村中特殊的弱势人群。在计划经济时期甚至市场经济时期，这种以家庭为单位的政策并没有给家庭成员带来利益，反而成为获得一些保障的障碍，因为政策对象是"孤寡老人"，一个拥有家庭的老人就意味着得不到政府或社会的直接支持。

改革开放以后，市场经济迅速发展起来，这个时期政府并非没有财力，但是还是倾向于将养老的社会责任交给家庭，政府集中财力搞经济建设，所以在整个市场化过程中农村福利体系的发展水平始终滞后于经济发展水平，在2003年之前，与农民健康息息相关的医疗保障都还是一片空白，更不用谈农村养老保障，长期以来农村养老保障一直以家庭养老、土地保障为基础。2009年之后，新型农村养老保障制度开始在全国普及开来，但是总的来看还是属于较低水平，不能从本质上缓解家庭养老的压力。目前，在城市化和老龄化的冲击下，农村家庭养老保障正在面临越来越严峻的挑战，本研究从老人精神健康问题出发，在探讨老年适应性调整的过程中也折射出当下家庭养老的脆弱性，面对越来越严峻的农村老龄问题，国家需要不断完善家庭养老保障制度，但是所谓的国家介入，并不是单纯通过推行国家制度来替代家庭角色，而是需要用一种创新的家庭制度巩固传统的家庭养老基础，否则就如本部分开头所提到的，西方国家福利制度走到现在才发现政府的福利措施实际上挤出了家庭的传统互助行为，而这种传统一旦消失就不可逆了。

从精神需求的意义上来看，家庭具有不可替代的功能，老年人通过角色的重构获得生命的价值与意义，年轻人也从个人功能的重构中找到生活的支撑点，家庭在个人生活中并不只具有社会保障的功能，在社会保障功能之上还与个人生存意义相关。韦伯在几百年前就曾经说过，"人是悬在由他自己所编织的意义之网中的动物"，对于"家庭"观念的追求本身就有一种文化的底蕴在支撑，钱杭在其研究中指出中国人对家庭的"本体性"需求是对历史感、归属感、道德感、责任感的需求，本质上是一种心理满足。它可以是超时代、跨地域的，只要它没有在起码的层次上得到满足，人们必然要寻求能够最大限度地满足这些需求的组织形式（钱杭，1993）。家庭在中国社会中具有深刻的文化意义，在过去是，在未来也是，这一点从当下农村社会对家庭关系的建构中就可以体现。

哈耶克曾经指出，"各种各样的制度和习惯……是透过长期的试错演化而逐渐形成的，且构成了我们所承袭的文明"。他还进一步说，一个理想的社会，"在很大程度上将永远是一个与传统紧密相连并受传统制约的社会"（哈耶克，1997）。社会转型的过程依然在继续，从目前来看，传统的家庭秩序以一种韧性的结构维系着，但是未来传统家庭秩序到底会沿着家庭现代化的方向演进，还是会在原有的传统框架下发生嬗变，这个问题目前不能轻易下结论。在转型社会中，社会福利政策的推进也在影响着原有的家庭制度，在中国农村，社会福利制度起步较晚，其影响刚刚浮现，目前已有学者研究发现城市社会福利制度与家庭养老起到了相互促进的作用（胡宏伟等，2012），未来随着农村社会福利制度的深入，社会福利制度与家庭制度如何互动将是一个需要长期跟踪研究的问题。

第十一章
关于家庭、市场和政府责任的反思

一 引言

　　无论在中国还是在西方社会，照料活动最初都被视为一种女性命题，而提供照料自然属于家庭责任。西方学者 Leira（1992）认为，照料责任内嵌于个人的社会关系之中，当女性通过婚姻关系确立个人地位时，随之而来的就是女性在家庭中需要承担照料义务。在西方社会，照料行为被视为一种以爱为名的女性道德实践，这种行为或者基于宗教的教义；[①] 或者源于西方社会的福利原则，比如以男性为养家者（male bread winner）的社会保障体系。因此长期以来，关于照料的讨论一直是二元对立的，照料行为到底处于公共领域还是私人领域？照料主体究竟是女性还是男性？照料定位究竟是有酬劳动还是无酬劳动（Daly & Lewis，2000）？照料政策究竟是一般家庭政策还是特殊的照护政策。之所以存在这些理论分歧，根本的原因还在于照顾本身的特殊性：一是照料是人在一定生命周期的必然需求；二是照料活动不仅仅涉及劳动，更嵌入人的情感，因此照料与市场活动具有本质差异；三是照料依据特定的对象产生的关系，由关系而产生照料的承诺；四是照料品质，因照护者的复杂性难以测度。因此在一定的历史时期，照料因其特殊性而一直处于家庭内部的范畴。在经济学领域尤其如此，从亚当·斯密到贝克尔，他们都把市场作为万能的工具，把家庭作为封闭的系统。男女分工符合家庭乃至市场经济效率，男性角色即为养家者，以利他

---

　　① 比如在天主教教义中，个人即嵌入一种社会关系中，因此施与或接受照料都是个体与生俱来的责任。

角色进行家庭资源的再分配，而女性的重心在家庭之内，透过母职或妻职的建构，实现家庭资源分配的合理化。在这种情况下，女性的劳动价值受到贬抑，更多情况下是以责任为名的无酬劳动。20 世纪 80 年代以后，随着女权运动的兴起，这种责任固化的价值观首先受到女性学者的质疑，Daly 和 Lewis（2000）提出，照护本身也是一种社会劳动，即便不同于社会化大生产的工作标准，但需要人力资本的投入；照护也需要投入成本，在后工业时代，照料成本理应在家庭、市场、国家重新分配。这种价值观点发展到现在已经渗透到许多发达国家的家庭政策制定过程中。

随着城市化、工业化的推进，家庭已经不再是一个封闭的体系，女性越来越多的介入劳动力市场，即便是在农村，由于城乡人口剧烈流动，中青年女性也渐渐加入城市劳动力市场；同时，随着社会经济条件的改善，人口的预期寿命不断延长，谁来承担家庭照护的责任成为一个结构性的社会危机。在当今中国快速的城市化背景下，谁来照护老人？家庭、市场与政府的责任如何分工？这是本研究希望着重探讨的问题。本部分接下来的内容分为三个部分：第二部分，利用 2011 年 CHARLS 数据，分析中国老年照料的结构困境；第三部分，探讨福利国家在家庭照护政策上的发展路径；第四部分，借鉴福利国家照护政策的得失，反思我国当下的老年照护制度。

二 老年照护的社会分工

针对照护的结构性张力，不同的国家具有不同的回应模式，Bettio 和 Plantenga（2004）认为照护体制是各国政治、经济、社会制度的结晶体，反映出一个国家特定的历史文化发展脉络，表达出特定的家庭—市场—国家的三角关系（刘香兰、古允文，2013）。Esping-Anderson 1990 年代即根据国家、市场、家庭的结构性关系提出了三种可能的福利体制——"自由的福利体制"（liberal welfare regime）、"社会民主体制"（social-democratic regime）、"保守/法团主义体制"（conservative/corporatist regime）。三类不同的福利体制在其福利发展脉络下形塑出差异性的照护体制。

（一）"自由福利体制"下的照护模式——英国的照护体制

英国是较早从法律上给予家庭照护支持的国家，1960 年代，英国即已通过税收优惠和收入补偿机制，支持有照护需求的家庭。1976 年英国建立了病弱照护津贴（invalid care allowance），从经济上鼓励单身女性为其父母提供家庭照护，其后，"病弱照护津贴"更名为"照护津贴"（care allow-ance），津贴覆盖的范围和内容较之初建时更加广泛。1990年代以后，随着女权运动的发展，国家开始在法律上承认家庭照护者的社会价值，同时在经济上给予一定的扶持。2000年，英国政府构建了一个全国性的照护服务体系，通过给予地方自治体专项拨款（care grant），监督地方自治体发展喘息性服务，发展地方照护者支持网络（Clements，2000）。2004年以后，英国政府正式通过了"照护者法案"（Carers Act 2004），从法律上进一步明确照护者的社会角色，地方社会服务机构明确给予照护者支持，协助照护者完成"照护"和"就业"的双重目标。到2007年，英国在国家层面建立起了照护者常务委员会，进一步监督地方自治体对照护服务项目的执行。2010年以后，英国照护制度向"以需求者为中心"转化，强化需求者的自主选择能力（enabling the demand），同时在支付制度上也进行了微调，建立了个人预算账户（personal budget）。综合来看英国照护政策的发展脉络，从最初地方碎片化的照护政策上升为国家统一的照护法案，从被动的照护扶持到赋予照护自主选择的权限，英国已经基本形成了一套成熟的照护体制和机制。

虽然如此，英国的照护机制并没有脱离"自由福利体制"的特征。在"照护津贴"资格认定上，并非所有有照护需求的群体均可获得照护津贴。地方自治体首先对有照护需求的家庭资产进行评估，根据家庭收入情况和被照护者健康水平给予照护津贴，2012年，月均照护津贴标准为300欧元，同时接受照护津贴的个人每周提供照护服务的时间不得少于35小时，个人每周收入不得高于125欧元。如果照护服务提供者处于求学阶段，每周提供照护的时间不得低于21小时（Fry et al.，2011）。Fry的研究结果还显示，自2004年以后，通过地方自治体照护评估的人数越来越少，2011年，仅有50万名处于工作年龄的照护者获得照护津贴（DWP，2012）。同时照护津贴的数目并不足以替代原来的工作收入，许多照护者不得不依赖其他的社会保障项目或者弹性就业维持生存。英国国会最近通过的一项研究报告也显示，照护津贴对于降低照护者贫困的作用很微小。

1990年代以后，英国开始在机构养老服务中引入"市场机制"，造成了提供照护服务的公立养老机构越来越少，到2008年，只有6%的照护之家（care homes）由地方议会所有。按照市场定价，入住机构的老人越来越少。2000年末，65岁至85岁老年人口中仅有4%的老年人选择入住机构养老，

85 岁以上老年人口中只有 16% 选择入住机构养老。总体来看，英国的照护服务重心逐渐从机构向社区和家庭转移，2000 年以后，一些地方自治体启动了地方照护服务战略，通过与独立的非营利组织合作（Carers' center），提供社区照护支持性服务，比如喘息性服务（respite service），照护假期，支持者群体，健康体检以及培训等（Yeandle & Wigfield，2012）。在 2006 ~ 2007 年度，英国地方自治体分配了 5500 万欧元的资金投入地方照护服务组织中。2013 年以后，政府启动个人预算账户，接受居家养老服务的老人可以根据个人预算获得居家养老服务包（home care package），但是接受居家养老服务的老人需要共付和自负大部分照护服务费用，从这一点上来看，英国总的照护服务模式始终没有摆脱自由市场经济的"残补式福利"原则，政府的政策对象始终面向最底层的社会群体，而大部分老年群体仍然需要从市场化的组织或机构中获得老年照护服务。

（二）"社会民主体制"下的照护模式——芬兰的照护体制

传统上，斯堪的纳维亚国家以慷慨的社会福利体系著称，福利机制渗透社会福利的各个领域，在老年照护政策上体现得尤其显著。1980 年代，芬兰地方自治体即建立了家庭照护者特殊津贴制度（Carer's Allowance），政策对象是老年和失能照护者家庭。1982 年，家庭照护津贴正式纳入芬兰"社会福利法案"，这项福利法案为地方自治体推行照护服务制度化提供了一个法律框架。1993 年，芬兰政府通过了独立的"非正式照护者支持法令"，要求地方自治体开展家庭照护者支持项目，包括喘息性服务，照护者津贴和照护者休假制度，同时地方自治体保留津贴发放资格审查的权限。1997 年、2000 年社会福利法案进行了修订，规定接受地方自治体照护津贴的照护提供者可以获得每月一次的休假。2006 年，"非正式照护者法案"进一步完善，确定了地方自治体与照护提供者签订合同的标准，照护者有资格获得养老保险和工伤保险（accident insurance），获得喘息性照护服务，以及每月 3 天的照护休假。这项法案同时确定了地方自治体支付照护津贴的最低标准，2011 年，最低照护津贴为每月 353 欧元，临时不能就业的照护者津贴为每月 600 欧元。照护者津贴在性质上是应税收入，但是并不是收入审查模式（means test），无论照护者或被照护者个人的家庭收入或者资产情况如何，只要承担照护责任，都有资格获取这一津贴。同时这一法律赋予地方自治体在津贴获取资格和获取水平上很大的自由裁量权。与自由福利体制国家一致，照护津贴本质上并非对以往收入的补偿，它相当于失业保险金的 60%～70% 的水平。残疾儿童的父母可以获得额外的特殊津贴来补偿 70% 的收入落差。

在过去的二十年中，照护制度筹资是芬兰社会福利体制中几项持续增长的筹资项目之一，但实际获得机构或居家照护服务支持的人数也是在减少的，从 1990 年到 2010 年，65 岁以上老年人口获得公立机构养老服务支持的比例降低了 40%（Kroger & Leinonen，2012）。公立机构照护能力的降低显著地影响到芬兰老年人口的照护服务模式，传统上芬兰强调以公立社会机构为核心的照护模式，以此减轻家庭女性照护压力，推动性别平等化。但随着人口老龄化的压力不断增加，以机构为依托的照护模式显然不能满足老年人的照护需求，由此家庭在社会民主体制国家中也变得越来越重要，85 岁以下的老年人照护责任越来越多的由家庭来承担，只有那些严重失能的老年群体交由机构照护来承担（Kroger & Leinonen，2012）。同时政策制定者在调整照护制度过程中也在逐步向家庭倾斜，家庭照护者津贴获得者提高了 30%（Kroger & Leinonen，2012）。2005 年"非正式照护者法案"正式在国家层面推行，家庭照护者的角色得到强化。但是，社会民主体制强调"去中心化"，地方自治体保留自由裁量权，因此由于地方自治体的差异，实际的照护制度执行情况也因地而异。

（三）"法团主义体制"下的照护服务模式——日本的照护服务制度

日本是东亚社会福利制度发展走在前列的国家，传统上家庭在整个照护体系中具有重要地位，日本民法明确亲属照护是家庭成员应尽的义务。但是，一方面由于严重的老龄化危机，日本福利支出连续十几年一直居高不下，这使得日本社会不得不未雨绸缪；另一方面，自二战之后，日本在制度认同上一直向欧美国家靠拢，因此在制度建构上逐渐脱离儒家社会传统。1990 年代，日本通过了长期介护保险（long term care insurance）①，这项政策彻底地改变了原来的家庭照护逻辑。

日本"介护保险"制度将居住在日本的 40 岁以上者纳为筹资对象，其中 65 岁以上者为第一被保险者，40～65 岁者为第二被保险者。正常情况

---

① 在引入长期照护保险之前，40% 的地方自治体为照护者提供照护津贴，虽然这种照护津贴并没有纳入全国性的照护体系，但是一些地方自治体和县基于老龄化的压力仍然选择支付这一津贴。

下，介护保险服务对象为 65 岁以上的第一被保险者。但是，参加介护保险但不满 65 岁的第二被保险者，如患有早期痴呆、脑血管疾患、肌肉萎缩性侧索硬化症等 15 种疾病，可以享受介护保险服务。介护保险筹资主要包含两部分，一部分是国家税收支付 50%，其中中央政府支付 25%，省政府支付 12.5%，督道府县政府支付 12.5%。另外 50% 由个人支付，65 岁以上的人支付保险费的 20%：其中直接从养老金抵扣 18%（90% * 20%）；对于没有养老金的老人，要向地方自治体缴纳 2% 的保险费（10% * 20%）。对于 40 岁至 64 岁的老人，直接从其个人的社会保险金中抽离出来作为长期介护保险的基金来使用（30%）。

　　"社团福利法人"是日本社会保险得以运行的基石。他们是事实上的介护保险执行者。日本介护保险强调"福利服务社会化"，所以依托的主要主体就是社团法人。这些社团法人，原来都是以"营利"为目的的私营企业。日本启动介护保险体系以后，大部分具有老年照护服务资质的企业都被政府纳入保险体系之内。名义上，这些社团法人变为非营利性的机构。但实际上，他们还是有自由的选择空间进行营利型运作，比如在执行介护保险政策中，社团法人在服务区域上更加倾向于大都市地区，因为这样的地区老年人的需求比较旺盛；在服务项目选择上，他们倾向于"日间照护"，这是比设施养老更营利的项目；在接受服务的老人选择上，因为政策规定，老人需要自负 10% 的费用，所以他们倾向于接纳养老金较高的老人进入机构。正是由于有这样的驱动力，所以实际上，社团法人提供的服务并不能满足社会需求，特别是低收入、没有供付能力的老年人，他们经常被排斥在介护服务的范围之外。这个问题是目前介护保险面临的最严重的结构性问题，日本的介护保险最初将重点放在"社团法人"，着力培养一批社团法人，政府不希望这些社团法人垮掉，所以未来的政策导向将始终以"社团法人"为主导，以提供社会化的养老服务为方向。这样的话，"家庭"在社会化服务的养老体系中将始终处于边缘地位。

　　对比以上几种照护模式，家庭—市场—国家的关系建构确实存在显著的差异。在自由福利体制国家，强调个人主义和市场崇拜，社会福利供给市场化，因此政策对象是"最需要"的群体，以贫困线为基准提供残补性和零碎的照护服务，政策之外对受助群体产生"污名化"效果，社会政策通常并不能弥合社会福利需求的鸿沟，社会结构走向极化和分裂化（刘香兰、古允文，2013）。社会民主体制国家以公民权利为基础，在照护服务体制上，以照护需求为第一权衡标准，不以个人收入或者资产设限，照护服务普及性较高，体现了北欧福利国家的普遍性福利原则。但是在照护服务给付和服务提供上，北欧福利国家正在从最初以公立机构服务为核心向以家庭照护为核心转型，随着人口的老龄化和需求多样化，照护服务本身的高成本已经使得传统的福利国家难以承受重负。而在亚洲国家，日本是较早将照护服务制度化的国家，在制度文化史上，日本曾经也是深受儒家文化熏陶的经济体，但是二战之后，日本整体脱亚入欧，整个社会福利体系向美欧发达国家看齐；因此在照护体制建构上，将照护资源集中于社团法人，家庭照护者的身份被淡化，同时在制度上也不予以认同。因此日本的照护服务模式已经脱离了传统以家庭为核心的照护体系，逐渐形成了一套以机构为主体的照护体系，这一制度的负面效果也很显著，首先就是传统的家庭非正式照护的解体，同时伴随着国家照护资源投入的不断增加。

三　我国照护资源分配的反思

相比西方福利国家，我国整体的照护服务体系处于起步阶段。随着老龄化的加剧，我国照护服务体系也逐步建构起来。《国务院关于印发中国老龄事业发展"十二五"规划的通知》提出，要"建立以居家为基础、社区为依托、机构为支撑的养老服务体系，居家养老和社区养老服务网络"。在"老龄服务"政策重心上，着重强调了居家养老服务网络建设，"建立健全县（市、区）、乡镇（街道）和社区（村）三级服务网络，城市街道和社区基本实现居家养老服务网络全覆盖……80%以上的乡镇和50%以上的农村社区建立包括老龄服务在内的社区综合服务设施和站点"。

由于中国的政治体制特征，中央政府的制度框架和政策目标会深刻地形塑地方照护服务体制的构建。笔者对实地考察的东、中、西三个省份的案例进行分析。东部地区省份以上海为例，上海市经济发展水平在全国处于领先地位，早在"十一五"期间，就已经构筑了"9037"的养老服务格局。[①] 在

---

① "9073"的养老服务格局，即通过强化社区涉老性配置标准，鼓励90%的老年人由家庭自我照顾；支持社区为7%的老年人提供居家养老服务；由政府主导、鼓励市场参与，为3%的高龄、失能（失智）老年人提供具有全托生活护理功能的机构养老服务。

照护服务网络上，已经形成以社区助老服务社、老年人日间服务中心、社区老年人助餐服务点等为服务实体，上门照护、日间照护、助餐服务为主要形式，生活照料、康复护理、精神慰藉为主要内容的服务模式（房莉杰，2014）。上海市的具体政策实践已经走在"十二五"规划的前列，因此在政策选择上具有相当大的自主选择空间。上海市政府除了在养老服务网络建设投入资源外，政策创新之处还在于对"被照护者"提供"照护津贴"。"照护津贴"以需求评估为基础，评估基于两个方面，一是老年人的经济能力，补贴主要针对经济条件较差的老人，包括享受最低生活保障的老年人，以及月收入介于低保线和低保线1.5倍之间的低收入老年人；二是老年人的失能程度，由专业的评估团队对老年人的生活自理能力、认知能力、情绪行为能力、视觉能力进行打分，评估出轻、中、重，然后对应的给予300元、400元、500元补贴①（房莉杰，2014）。从总体投入规模上看，2011年至2012年底两年间，社会养老服务体系建设地方财政投入总额21.6亿元，照护津贴投入总额6.8亿元，照护津贴投入占养老服务总投入的24%，地方政府公共投入的重点目前还是集中在居家养老服务设施的拓展和完善上。

中部省份以山东省青岛市为例，青岛市的养老服务政策重点是构建"9064"养老服务网络，地方政府每年计划投入2.1亿元，完善居家养老服务设施。公共投入重心大都围绕养老服务网络建设展开，比如对新建养老机构，每张床位补助12000元，对改建养老机构，每张床位补助6000元；对社区老年人日间照料中心，每年给予5万～10万元的运营补助（史云桐，2014）。青岛市的政策创新之处还在于构建了"长期照护保险"体系，但是无论在保险筹资和保险给付对象上都与日本的"长期介护保险"体系相去甚远，在保险筹资上，长期照护保险主要通过调整基本医疗保险统筹金和个人账户的方式筹资，用人单位和个人不再另行缴费。在给付对象和内容上，长期照护保险针对的是老年人的"医疗护理"，而非"生活护理"。因此给付对象主要为养老机构和社区医疗机构，而非生活照护的提供者。

西部省份以成都市为例，从2011年开始，成都市政府的养老服务重点

---

① 2008年，针对80岁以上的高龄老年人，上海市政府专门制定了一个补贴优惠政策，给符合条件的老年人提供一半的服务补贴。该项制度的享受者必须满足下列条件：一是80岁以上，二是独居，三是收入低于上海市城镇职工养老金的平均线，四是经过失能评估符合某一程度的失能标准，五是愿意自己支付额外的一半服务费用。

在推行"公建民营"的养老模式，目前成都市已经建成的社区微型养老服务组织有 219 家，2014 年计划在主城区每个街道至少兴建 1 个社区微型养老组织，达到社区微型养老服务全覆盖。政府的公共投入中心在于支持社区微型养老组织建设，按照每张床位 1 万元的标准给予一次性的资金补助，同时对入住的成都户籍老年人给予人均 100 元的补贴。

在制度实践上，由于地区经济发展水平不同，各地公共投入的方向略有差异。但综合来看，我国的老年照护体系建设虽然强调以居家为基础，但是养老服务资金的投入重心并不在于具体的"家庭照护者"，各级政府将大量资源投在养老服务设施建设上，从积极的方面看，完善的养老服务体系是未来照护服务制度的基础。但是任何制度体系都需要寻求一个制度平衡点，比如日本在引入长期介护保险制度之初，着重培养专业性的社会福利社团法人作为照护服务提供方；与此同时，发展长期介护保险，提高老年人照护服务的购买能力。更重要的是，在整个照护服务体系中，建立了中立的评估机构（care manager）作为连接需求与供给的媒介。从我国目前的政策构建重点看，地方政府按照国家宏观养老服务框架，着力打造养老服务网络，但是在照顾服务筹资上却仍然存在制度盲区。社区养老服务组织建立起来之后，其性质为非营利性组织还是营利性组织并未能清晰地予以规制，如果为非营利性组织，须有相应的筹资计划覆盖照护服务的高成本；如果为营利性组织，因为市场化的运作机制，照护服务费用可能会超出低收入群体的支付能力，必然使一部分低收入群体被排除在受益群体之外。在成都市的案例中，已经出现这种端倪，地方政府着力打造高端的微型社区养老服务机构，之后将微型养老服务机构推向市场，然而能够消费微型养老服务机构的主要人群是中高层的退休老干部，所谓的社区微型养老机构，最后不再以社区居家养老为核心，而是转向以市场化的利益最大化为核心。"社区居家养老服务模式"的构建，重点并不仅仅在于建立起与整个人群成比例的居家养老机构，更重要的是通过照护服务筹资体制建设，提高中低收入阶层老年人的购买能力。

四　结语

在传统中国社会，家庭是养老的核心，但是代际关系的建构形态越来越朝向理性化的趋势演进。首先，在老人一端，在市场化环境下，老人不再扮演一家之长的角色，而是与青年人一样，需要通过"经济的"（比如个人收入）或"工具性"价值（比如看护孙子女）来证明自身的社会地位和社会价值。其次，在子女一端，赡养责任在家庭范围内进行重新分配，家庭成员自觉地按照性别、年龄和是否外出进行了重组，父权制度下单系偏重的养老性别分工实质上正在逐步被打破；未外出的年长家庭成员或者因身体原因不能外出的家庭成员承担了更多的支持性责任；而对于外出子女，他们会通过汇款、探望、打电话等方式维持与原有家庭成员和亲属之间的联系。这样的家庭关系格局与传统稳固的亲密关系格局已经大相径庭，每一个人都处在一个"暂时性"的角色位置上，没有一个实在的社会规范来制约个人应该承担的责任，也没有一个社会机构来真正惩罚那些不赡养老人的子女。今天可能是女儿在照料父母；明天儿子或儿媳可能又在扮演照料者的角色；或者还有更消极的结果，所有子女都将远离父母，融入到城市化的浪潮之中。这种假设在未来极有可能成为现实，因为计划生育政策使得农村老人没有选择。一言以蔽之，当下的家庭社会秩序虽然在一定程度上延续了传统的家庭伦理，但是与传统家庭秩序相比已经迥然不同了，在新的社会发展阶段上，家庭、政府与市场的结构关系在老年照护体制上亟须重新建构。

在西方国家城市化过程中，不同的制度背景衍生了不同的照护模式。自由主义国家倾向于把家庭照料责任推向市场，以市场机制弥补家庭照料的不足，政府承担有限责任。社会民主国家最初倾向于以公立机构替代家庭照料功能，但是随着老龄化的加剧，公立机构已经供不应求，同时社会福利支出已经给全社会带来沉重负担。所以近些年来，这些传统福利国家或者在公立机构中引入市场机制，或者通过提供照护者津贴缓解公立机构的照护压力。"照护者津贴"是照护责任从家庭私领域走向公共领域的重要标志，"照护者津贴"其实包含了两个层面的意义，一方面从出资对象上看，是由国家财政支出或者由长期照护保险进行筹资，这为照护成本跨越家庭内部以在全社会进行风险分担提供了一种途径，老年照护的责任从一个个独立的家庭责任走向全社会共同承担的责任，这在很大程度上减轻了家庭照护的经济压力；另一方面从补贴对象上看，清楚地指向"照护者"，实际上，这个政策指向是伴随着西方女权运动的发展逐步清晰起来的，女性照护原来是依托于婚姻关系、亲属身份而必须承担的社会责任，过去近半个世纪一直是政策的盲区。现在西方照护模式中嵌入了"照护者"津贴，实际上是对承担家庭照护责任的女性社会身份的一种认可；女性家庭照护虽然在家庭之内完成，实质上也创造了社会价值，分担了公共机构的压力，减轻了未来老龄化的社会负担。同时给予家庭成员照护津贴激励，可以在一定程度上弥合市场化、城市化引发的家庭原子化、松散化，照护津贴相当于一个杠杆，使家庭功能在现代社会仍然能维持在一个稳定的水平。

反观我国目前的老年照护规划和政策，公共投入的重点主要集中在养老机构，更进一步地说是养老服务设施上，这些政策举措释放了一个明确的信号，即国家对于养老照护要承担社会责任。但是从整个政策规划上，无论是"9037"模式，还是"9046"模式，最终依托于机构或者社区照护的老年人始终不超过10%的比例，大部分老年人还需依赖家庭成员实现晚年的照护，这是其一。其二，无论养老机构还是社区养老设施，只有老年群体有充分的购买力，才能实现良性发展，但问题恰恰是当前我国老年群体由于制度转型等因素实际上是贫困程度最深的群体，没有一个宏观的老年照护筹资制度，依靠老年人自身的经济能力不可能消费得起机构甚至社区的养老服务，虽然目前在青岛开展了"长期照护保险"，但无论是在筹资途径还是在资金用途上都乏善可陈。

再次，也是最重要的一个方面，无论是政府政策制定部门，还是社会公知，都认为家庭照护仍然是家庭本身的义务，甚至《婚姻法》《中华人民共和国老年人权益保障法》[①] 都明确规定了赡养人的义务，但是赡养人是不是也具有社会权利和诉求？这一点至少在我国的社会政策领域还不是一个受关注的核心主题，正因为如此，我国养老照护服务体制建设没有针对"家庭照护者"的补贴。即便在东部地区发达省份上海，以"被照护者"为基础建构的老年照料津贴制度，也没有考虑到谁是实际的照料提供者。在儒家社会传统中，家庭成员照料，更具体地说是儿子照料是天经地义的事情。正因为过于强调"责任伦理"，家庭照料者的沉重负担一直没有纳入政策考量的范畴。随着老龄化的加剧，我国的家庭政策还有很多方面需要进一步思考。

---

① 第十四条　赡养人应当履行对老年人经济上供养、生活上照料和精神上慰藉的义务，照顾老年人的特殊需要。

参考文献

中文参考文献

埃米尔·杜尔凯姆，2010，《自杀论》，冯韵文译，商务印书馆。

埃米尔·涂尔干，2009，《社会分工论》，渠东译，生活·读书·新知三联书店。

白南生、李靖、陈晨，2007，《子女外出务工、转移收入与农村老人农业劳动供给——基于安徽省劳动力输出集中地三个村的研究》，《中国农村经济》第 10 期。

包蕾萍，2005，《生命历程理论的时间观探析》，《社会学研究》第 4 期。

包亚明，1997，《文化资本与社会炼金术——布迪厄访谈录》，包亚明译，上海人民出版社。

陈柏峰，2009，《代际关系变动与老年人自杀——对湖北京山农村的实证研究》，《社会学研究》第 4 期。

陈其南，1990，《家族与社会——台湾与中国社会研究的基础理念》，允晨出版公司。

陈皆明，1998，《投资与赡养——关于城市居民代际交换的因果分析》，《中国社会科学》第 6 期。

成梅，2004，《以生命历程范式浅析老年群体中的不平等现象》，《人口研究》第 3 期。

邓建伟、董藩，2001，《生命历程理论视野中的三峡移民问题》，《株洲师范高等专科学校学报》第 2 期。

杜鹏、丁志宏、李全棉、桂江丰，2004，《农村子女外出务工对留守老人的影响》，《人口研究》第 6 期。

杜鹏，2012 年，"社会政策国际论坛"未刊登发言稿。

房莉杰，2014，《上海市老龄化与老年服务调查报告》，内部研究报告。

费孝通，1983，《家庭结构变动中的老年赡养问题》，在香港中文大学研讨
　　会上的发言。

——1985，《乡土中国》，上海三联书店。

——1998，《乡土中国　生育制度》，北京大学出版社。

——2006，《云南三村》，社会科学文献出版社。

——2007，《乡土中国》，上海世纪出版集团。

——2007，《江村经济》，上海人民出版社。

弗里德利西·冯·哈耶克，1997，《自由秩序原理》（上），邓正来译，三联
　　书店。

G. H. 埃尔德，2002，《大萧条的孩子们》，田禾等译，译林出版社。

G. H. 埃尔德、葛小佳，1998，《变迁社会中的人生——生命历程及其中国
　　的实例》，《中国社会科学季刊》第 3 期（秋季卷）。

戈夫曼，2008，《日常生活的自我呈现》，冯钢译，北京大学出版社。

顾大男、曾毅，2004，《中国老年健康长寿跟踪调查数据质量评估》，转引
　　自曾毅、柳玉枝等主编《健康长寿影响因素分析》，北京大学出版社。

桂世勋，2001，《中国高龄老人生活质量研究》，《中国人口科学》增刊。

郭于华，2001，《代际关系中的公平逻辑及其变迁——对河北农村养老事件
　　的分析》，《中国学术》第 4 期。

——2005，《生命周期与社会保障——下岗失业工人生命历程的社会学探
　　索》，《中国社会科学》第 5 期。

郭志刚，2002，《中国高龄老人的居住方式及其影响因素》，《人口研究》第
　　1 期。

郭志刚、刘鹏，2007，《中国老年人生活满意度及其需求满足方式的因素分
　　析——来自核心家人构成的影响》，《中国农业大学学报》（社会科学
　　版）第 3 期。

郝大为、安乐哲，1999，《汉哲学思维的文化探源》，江苏人民出版社。

贺寨平，2002，《社会经济地位、社会支持网与农村老年人身心状况》，《中
　　国社会科学》第 3 期。

胡宏伟、栾文敬、杨睿、祝明银，2012，《挤入还是挤出：社会保障对子女经济供养老人的影响——关于医疗保障与家庭经济供养行为》，《人口研究》第 2 期。

胡平生，1999，《孝经译注》，中国书局。

胡幼慧，1995，《三代同堂——迷思与陷阱》，巨流出版公司。

John Giles，2005，《农村传统养老机制与成年子女外出劳动就业》，《中国劳动经济学》。

加里·S. 贝克尔，1998/2007，《家庭论》，王献生、王宇译，商务印书馆。

纪莺莺，2012，《文化、制度与结构：中国社会关系研究》，《社会学研究》第 2 期。

K. 曼海姆，2002，《代问题》，徐彬译，南京大学出版社。

雷洁琼，1991，《新中国建立后婚姻与家庭制度的变革》，载于乔建主编《中国家庭及其变迁》，香港中文大学社会科学院暨香港亚太研究所。

李林艳，2007，《弱关系的弱势及其转化"关系"的一种文化阐释路径》，《社会》第 4 期。

李强，1999，《社会变迁与个人发展：生命历程研究的范式与方法》，《社会学研究》第 6 期。

——1999，《生命的历程：重大社会事件与中国人的生命轨迹》，浙江人民出版社。

——2001，《中国外出农民工及其汇款之研究》，《社会学研究》第 4 期。

李强，1998，《社会支持与个体心理健康》，《天津社会科学》第 1 期。

李建新，2004，《社会支持与老年人口生活满意度的关系研究》，《中国人口科学》增刊。

——2007，《老年人口生活质量与社会支持的关系研究》，《人口研究》第 3 期。

李建新、骆为祥，2007，《社会、个体比较中的老年人口生活满意度研究》，《中国人口科学》第 4 期。

李德明、陈天勇、吴振云，2007，《中国女性老年人的主观幸福感及其影响因素》，《中国老年学杂志》第 8 期。

罗伯特·帕特南，2001，《使民主运转起来》，王列、赖海榕译，江西人民出版社。

——2011，《独自打保龄：美国社区的衰落与复兴》，刘波、祝乃娟、张孜异、林挺进、郑胡安译，北京大学出版社。

刘爱玉、杨善华，2000，《社会变迁过程中的老年人家庭支持研究》，《北京大学学报》第 3 期。

刘精明，1999，《"文革"事件对入学、升学模式的影响》，《社会学研究》第 6 期。

刘香兰、古允文，2014，《儒家福利体制真的存在么？以台湾照护责任部门分工为核心的分析》，内部讨论会稿件。

梁漱溟，1987，《中国文化要义》，三联书店香港分店。

梁漱溟，2005，《这个世界会好吗？梁漱溟晚年口述》，艾恺采访，梁漱溟口述，东方出版中心。

梁渊、曾尔亢、吴植恩、李谨邑、卢祖洵、陈仲文，2004，《农村高龄老年人主观幸福感及其影响因素研究》，《中国老年学杂志》第 2 期。

罗伯特·K. 默顿，2008，《社会理论和社会结构》，唐少杰、齐心译，凤凰传媒集团/译林出版社。

马克斯·韦伯，2010，《新教伦理与资本主义精神》，简惠美、康乐译，广西师范大学出版社。

马塞尔·德吕勒，2009，《健康与社会——健康问题的社会塑造》，王鲲等译，译林出版社。

梅祖培，1983，《老龄问题研究——老龄问题世界大会资料辑录》，中国对外翻译出版社。

穆光宗，2004，《老龄人口的精神赡养问题》，《中国人民大学学报》第 4 期。

庞丽华、Scott Rozelle、Alan de Brauw，2003，《中国农村老人的劳动供给研究》，《经济学》（季刊）第 3 期。

乔治·H. 米德，2005，《心灵·自我与社会》，赵月瑟译，上海译文出版社。

瞿同祖，2010，《中国法律与中国社会》，商务印书馆。

钱杭，1993，《现代化与汉人宗族问题》，《上海社会科学院学术季刊》第 3 期。

R. 特斯勒，2001，《精神健康的社会学》，新馨译，《国外社会科学》第

4 期。

舍曼·富兰德、艾伦·C. 古德曼、迈伦·斯坦诺，2011，《卫生经济学》，王健、李顺平、孟庆跃等译，中国人民大学出版社。

孙新华、王艳霞，2013，《交换型代际关系：农村家际代际关系的新动向——对江汉平原农村的定性研究》，《民俗研究》第 1 期。

斯科特，2007，《弱者的武器》，何江穗、张敏、郑广怀译，译林出版社。

史云桐，2014，《青岛市养老服务调查报告》，内部研究报告。

唐灿、马春华、石金群，2009，《女儿赡养的伦理与公平》，《社会学研究》第 6 期。

唐灿，2010，《家庭现代化理论及其发展的回顾与述评》，《社会学研究》第 3 期。

同钰莹，2000，《亲情感对老年人生活满意度的影响》，《人口学刊》第 4 期。

托马斯、兹纳涅茨基，2000，《身处欧美的波兰农民》，张友云译，译林出版社。

王跃生，2006，《当代中国家庭结构变动分析》，《中国社会科学》第 1 期。

——2009，《制度变革、社会转型与中国家庭变动——以农村经验为基础的分析》，《开放时代》第 3 期。

王萍、左冬梅，2007，《劳动力外流背景下的中国农村老年人的居住安排的纵向研究》，《中国农村经济》第 6 期。

威廉·科克汉姆，2000，《医学社会学》，杨辉、张拓红译，华夏出版社。

W. 古德，1986/1982，《家庭》，魏章玲译，社会科学文献出版社。

项曼君、吴晓光、刘向红，1995，《北京市老年人的生活满意度及其影响因素》，《心理学报》第 4 期。

许烺光，2001 年，《祖荫下》，台湾天南书局。

阎云翔，2000，《礼物的流动：一个中国村庄中的互惠原则与社会网络》，李放春、刘瑜译，上海人民出版社。

——2006，《私人生活的变革——一个中国村庄里的爱情、家庭与亲密关系：1949 - 1999》，龚晓夏译，上海书店出版社。

——2012，《中国社会的个体化》，陆洋等译，上海译文出版社。

——2015，《农村家庭的个体化》，社会学研究所内部讨论会发言。

叶光辉，1997，《台湾民众之孝道观念的变迁情形》，载于瞿海源、张立云
　　等主编《九零年代的台湾社会：社会变迁基本调查研究系列二（下）》，
　　中央研究院社会学研究所筹备处专书。

——1998，《孝道概念的心理学探讨：双层次孝道认知特征的发展历程》，
　　《本土心理学研究》第 9 期。

——2009，《中国人的孝道：心理学的分析》，重庆大学出版社。

杨善华，2003，《我国农村的"社区情理"与家庭养老现状》，《探索与争
　　鸣》2 期。

杨善华，2011，《中国当代城市家庭变迁与家庭凝聚力》，《北京大学学报》
　　第 2 期。

杨华，2007，《当前我国农村代际关系均衡模式的变化——从道德性越轨和
　　农民"命"的观念说起》，《古今农业》第 4 期。

——2009，《自杀秩序与湖北京山农村老年人自杀》，《开放时代》第 5 期。

杨华、欧阳静，2013 年，《阶层分化、代际剥削与农村老年人自杀——对近
　　年中部地区农村老年人自杀现象的分析》，《管理世界》第 5 期。

杨彦春，1988，《老年人幸福度与社会心理因素的调查研究》，《中国心理卫
　　生杂志》第 2 期。

姚引妹，2002，《长江三角洲地区农村老年人居住方式与生活质量研究》，
　　《浙江大学学报》（人文社会科学版）第 6 期。

詹姆斯·S. 科尔曼，2008，《社会理论的基础》（下），社会科学文献出
　　版社。

张友琴，2001，《老年人社会支持网的城乡比较研究——厦门市个案研究》，
　　《社会学研究》第 4 期。

张蕾，2007，《精神健康与生活质量——城市弱势群体的社会学关注》，《武
　　汉大学学报》（哲学社会科学版）第 2 期。

张文娟、李树苗，2004，《劳动力外流背景下的农村老年人居住安排影响因
　　素研究》，《中国人口科学》第 1 期。

张玉林，2005，《"离土"时代的农村家庭——"民工潮"如何解构乡土中
　　国》，香港中文大学中国研究文库。

赵延东，2008 年，《社会网络与城乡居民的身心健康》，《社会》第 5 期。

曾毅、李伟、梁志武，1992，《中国家庭结构的现状、区域差异及变动趋

势》，《中国人口科学》第 2 期。

曾毅、梁志武，1993，《中国 80 年代以来各类核心家庭户的变动趋势》，《中国人口科学》第 3 期。

曾毅等，2001，《中国 1998 年高龄老人健康长寿调查基本情况》，《中国人口科学》增刊。

曾毅、顾大男，2004，《老年人生活质量研究的国际动态》，《中国人口科学》第 1 期。

曾毅，《从 2000 年人口普查看我国老龄人口居住安排》，会议发言稿。

周雪光、侯立仁，2003/1999，《文革的孩子们——当代中国的国家与生命历程》，《中国社会学》第 2 辑。

周红云，2010，《社会资本：布迪厄、科尔曼和帕特南的比较》，《经济社会体制比较》第 4 期。

朱鸿林，2004，《二十世纪的明清乡约研究》，《历史人类学学刊》第 1 期。

朱玲，2000，《政府与农村基本医疗保健保障制度选择》，《中国社会科学》第 4 期。

英文参考文献

Agree, E. M. Biddlecom, A. E. and Valente, T. W. 2005. "Intergenerational transfers of resources between older persons and extended kin in Taiwan and the Philippines." *Population Studies* 59：181 - 95.

Alexander, Jeffrey C. eds. 1987. *The Micro-Macro Link.* Berkeley：University of California Press.

Alwin, D. F. 1990. "Historical changes in parental orientations to children." In *Sociological Studies of Child Development*, edit by Mandell, N. and Cahill, S. (eds), pp. 65 - 86. Greenwich, CT: JAI Press.

Ancsgensel, C. S. and Phelan, J. C. 1999. *Handbook of the Sociology of Mental Health.* New York：Kluwer Academic/Plenum Publishers.

Antonucci, T. C., 1985. "Social Support and Social Behavior" in *Handbook of Aging and Social Science* 2nd, edit by R. H. Binstock and E. Shanas (eds.). New York：Van Norstrand.

Antonucci, T. C., 1990. "Social Support and Social Relation." In *Handbook of*

Aging and Social Science 3nd, edit by R. H. Binstock and L. K. George (eds.). New York: Academic.

A. R. Radcliffe-Brown. 1940. "On Social Structure." *Journal of the Royal Anthropological Institute of Great Britain and Ireland* 70 (1): 3.

Barrera, M. J. 1986. "Distinction between Social Support Concepts, Measurement and Models." *American Journal of Community Psychology* 14: 413 – 446.

Barnes, J. A. 1954. "Class and committees in a Norwegian island parish." *Human Relations* 7: 39 – 58.

Beker, Gary. 1976. *The Economic Approach to Human Behavior*. Chicago: University of Chicago Press.

Ben-Amos, I. K. 2000. "Gifts and Favors: Informal Support in Early Modern England. " *The Journal of Modern History* 72 (2) (Jun.) .

Bettio, F. and J. Plantenga 2004. "Comparing Care Regimes in Europe." *Feminist Economics* 10 (1): 85 – 113.

Becker, G. 1974. "A theory of social interactions." *Journal of Political Economy*, 82 (6): 1063 – 93.

Biddle Bruce J . , Barbara J . Bank and Ricky L. Slavings 1987. "Norms, Preferences, Identities and Retention Decisions." *Social Psychology Quarterly* 50 (4) .

Bott, E. 1957. *Family and Social Network*. London: Tavistock Press.

Brumberg, J. l. 1989. *Fasting Girls: The History of Anorexia Nervosa*. New York: Plume.

Cain, Leonard D. , 1964. "Life Course and Social Structure." In *Handbook of Modern Sociology*, edit by Robert E. L. Faris (ed.), pp. 272 – 309. Chicago: Rand McNally & Co.

Clements, L. 2010. *Cares and their rights* 4th. London: Carers UK.

Cobb, S. 1976. "Social Support as a Moderator of Life Stress." *Psychosomatic Medicine* 38: 300 – 314.

Cobb, S. 1979. "Social Support and Health through the Life Course." In *The Meaning and Measurement of Social Support*, edit by M. W. Riley (eds.). New York: Hemisphere.

Cohen, Myron L. 1976. *House United, House Divided: The Chinese Family in Taiwan.* New York: Columbia University Press.

Cohen, S., Underwood, L. G., & Gottlieb, B. H. 2000. *Social Support Measurement and Intervention. A guide for Health and Social Scientists.* Oxford: Oxford University Press.

Daly, M. and L. Lewis 2000. "The Concept of Social Care and Analysis of Contemporary Welfare States." *British Journal of Sociology* 51 (2): 281 – 298.

Dean, A. B. Kolody, and P. Woof, 1990. "Effects of Social Support from Various Sources on Depression in Elderly Person." *Journal of Health and Social Behavior* 31: 148 – 161.

Du, Y. 2000. "Rural labor migration in contemporary China". In *Rural Labor Flows in China*, edit by West, L. A. and Zhao, Y. H. (eds), Institute of East Asia Study, University of California, Berkeley, California, pp. 67 – 100.

DWP (Department for work and Pensions), 2012. *Cares Allowance quarterly statistic* (Carers Allowances cases in payment), DWP tabulation tool. Available at: http://research. dwp. gov. uk/asd/index. php?page = ca.

Elder, Glen H., Jr., 1974. *Children of the Great Depression.* Chicago: University Press.

——1994, "Time, Human Agency, and Social Change: Perspectives on the Life Course." *Social Psychology Quarterly* 57 (1): 4 – 15.

——1995, "The Life Course Paradigm: Social Change and Individual Development." In *Examining Lives in Context. Perspectives on the Ecology of Human Development*, edit by Phyllis Moen, Glen H. Elder, Jr. and Kurt Lüscher (eds.), pp. 101 – 139. Washington DC: American Psychological Association.

Elder, Glen H., Linda K. George, and Michael J. Shanahan. 1996. "Psychosocial Stress over the Life Course." in *Psychosocial Stress: Perspectives on Structure, Theory, Life Course, and Methods*, edited by Howard B. Kaplan. Orlando. Fl: Academic Press.

Ellaway, A., and Macintyre, S. 2000. "Social capital and self-rated health: support for a contextual mechanism. " *American Journal of Public Health*, 90 (6): 988.

Esping-Andersen, G. 1990. *The Three Worlds of Welfare Capitalism*. Cambridge: Polity Press.

Felton, B. J. and C. A. Berry, 1992. "Do the Sources of the Urban Elderly's Support Determine its Psychological Consequence? " *Psychology and Aging* 7: 89 – 97.

Fairs, R. E. L. . &Dunham. H. W. 1939. *Mental Disorder in Urban Areas*. New York: Hafner.

Frankenberg, E. , Lillard, L. and Willis, R. J. 2002. "Patterns of intergenerational transfers in southeast Asia. " *Journal of Marriage and Family* 64 (3): 627 – 641.

Frankenberg, E. , Chan, A. and Ofstedal, M. B. 2002. "Stability and change in living arrangements in Indonesia, Singapore, and Taiwan, 1993 – 99. " *Population Studies*, 56, (2): 206 – 213.

Fromm, E. 1941. *Escape from Freedom*. New York: Rinehart.

Fry, G. , Singleton, B. , Yeandle, S. and Buckner, L. 2011. *Developing a clear understanding of the cares' Allowances claimant group*. London: DWP.

George, Linda K. , 1993. "Sociological Perspectives on Life Transitions. " *Annual Review of Sociology* 19: 353 – 373.

George, Linda K. , 1996. "Missing Links: The Case for a Social Psychology of the Life Course. " *Gerontologist*, 36: 248 – 55.

Greertz, C. 1973. *The Interpretation of Cultures*. New York: Basic Books.

Glick, P. C. , 1977. "Updating the life cycle of the family. " *Journal of Marriage and the Family* 2: 15 – 30.

Goode, W. 1968. "*The theory and measurement of family change.* " In Indicators of Social Change: Concepts and Measurements, edit by E. B. Sheldon. , and W. E. Moore, New York: Russel Sage Foundation.

Guo, M. , Aranda, M. P. and Silverstein, M. 2009. "The impact of out-migration on the inter-generational support and psychological wellbeing of older adults in rural China. " *Ageing & Society* 29 (7): 1085 – 104.

Haines, V. and J Hurlbert. 1992. "Network Range and Health. " *Journal of Health and Social Behavior* 33: 254 – 266.

Hall Alan and Barry. 1985. "Social Network and Social Support. " In *Social Support and Health*, edit by Sheldon Cohen and S. Leonard Syme (eds.), pp. 23 – 41. New York: Academic Press.

Hareven, T. K. , 1974. "The family as process: The historical study of the family cycle. " *Journal of Social History* 7: 322 – 329.

—— 1975, "Family Time and Industrial Time: Family and Work in a Planned Corporation Town, 1900 – 1924. " *Journal of Urban History* 1.

——1978a, "Historical changes in the life course and the family. " In *Major social issues: Multidisciplinary view*, edit by J. M. Yinger&S. J. Culter (Eds.), pp. 338 – 345. New York: Free Press.

——1978b, "Introduction: The historical study of the life course. " In *Transitions: The Family and the Life Course in Historical Perspective*, edit by T. K. Harevern (Ed.), pp. 1 – 16. New York: Academic Press.

——1982, *The Family Time and Industrial Time*. Cambridge, England: Cambridge University Press.

Hogan, D. P. , Eggebeen, D. J. , and Snaith, S. M. 1996, "The well-being of aging Americans with very old parents. " In *Aging and Generational Relations over the Life Course: A Historical and Cross-cultural Perspective*, edit by T. K. Harevern (Ed.). Berlin: Walter de Gruyter.

Hopper, K. 1992. "Some old questions for the new cross-cultural psychiatry. " *Medical Anthropology Quartely* 7: 299 – 330.

Horney, K. 1937. *The Neurotic: Personality of Our Time*. New York: W. W. Norton.

Horwitz, A. V. , 1999. "The sociological study of mental illness: A critique and synthesis of four perspectives. " In *Handbook of the Sociology of Mental Health*, New York: Kluwer Academic/Plenum Publishers.

House, J. S. 1981. *Work, Stress and Social Support*. Reading, MA: Addison Wesley.

Hsu, F. L. K. 1985. "The Self in Cross-Cultural Perspective" . In *Culture and*

Self: *Asian and Western Perspectives*, edit by A. J. Marsella, G. DeVos, & F. L. K. Hsu (Eds.). New York: Tavistock.

Hurlbert, J., V. Haines and J. Beggs. 2000. "Core Networks and Tie Activation: What Kinds of Routine Netowrks Allocate Resources in Nonroutine Situations." *American Sociological Review* 65: 598 – 618.

Judd, Ellen R. 1989. "Niangjia: Chinese Women and Their Natal Families." *Journal of Asian Studies* Aug, Vol. 48.

Kawachi I. and BP Kennedy, 1997. "Health and Social Cohesion: Why Care About Income Inequality?" *BMJ*, 314: 1037 – 1040.

Kawachi, I., Kennedy, B. P., and Glass, R. 1999. "Social capital and self-rated health: A contextual analysis." *American Journal of Public Health* 89 (8): 1187 – 1193.

Kawachi, I., Kim, D., Coutts, A., & Subramanian, S. V. 2004. "Commentary: Reconciling the three accounts of social capital." *International Journal of Epidemiology* 33 (4): 682 – 690.

Kennedy, B. P., Kawachi, I., and Brainerd, E. 1998. "The role of social capital in the Russian mortality crisis." *World Development*, 26 (11): 2029 – 2043.

Kobrin, F. E. 1981. "Family extension and the elderly: economic demographic and family cycle factors." *Journal of Gerontology* 36 (3): 370 – 377.

Kobrin, F. E. and C. Goldscheider. 1982. "Family extension or nonfamily living: life cycle economic and ethnic factors." *Western Sociological Review* 13 (1): 103 – 118.

Kojima, Hiroshi. 1986. Parent-child co-residence in the Japanese household. Paper presented at 1987 PAAmeeting.

Krauser, N., 1987. "Chronic Financial Strain, Social Support and Depressive Symptom among Older Adults." *Psychology and Aging* 8: 327 – 328.

Kroger, T. andLeinonen, A. 2012. "Transformation by stealth: the retargeting of home care in Finland." *Health and Social Care in the Community* 20 (3): 319 – 327.

Kuhn, R. 1999. *The Logic of Letting Go: Family and Individual Migration from Mat-*

lab, *Bangladesh*. Graduate Group in Demography, University of Pennsylvania, Philadelphia, Pennsylvania. http://www. swadhinata. org. uk/misc/Khunemigration% 20from% 20Bdesh. pdf [Accessed 2 February 2009].

Lee, G. R., Netzer, J. K. and Coward, R. T. 1994. "Filial responsibility expectations and patterns of intergenerational assistance." *Journal of Marriage and the Family* 56 (3): 559 – 65.

Leira, A. 1992. *Welfare States and Working Mothers*. Cambridge: Cambridge University Press.

Liang J, Krause N, Bennett J. 2001. "Social Exchange and Well-Being: Is Giving Better than Receiving?" *Psychology and Aging* 16 (3): 511 – 523.

Li, S., Song, L. and Feldman, M. W. 2009. "Intergenerational support and subjective health of older people in rural China: a gender-based longitudinal study." *Australasian Journal on Ageing* 28 (2): 81 – 86.

Lindstrom, M., Moghaddassi, M., & Merlo, J. 2004. "Individual self-reported health, social participation and neighborhood: A multilevel analysis in Malmo. Sweden." *Preventive Medicine*, 39 (1): 135 – 141.

Lindstrom, M. 2004. "Social capital, the miniaturisation of community and self-reported global and psychological health." *Social Science & Medicine* 59 (3): 595 – 607.

Lochner, K., Kawachi, I., and Kennedy, B. P. 1999. "Social capital: A guide to its measurement." *Health & Place* 5 (4): 259 – 270.

Logan, John R., FuqinBian & YanjieBian. 1998. "Tradition and Change in the Urban Chinese Family: The Case of Living Arrangements." *Social Forces* 76 (3): 851 – 882.

Lynch, J., Davey Smith, G., Hillemeier, M., Shaw, M., Raghunathan, T., & Kaplan, G. 2001. "Income inequality, the psychosocial environment and health: Comparisons on wealthy nations." *Lancet*, 358 (9277): 194 – 200.

Macinko J, Starfield B. 2001. "The utility of social capital in research on health determinants." *Milbank Q* 79: 387 – 427.

Martin K. Whyte (eds), *China's Revolutions and Parent-Child Relations*. The University of Chicago Press.

Merton, Robert K. 1968. "The Matthew Effect in Science." *Science* 159: 56 – 63.

Mirowsky, J., &Ross, C. E. 1989. *Social Causes of Psychological Distress*. New York: Aldine de Gruyter.

Mirowsky, John, and Catherine E. Ross. 1992. "Age and Depression." *Journal of Health and Social Behavior* 33: 187 – 205.

Modell, L. and Hareven, T. K., 1973. "Urbanization and malleable household: Boarding and Lodging in American Families. " *Journal of Marriage and Family* 35: 467 – 479.

Modell, L., Furstenberg, F., and Herschberg, T. 1976. "Social change and transition to adulthood in historical perspective. " *Journal of Family History* 1: 7 – 32.

Narayan, D. and L. Pritchett, 1997. "Cents and Sociability: Household Income and Social Capital in Rural Tanzania", *Policy Research Working Paper*, No. 1796, Washington, DC: World Bank.

Neugarten, B. L., (ed.) 1968. *Middle Age and Aging: A Reader in Social Psychology*. Chicago: Chicago University Press.

Neugarten, B. and Hagestad, G. O. 1976. "Age and life course. " In *Handbook of Aging and the Social Science*, edit by P. H. Binstock and E. Shanas (ed.). New York: Van Nostrand.

O'Rand, Angela M., 2002. "Cumulative Advantage Theory in Life Course Research. " In *Economic Outcomes in Later Life: Public Policy, Health, and Cumulative Advantage*, edit by Crystal, S.; Shea, D. Annual Review of Gerontology and Geriatrics. 22: 14 – 30.

O'Rand, Angela M., 2006. "Stratification and the Life Course: Life Course Capital, Life Course Risks, and Social Inequality", In *Handbook of Aging and the Social Sciences*. 6th edition, edit by: Binstock, RH.; George, LK. Elsevier; Boston, MA: 146 – 65.

Parsons, T. 1943. "The Kinship System of the Contemporary United States. " *American Anthropologist* 45 (1).

Pearlin, L. I. 1985. "Social Structure and Process of Social Support. " In *Social*

Support and Health, edit by S. Cohen and S. L. Syme (eds.), New York: Academic.

Pearlin, I. 1989. "The sociological study of stress." *Journal of Health &Social Behavavior* 30: 241 – 56.

Poortinga, W. 2006. "Social capital: An individual or collective resource for health." *Social Science & Medicine* 62 (2): 292 – 302.

Portes A. 1998. "Social capital: its origins and applications in modern sociology." *Annu Rev Sociol* 24: 1 – 24.

Radloff, L. S. 1977. "The CES_D Scale: Aself report depression scale for research in the general population ." *Applied psychological Measurement*, 3: 249 – 265.

Rad Loff, L. S. and B. E. Locke. 1986. "The Community Mental Health Assessment Survey at the CES-D Scale." In *Community Survey of Psychological Disorder*, edit by M. M. Weissman, J. K. Myers, and C. E. Ross (eds.). New Brunswick, NJ: Rutgers University Press.

Reisman, D., Glazer, N., & Denney, R. 1951. *The Lonely Crow*. New Haven, CT: Yale University Press.

Riley, M. W., Johnson, M. E., and Foner, A. eds. 1972. *Aging and Society: A Sociology of Age Stratification*. New York: Russell Sage Foundation.

Riley, M. W., 1978, *Aging, Social Change and the Power of Ideas*. Daedalus: Generations (Fall).

Riley, Matilda W. 1979. "Introduction: Life Course Perspectives." In *Aging from Birth to Death*, edit by Matilda W. Riley (ed.), pp. 3 – 13. Boulder: Westview Press.

Ryder, N., 1965. "The cohort as a concept in the study of social change." *American Sociological Review* 30.

Scott, J. 1991. *Social Network Analysis: A Handbook*. London: Sage Publicationsl td.

Sewall, W. H. Jr. 1992. "A theory of structures: Duality, agency, and transformation." *American Journal of Sociology* 98: 1 – 29.

Shanas, E., Townshend, P. (Ed.). 1968. *Old People in Three Industrial Societies*. New York: Atherton Press.

Shorter, E. 1992. *From Paralysis to Fatigue: A History of Psychosomatic Illness in the Modern Era.* New York: Free Press.

Silverstein, M., S. J. Conroy, H. Wang, R. Giarrusso, and V. L. Bengtson. 2002. "Reciprocity in Parent-Child Relations over the Adult Life Course." *The Journal of Gerontology* 57B (1): 3 – 13.

Silverstein, M., Cong, Z. and Li, S. 2006. "Intergenerational transfers and living arrangements of older people in rural China: consequences for psychological wellbeing." *Journals of Gerontology: Social Sciences*, 61B, 5: S256 – 66.

Simon Szreter and Michael Woolcock. 2004. "Health by association? Social capital, social theory, and the political economy of public health." *International Journal of Epidemiology* 33 (4): 650 – 667.

Subramanian SV, Kim DJ, Kawachi I. 2002. "Social trust and self-rated health in US communities: a multi-level analysis." *Journal of Urban Health* 79: S21 – S34.

Subramanian SV, Lochner KA, Kawachi I. 2003. "Neighborhood differences in social capital: a compositional analysis." *Health Place* 9: 33 – 44.

Sullivan, H. S. 1953. *The Interpersonal Theory of Psychiatry.* New York: W. W. Norton.

Sussman, M. 1959. "The Isolated Nuclear Family: Fact or Fiction." *Social Problems* 6 (4) (Spring).

Thoits, Peggy A. 1995. "Stress, Coping, and Social Support Processes: Where Are We? What Next?" *Journal of Health and Social Behavior* (Extra Issue): 53 – 79.

Uhlenberg, P., 1974. "Cohort variation in family cycle experience of U. S. females." *Journal of Family History* 34: 284 – 292.

Uhlenberg, P., 1978. "Changing configurations of the life course". In *Transitons: The Family and the Life Course in Historical Perspective*, edit by T. K. Hareven (Ed.), pp. 65 – 79. New York: Academic Press.

Vaux, A. 1998. *Social Support: Theory, Research and Intervention.* New York: Praeger.

Veenstra, G. 2005. "Location, location, location: Contextual and compositional health effects of social capital in British Columbia, Canada." *Social Science &*

Medicine 60 （9）: 2059 – 2071.

Weiss, R. S. 1974. "The provisions of social relationships. " In *Doing unto others*, edit by Z. Rubin. Englewood Clis, NJ: Prentice Hall.

Wegener, B. 1991. "Job Mobility and Social ties: Social Resources, Prior Job, and Status Attainment. " *American Sociological Review* 56: 60 – 271.

Wethington, E. , andKessler, R. C. 1986. " Perceived Support, Received Support and adjustment to Stress Life Events . " *Journal of Health and Social Behavior* 27: 78 – 90

Wheaton, Blair. 1978. "The Sociogenesis of Psychological Disorder: Reexamining the Causal Issues with Longitudinal Data. " *American Sociological Review* 43: 383 – 403.

Whyte, W. H. , Jr. 1956. *The organization man*, New York: Simon & Shuster.

Wilkinson, R. 1996. *Unhealthy Societies: The Afflictions of Inequality*. London: Routledge.

Wister, A. V. and T. K. Burch. 1983. "Fertility and household status of older women in Canada. 1921. " *Canadian Studies in Population* 10: 1 ~ 13

World Bank, 1997. *Financing Health Care*, China 2020 Series, pp. 128 – 29. Washington D. C.

Goode, W. J. 1963. *World Revolution and Family Patterns*, pp. 18 – 22. New York: Free Press.

Yan, Shengming, Jieming Chen, andShanhua Yang (in press) . "The Effects of Living Arrangement on the Support for the Elderly", in *China's Revolutions and Parent-Child Relations*, edit by Martin K. Whyte (ed.). The University of Chicago Press.

Yeandle, S. andWigfield, A. (eds) 2012. *Training and supporting carers: the national evaluation of the Caring with Confidence program*, Leeds: CIRClE, University of Leeds.

Zak, P. and S. Knack, 2001. "Trust and Growth. " *Economic Journal* 111 (470) : 295 – 321.

附录
调查问卷（部分）

家户登记表

A001. 调查员记录地区类型

（1）农村

（2）城镇社区

A002.〔加载家户成员姓名〕的性别是？

（1）男

（2）女

A003.〔姓名〕的出生日期是＿＿＿＿年＿＿＿＿月

A004.〔姓名〕目前的婚姻状态？

（1）已婚并与配偶一同居住

（2）已婚，但因为工作等原因暂时没有跟配偶在一起居住

（3）分居（不再作为配偶共同生活）

（4）离异

（5）丧偶

（6）从未结婚

A005.〔姓名〕现在有没有和别人同居？

（1）有

（2）没有

A006.〔姓名〕是您的？

（1）母亲

（2）父亲

（3）岳母/婆婆

（4）　岳父/公公

（5）　兄弟姐妹

（6）　姐夫妹夫/嫂子弟媳

（7）　孩子

（8）　儿媳/女婿

（9）　孙子女

（10）　其他亲戚（请注明）_____

A007.［姓名］是您和现在配偶的亲生孩子，还是别的？

（1）　您和您（现在的）配偶的亲生孩子。

（2）　您自己的亲生孩子，非现在配偶的。

（3）　您（现在的）配偶自己的亲生孩子，不是您的。

（4）　您或您（现在的）配偶收养或抚养的孩子。

A008.［姓名］是您自己的亲生孩子吗？

（1）　您自己的亲生孩子

（2）　您收养或抚养的孩子或继子女。

A009.［姓名］目前的户口状态是？

（1）　农业

（2）　非农业

（3）　统一居民户口

（4）　没有户口

A010.［姓名］在获得统一居民户口之前是什么户口？

（1）　农业

（2）　非农业

（3）　没有户口

A011.［姓名］什么时候获得统一居民户口？_____年

A012.［姓名］目前户口所在地？

（1）　在这个家里

（2）　在本村/社区

（3）　在本县/市的其他村/社区

（4）　在本省的其他县/市，_____市_____县

（5）　外省：_____省/自治区/直辖市，_____市_____县

197

（6）国外

A013. ［姓名］获得的最高学历是？

（1）未受过正式教育（文盲）

（2）未读完小学，但能够读、写

（3）私塾

（4）小学毕业

（5）初中毕业

（6）高中毕业

（7）中专（包括中等师范、职高）毕业

（8）大专毕业

（9）本科毕业

（10）硕士毕业

（11）博士毕业

B 基本信息

注意：1966 年 7 月 1 日之前出生的人及其配偶需要做下列问卷。

BA001. 您的属相是？ _____

BA002. 您的出生日期是_____年 _____月 ____日

BA003. 您刚才回答的是公历（阳历）还是农历（阴历）？

（1）公历（阳历）

（2）农历（阴历）

BA004. 您今年多大年纪？ _____岁

BA005. 您是不是平时上学/上班，但通常每周末回这个家？

（1）是

（2）否

BB001. 您的出生地是哪里？

（1）本村/社区

（2）本县/市的其他村/社区

（3）在本省的其他县/市，_____市_____县

（4）外省：_____省/自治区/直辖市，_____市_____县

（5）国外

BB002. 您出生地的类型是什么？是农村还是城镇社区？

（1）农村

（2）城镇社区

BB003. 您第一次搬到本县/市是在什么时候？_____年

BB004. 您第一次搬到本县/市，就是住在当前村/社区吗？

（1）是

（2）否

BB005. 您第一次搬来本村/社区居住是在什么时候？_____年

BB006.16 岁以前，您主要住在农村还是城镇（社区）？

（1）农村

（2）城镇社区

BB007. 自从您第一次搬到这个县/市以来，您有没有在本县/市以外的地方连续住过六个月以上？

（1）是

（2）否

BB008. 自从您第一次搬到这个县/市以来，您在其他县/市一共住了多长时间？_____年_____月

BB009. 您曾在本县/市以外的地方连续住过六个月以上吗？

（1）是

（2）否

BB010. 您在本县/市以外的地方一共住了多长时间？_____年_____月

BB011. 您最近一次搬到本县/市居住是在什么时候（指最近一次六个月或以上外出之后）？____年

BB012. 搬到本县/市之前，您连续住过六个月以上的地方是哪里？

（1）出生地

（2）在本省的其他县/市，_____市_____县

（3）外省：_____省/自治区/直辖市，_____市_____县

（4）国外

BC001. 目前您的户口类型是？

（1）农业

（2）非农业

（3）统一居民户口

199

（4）没有户口

BC002. 您在获得统一居民户口之前是什么户口？

（1）农业户口

（2）非农业户口

（3）没有户口

BC003. 您什么时候获得统一居民户口？ _____年_____月

BC004. 您是什么时候得到目前的这个户口？ _____年_____月

BC005. 目前您的户口所在地是？

（1）与出生地一样

（2）本村/社区

（3）本县/市的其他村/社区

（4）在本省的其他县/市，_____市_____县

（5）外省：_____省/自治区/直辖市，_____市_____县

BC006. 您离开目前户口所在县/市的时间有多久了？ _____年_____月

BC007. 您目前的户口就是您的第一个户口吗？（统一居民户口的变化不算变化）

（1）是

（2）否

BC008. 第一个户口与目前的户口之间，您还有过其他户口吗？

（1）有

（2）没有

BC009. 从第一个户口开始，您的户口类型或户口所在地发生过什么变化？

（1）户口类型和户口所在地都变化过

（2）只有户口类型变化

（3）只有户口所在地变化

BC010. 您拿到的第一个户口的类型是？

（1）农业

（2）非农业

BC011. 您上一个户口所在地是？

（1）与出生地一样

（2）本县/市的其他村/社区

（3）在本省的其他县/市，_____市_____县

（4）外省：_____省/自治区/直辖市，_____市_____县

BC012. 为什么上一个户口所在地与出生地不一样？

（1）结婚

（2）上学

（3）就业

（4）退休/离休

（5）逃荒

（6）上山下乡

（7）整村搬迁

（8）其他，请注明

BC013. 您第一个户口的所在地是？

（1）与出生地一样

（2）与目前户口所在地一样

（3）本村/社区

（4）本县/市的其他村/社区

（5）在本省的其他县/市，_____市_____县

（6）外省：_____省/自治区/直辖市，_____市_____县

BC014. 为什么第一个户口所在地与目前户口所在地不一样？

（1）结婚

（2）上学

（3）就业

（4）退休/离休

（5）上山下乡

（6）搬迁

（7）整村搬迁

（8）逃荒

（9）其他，请注明_____

BC015. 您有过非农业户口是因为什么情况？

（1）1967~1977年下乡，后来没回城

（2）上学

（3）结婚

（4）就业

（5）整村搬迁

（6）逃荒

（7）其他，请注明_____

BC016. 您什么时候有非农业户口？从_____年到_____年

BC017. 您有过农业户口是因为什么情况？因为在农村长大还是其他？

（1）1967～1977 年下乡，后来没回城

（2）得到非农户口前在农村居住

（3）结婚

（4）就业

（5）土地被征用

（5）整村搬迁

（6）逃荒

（7）其他，请注明_____

BC018. 您什么时候有农业户口？从_____年到_____年

BD001. 您获得的最高学历是？

（1）未受过教育（文盲）

（2）未读完小学，但能够读、写

（3）私塾

（4）小学毕业

（5）初中毕业

（6）高中毕业

（7）中专（包括中等师范、职高）毕业

（8）大专毕业

（9）本科毕业

（10）硕士毕业

（11）博士毕业

BD002. 您小学读到_____年级？

BD003. 您在之后又上过几年学？_____年

BD004. 您从哪一年开始读大学/大专？_____年

BD005. 您从几岁开始上小学/私塾？_____岁

BD006. 您几岁读完书？_____岁

BD007. 您曾经参加过成人教育（如电大，夜校，自考，函授，扫盲班，速成班）吗？（可多选）

（1）没有

（2）电大

（3）夜校

（4）自考

（5）函授

（6）扫盲班

（7）速成班

（8）其他，请注明_____

BD008. 您成人教育一共读了几年？_____年

BD009. 您从成人教育中获得了学位或文凭吗？

（1）是

（2）否

BD010. 您什么时候获得该学位或者文凭？_____年

BD011. 您获得最高的成人教育学位或文凭是什么？

（1）中专

（2）大专

（3）本科

（4）其他

BE001. 您目前的婚姻状态？

（1）已婚与配偶一同居住

（2）已婚，但因为工作等原因暂时没有跟配偶在一起居住

（3）分居（不再作为配偶共同生活）

（4）离异

（5）丧偶

（6）从未结婚

BE002. 那您现在有没有和别人同居？

（1）有

（2）没有

BE003. 您到目前为止结过几次婚？_____次

BE004. 你什么时候结的婚？_____年_____月

BE005. 您结婚时，您父母总共给了您和您的配偶多少价值的现金和物品（包括房子）_____元

BE006. 你第一次结婚是什么时候？_____年_____月

BE007. 您的第一次婚姻是什么时候结束的？

BE008. 为什么会结束第一次婚姻？

（1）配偶去世了

（2）离婚

BE009. 你最近一次是什么时候结的婚？_____年_____月

BF001. 您配偶的属相是？_____

BF002. 您配偶的出生日期是？_____年_____月

BF003. 您刚才答的是公历（阳历）还是农历（阴历）？

（1）公历（阳历）

（2）农历（阴历）

BF004. 您配偶获得的最高学历是？

（1）未受过教育（文盲）

（2）未读完小学，但能够读、写

（3）私塾

（4）小学毕业

（5）初中毕业

（6）高中毕业

（7）中专（包括中等师范、职高）毕业

（8）大专毕业

（9）本科毕业

（10）硕士毕业

（11）博士毕业

BF005. 你们什么时候分居的？_____年_____月

BF006. 你们什么时候离婚的？_____年_____月

BF007. 您配偶是什么时候去世的？ ＿＿＿＿年 ＿＿＿＿月

BF008. 受访者填写该部分问卷时是否求助？

（1）从未

（2）偶尔几次

（3）大多数

（4）受访者不在场，完全请人代填

BF009. 您和受访者是什么关系：

（1）配偶

（2）母亲

（3）父亲

（4）岳母/婆婆

（5）岳父/公公

（6）兄弟姐妹

（7）姐夫妹夫/嫂子弟媳

（8）孩子

（9）孩子的配偶

（10）孙子女

（11）其他亲戚

（12）帮忙的人或者其他非亲属

BF010. 受访者不在场，完全请人代填的主要原因是什么？

（1）受访者有严重身体障碍

（2）受访者有严重精神障碍

（3）受访者拒访

（4）其他

家庭

C1　父母、子女、兄弟姐妹信息

CA　父母信息

CA001. 您父亲还健在吗？

（1）是

（2）否

CA002. 您父亲叫什么名字？

CA003. 您父亲是您的_____

（1）亲生父亲

（2）养父

（3）继父

（4）抚养你长大的有血缘的亲戚

（5）其他抚养过您的人

CA004. 您父亲是在哪里出生的？

（1）本村/社区

（2）本县/市的其他村/社区

（3）在本省的其他县/市

（4）外省：省/自治区/直辖市

（5）国外

CA005. 您父亲是在城镇还是农村长大的？

（1）城镇社区

（2）农村

CA006. 您父亲的属相是？_____

CA007. 您父亲是哪一年出生的？_____年

CA008. 您父亲哪年去世的？_____年_____岁

CA009. 您父亲的最高学历是？

（1）未受过正规教育（文盲）

（2）未读完小学，但能够读、写

（3）私塾毕业

（4）小学毕业

（5）初中毕业

（6）高中毕业

（7）中专（包括中等师范、职高）毕业

（8）大专毕业

（9）本科毕业

（10）硕士毕业

（11）博士毕业

CA010. 您父亲目前的婚姻状态？

（1）已婚，配偶是我母亲

（2）已婚，但配偶不是我母亲

（3）分居（不再作为配偶共同生活）

（4）离异

（5）丧偶

（6）从未结婚

CA011. 您父亲现在有没有和别人同居？

（1）有

（2）没有

CA012. 请问您父亲现在工作吗（工作包括务农、挣工资工作、从事个体、私营活动或不拿工资为家庭经营活动帮工等)？

（1）在工作

（2）没工作

CA013. 请问您父亲身体情况怎么样？

（1）很好

（2）好

（3）一般

（4）不好

（5）很不好

CA014. 您父亲的最高职业是什么？

（1）国家机关、党群组织、企业、事业单位负责人

（2）专业技术人员

（3）办事人员和有关人员

（4）商业、服务业人员

（5）农、林、牧、渔、水利业生产人员

（6）生产、运输设备操作人员及有关人员

（7）无法分类的工作

CA015. 目前您父亲的收入有多少？（不包括子女给的钱）_____元/年或_____元/月

CA016. 您父亲一般住在哪里？

（1）与我同一个院子（公寓）或者相邻的院子（公寓）

（2）本村/社区的其他房子里

（3）本县/市的其他村/社区，离这里有多远：_____公里

（4）在本省的其他县/市，_____市_____县，离这里有多远_____公里

（5）外省：_____省/自治区/直辖市，_____市_____县，离这里有多远_____公里

（6）国外

CA017. 您父亲现在居住地的类型是？

（1）城市

（2）县城

（3）乡镇

（4）农村

CA018. 他的户口是在他现在住的地方吗？

（1）是

（2）否

（3）没有户口

CA019. 您父亲目前的户口所在地是？

（1）本村/社区

（2）本县/市的其他村/社区

（3）在本省的其他县/市，_____市_____县

（4）外省：_____省/自治区/直辖市，_____市_____县

（5）国外

CA020. 你父亲目前的户口状态是？

（1）农业户口

（2）非农业户口

（3）统一居民户口

（4）没有户口

CA021. 您父亲有房产吗？

（1）有

（2）没有

CA022. 您父亲的房产现在值多少钱？_____万元

CA023. 您父亲的房产是与其他人共有的吗？

（1）是

（2）不是

CA024. 配偶父母的问题由谁回答？

（1）家庭模块回答人

（2）配偶

CA025. 您还和您岳父母/公公、婆婆保持联系吗？

（1）是

（2）否

CB：子女信息

CB001. 您生过孩子吗？如果生过，健在但没和您住在一起的总共有_____人

CB002. 没和您住在一起的亲生子女的姓名是？

CB003. 您的亲生子女中，有去世的吗？如果有，多少个去世了？_____人

CB004. 该孩子的出生日期是？_____年_____月

CB005. 您刚才回答的是公历（阳历）还是农历（阴历）？

（1）公历（阳历）

（2）农历（阴历）

CB006. 该孩子的性别是？

（1）男

（2）女

CB007. 该孩子去世的日期是_____年_____月

CB008. 您刚才回答的是公历（阳历）还是农历（阴历）？

（1）公历（阳历）

（2）农历（阴历）

CB009. 您收养或者抚养过子女或继子女吗？如果有，健在但没和您住在一起的总共有_____人

CB010. 您收养或者抚养过的子女或继子女中，没有和您住在一起的是_____（请填写姓名）

CB011. 您收养或抚养的子女或继子女中有去世的吗？如果有，多少个

已经去世了？ _____人

    CB012. 该孩子的出生日期是？ _____年 _____月

    CB013. 您刚才回答的是公历（阳历）还是农历（阴历）？

    （1）公历（阳历）

    （2）农历（阴历）

    CB014. 该孩子的性别是？

    （1）男

    （2）女

    CB015. 该孩子去世的日期是？ _____年 _____月

    CB016. 您刚才回答的是公历（阳历）还是农历（阴历）？

    （1）公历（阳历）

    （2）农历（阴历）

    CB017. 您跟您（现在的）配偶生过孩子吗？如果有，没和您住在一起的总共有多少个？ _____人

    CB018. 没和您住在一起的，这些子女的姓名是 _____

    CB019. 您跟您（现在的）配偶的亲生子女中，有去世的吗？如果有，多少个已经去世？ _____人

    CB020. 该孩子的出生日期是？ _____年 _____月

    CB021. 您刚才回答的是公历（阳历）还是农历（阴历）？

    （1）公历（阳历）

    （2）农历（阴历）

    CB022. 该孩子的性别是？

    （1）男

    （2）女

    CB023. 该孩子去世的日期是？ _____年 _____月

    CB024. 您刚才回答的是公历（阳历）还是农历（阴历）？

    （1）公历（阳历）

    （2）农历（阴历）

    CB025. 跟您（现在的）配偶一起生的子女之外，您自己还有其他亲生子女吗，如果有，没和您住在一起的总共有多少个健在？ _____人

    CB026. 没和您住在一起的，这些子女的姓名是？

CB027. 除了跟您（现在的）配偶一起生的子女之外，您自己的亲生子女中，有去世的吗？如果有，多少个去世了？_____人

CB028. 该孩子的出生日期是？_____年_____月

CB029. 您刚才回答的是公历（阳历）还是农历（阴历）？

（1）公历（阳历）

（2）农历（阴历）

CB030. 该孩子的性别是？

（1）男

（2）女

CB031. 该孩子去世的日期是？_____年_____月

CB032. 您刚才回答的是公历（阳历）还是农历（阴历）？

（1）公历（阳历）

（2）农历（阴历）

CB033 跟您一起生的子女之外，您（现在的）配偶还有自己的亲生子女吗，如果有，没和您住在一起的总共有多少个健在。_____人

CB034. 没和您住在一起的，这些子女的姓名是？

CB035. 除了您和您（现在的）配偶一起生的子女之外，您配偶的亲生子女中，有去世的吗？如果有，有多少个去世了？_____人

CB036. 该孩子的出生日期是？_____年_____月

CB037. 您刚才回答的是公历（阳历）还是农历（阴历）？

（1）公历（阳历）

（2）农历（阴历）

CB038. 该孩子的性别是？

（1）男

（2）女

CB039. 该孩子去世的日期是？_____年_____月

CB040. 您刚才回答的是公历（阳历）还是农历（阴历）？

（1）公历（阳历）

（2）农历（阴历）

CB041. 您和您（现在的）配偶有其他收养或者抚养的子女或继子女吗？如果有，没和您住在一起的总共有多少个健在？_____人

CB042. 没和您住在一起的，这些子女的姓名是_____

CB043. 您或您（现在的）配偶收养或抚养的子女中有去世的吗？如果有，多少个已经去世了？_____人

CB044. 该孩子的出生日期是？_____年_____月

CB045. 您刚才回答的是公历（阳历）还是农历（阴历）？

（1）公历（阳历）

（2）农历（阴历）

CB046. 该孩子的性别是？

（1）男

（2）女

CB047. 该孩子去世的日期是？_____年_____月

CB048. 刚才回答的是公历（阳历）还是农历（阴历）？

（1）公历（阳历）

（2）农历（阴历）

CB049. ［孩子姓名］是男孩还是女孩？

（1）男孩（儿子）

（2）女孩（女儿）

CB050. ［孩子姓名］的属相是？_____

CB051. ［孩子姓名］的出生年月？_____年_____月

CB052. 您刚才回答的是公历（阳历）还是农历（阴历）？

（1）公历（阳历）

（2）农历（阴历）

CB053. 目前，［孩子姓名］在哪里常住？

（1）与我同一个院子（公寓）或者相邻的院子（公寓）

（2）本村/社区的其他房子里

（3）本县/市的其他村/社区，离这里有多远：_____公里

（4）在本省的其他县/市，_____市_____县，离这里有_____公里

（5）外省：_____省/自治区/直辖市，_____市_____县，离这里有_____公里

（6）国外

CB054. ［孩子姓名］现居住地的类型是？

（1）城市

（2）县城

（3）乡镇

（4）农村

CB055.〔孩子姓名〕目前的户口状态是？

（1）农业户口

（2）非农业户口

（3）统一居民户口

（4）没有户口

CB056.〔孩子姓名〕的户口所在地与居住地相同吗？

（1）是

（2）否

CB057.〔孩子姓名〕目前的户口所在地是？

（1）这个家里

（2）本村/社区

（3）本县/市的其他村/社区

（4）在本省的其他县/市，＿＿＿＿＿市＿＿＿＿＿县

（5）外省：＿＿＿＿＿省/自治区/直辖市，＿＿＿＿＿市＿＿＿＿＿县

（6）国外

CB058.请问〔孩子姓名〕现在还在上学吗？

（1）是

（2）否

CB059.〔孩子姓名〕现在读几年级？

（1）小学 1 年级

（2）小学 2 年级

（3）小学 3 年级

（4）小学 4 年级

（5）小学 5 年级

（6）小学 6 年级

（7）初中 1 年级

（8）初中 2 年级

（9）初中 3 年级

（10）初中 4 年级

（11）高中 1 年级

（12）高中 2 年级

（13）高中 3 年级

（14）中专 1 年级

（15）中专 2 年级

（16）中专 3 年级

（17）大专/大学 1 年级

（18）大专/大学 2 年级

（19）大专/大学 3 年级

（20）大专/大学 4 年级

（21）大专/大学 5 年级

（22）大专/大学 6 年及 6 年级以上

（23）硕士

（24）博士

CB060.［孩子姓名］的最高学历是？

（1）未受过正规教育（文盲）

（2）未读完小学，但能够读、写

（3）私塾毕业

（4）小学毕业

（5）初中毕业

（6）高中毕业

（7）中专（包括中等师范、职高）毕业

（8）大专毕业

（9）本科毕业

（10）硕士毕业

（11）博士毕业

CB061.［孩子姓名］上过几年小学？

CB062.［孩子姓名］在之后又上过几年学？

CB063.［孩子的姓名］的婚姻状况？

（1）已婚并与配偶一同居住

（2）已婚，但因为工作等原因暂时没有跟配偶在一起居住

（3）分居（不再作为配偶共同生活）

（4）离异

（5）丧偶

（6）从未结婚

CB064. 您和您的配偶花了多少钱供［孩子的姓名］上大学（大专或以上）？_____元

CB065.［孩子的姓名］有多少个儿子？_____个

CB066.［孩子的姓名］有多少个已成年（16 岁以上）的儿子？_____个

CB067.［孩子的姓名］有多少个女儿？_____个

CB068.［孩子的姓名］有多少个已成年（16 岁以上）的女儿？_____个

CB069.［孩子的姓名］（和他/她配偶）去年的总收入属于下面哪一类？

（1）没有收入

（2）少于 2 千元

（3）2 千与 5 千之间

（4）5 千与 1 万之间

（5）在 1 万与 2 万之间

（6）在 2 万与 5 万之间

（7）在 5 万与 10 万之间

（8）在 10 万与 15 万之间

（9）在 15 万与 20 万之间

（10）在 20 万与 30 万之间

（11）高于 30 万

CB070.［孩子的姓名］现在工作吗？（工作包括务农、挣工资工作、从事个体、私营活动或不拿工资为家庭经营活动帮工等）

（1）是

（2）否

CB071.［孩子的姓名］现在主要干什么工作？

（1）国家机关、党群组织、企业、事业单位负责人

（2）专业技术人员

（3）办事人员和有关人员

（4）商业、服务业人员

（5）农、林、牧、渔、水利业生产人员

（6）生产、运输设备操作人员及有关人员

CB072.［孩子的姓名］现在有什么行政职务吗？

（1）组长（股长）

（2）科长

（3）处长

（4）局长及以上

（5）乡镇干部

（6）无行政职务

CB073.［孩子的姓名］现在有什么专业/技术职称吗？

（1）技术员

（2）初级职称

（3）中级职称

（4）高级职称

（5）无专业/技术职称

CB074.［孩子的姓名］以前工作过吗？（工作包括务农、挣工资工作、从事个体、私营活动或不拿工资为家庭经营活动帮工等）

（1）工作过

（2）没工作过

CB075.［孩子的姓名］主要做什么工作？

（1）国家机关、党群组织、企业、事业单位负责人

（2）专业技术人员

（3）办事人员和有关人员

（4）商业、服务业人员

（5）农、林、牧、渔、水利业生产人员

（6）生产、运输设备操作人员及有关人员

CB076.［孩子的姓名］在 16 岁之前有没有与您分开、与别人在一起生活过超过 6 个月？

（1）是

（2）否

CB077.［孩子的姓名］最早是在几岁的时候与您分开与别人住六个月以上？＿＿＿＿＿岁

CB078. 在不和你们夫妻住在一起的日子里，［孩子的姓名］和谁一起生活的时间最长？

（1）你的父母

（2）你配偶的父母

（3）你兄弟姐妹的家庭

（4）其他家庭

（5）学校宿舍

（6）其他

CB079.［孩子的姓名］16 岁以前总共与您分开与别人住六个月以上的时间有多少年？＿＿＿＿＿年＿＿＿＿＿月

CB080.［孙子］的父母是谁？

CB081.［孩子姓名］出生地是？

（1）本村/社区

（2）本县/市的其他村/社区

（3）在本省的其他县/市，＿＿＿＿＿市＿＿＿＿＿县

（4）外省：＿＿＿＿＿省/自治区/直辖市，＿＿＿＿＿市＿＿＿＿＿县

（5）国外

CB082.［孩子姓名］目前户口与他出生时获得的户口是否一样？

（1）是

（2）否

CB083.［孩子姓名］的户口发生过什么变化？

（1）户口类型和户口所在地都变化过

（2）只有户口类型变化

（3）只有户口所在地变化

CB084.［孩子姓名］第一个户口的类型是？

（1）农业

（2）非农业

CB085.［孩子姓名］第一个户口所在地？

（1）本村/社区

（2）本县/市的其他村/社区

（3）在本省的其他县/市，_____市_____县

（4）外省：_____省/自治区/直辖市，_____市_____县

（5）国外

CC：兄弟姐妹

CC001. 您有多少个兄弟姐妹还健在？_____个

CC002. 现在活着的兄弟姐妹中，哥哥有_____个，弟弟有_____个，姐姐有_____个，妹妹有_____个。

CC003. 您有兄弟姐妹去世了吗？如果有，多少个_____

CC004. 您去世的兄弟姐妹中，哥哥有_____个，弟弟有_____个，姐姐有_____个，妹妹有_____个。

CC005. 配偶兄弟姐妹的问题由谁回答？

（1）家庭模块受访者

（2）配偶

CC006. 您配偶有多少个兄弟姐妹还健在？_____个

CC007. 在您配偶现在活着的几个兄弟姐妹中，哥哥有_____个，弟弟有_____个，姐姐有_____个，妹妹有_____个。

CC008. 您配偶有多少个有血缘关系的兄弟姐妹去世了？_____个

CC009. 您配偶去世的兄弟姐妹中，哥哥有_____个，弟弟有_____个，姐姐有_____个，妹妹有_____个。

C2：家庭交往与经济帮助

CD：与父母、子女间的交往

CD001.［如果父亲/母亲/岳父（公公）/岳母（婆婆）健在］您父亲/母亲/岳父（公公）/岳母（婆婆）和谁住在一起？

（1）自己单独住或者与配偶单独住

（2）和我/配偶哥哥住

（3）和我/配偶弟弟住

（4）和我/配偶姐姐住

（5）和我/配偶妹妹住

（6）在子女家轮流住

（7）住养老院

（8）其他

CD002. 您或您的配偶多长时间去看望一次您的父亲/母亲/岳父（公公）/岳母（婆婆）?

（1）差不多每天

（2）每周 2～3 次

（3）每周一次

（4）每半个月一次

（5）每月一次

（6）每三个月一次

（7）半年一次

（8）每年一次

（9）几乎从来没有

（10）其他

CD003. 您多长时间见到［孩子姓名］?

（1）差不多每天

（2）每周 2～3 次

（3）每周一次

（4）每半个月一次

（5）每月一次

（6）每三个月一次

（7）半年一次

（8）每年一次

（9）几乎从来没有

（10）其他

CD004. 您和［孩子姓名］不在一起住的时候，您多长时间跟［孩子姓名］通过电话、短信、信件或者电子邮件联系?

（1）差不多每天

（2）每周 2～3 次

（3）每周一次

（4）每半个月一次

（5）每月一次

（6）每三个月一次

（7）半年一次

（8）每年一次

（9）几乎从来没有

（10）其他

CE：家庭得到及提供的经济帮助

CE001. 过去一年，您或您的配偶从您的不住在一起的父母那里收到过任何经济支持吗？

（1）是

（2）否

CE002. 过去一年，你们从您没住在一起的父母那里获得了多少帮助？（请回答每一类经济帮助的数额）

（1）定期给钱或实物（比如按月、按季度、按半年、按年给钱或实物，时间上大致固定），定期给钱_____元，定期给实物_____元。

（2）不定期给钱或实物（比如逢年过节、各种节假日、生日、婚丧事、教育、医疗等情况下不定期给钱或实物），不定期给钱_____元，不定期给实物_____元。

CE003：请在此处给每种费用添加分级展开问题（100/200/400/800/1600 元）。

CE004. 过去一年，您或您的配偶从您的没住在一起的岳父母（公公婆婆）那里收到过任何经济支持吗？

（1）是

（2）否

CE005. 你们从您的没住在一起的岳父母（公公婆婆）那里获得了多少帮助？（请回答每一类经济帮助的数额）

（1）定期给钱或实物（比如按月、按季度、按半年、按年给钱或实物，时间上大致固定），定期给钱_____元，定期给实物_____元。

（2）不定期给钱或实物（比如逢年过节、各种节假日、生日、婚丧事、教育、医疗等情况下不定期给钱或实物），不定期给钱_____元，不定期给实物_____元。

CE006. 请在此处给每种费用添加分级展开问题（100/200/400/800/1600 元）。

CE007. 过去一年，您或您的配偶从您的没住在一起的孩子那里收到过任何经济支持吗？

（1）是

（2）否

CE008. 那是哪一个孩子（哪些孩子）？

CE009. 过去一年你们从这个孩子［孩子名］那里获得了多少以下各种帮助？（请回答每一类经济帮助的数额）

（1）定期给钱或实物（比如按月、按季度、按半年、按年给钱或实物，时间上大致固定），定期给钱_____元，定期给实物_____元。

（2）不定期给钱或实物（比如逢年过节、各种节假日、生日、婚丧事、教育、医疗等情况下不定期给钱或实物），不定期给钱_____元，不定期给实物_____元。

CE010. 请在此处给每种费用添加分级展开问题（100/200/400/800/1600 元）。

CE011. 过去一年，您或您的配偶从您的没住在一起的孙子女那里收到过任何经济支持吗？

（1）是

（2）否

CE012. 是哪个孩子的孩子？

CE013. 过去一年你们从这个孩子［孩子名］那里获得了多少以下各种帮助？（请回答每一类经济帮助的数额）

（1）定期给钱或实物（比如按月、按季度、按半年、按年给钱或实物，时间上大致固定），定期给钱_____元，定期给实物_____元。

（2）不定期给钱或实物（比如逢年过节、各种节假日、生日、婚丧事、教育、医疗等情况下不定期给钱或实物），不定期给钱_____元，不定期给实物_____元。

CE014. 请在此处给每种费用添加分级展开问题（100/200/400/800/1600 元）。

CE015. 过去一年，您或您的配偶从您的没住在一起的其他亲戚那里收到过任何经济支持吗?

（1）是

（2）否

CE016. 过去一年，你们从您的没住在一起的其他亲戚那里获得了多少帮助?（请回答每一类经济帮助的数额）

（1）定期给钱或实物（比如按月、按季度、按半年、按年给钱或实物，时间上大致固定），定期给钱_____元，定期给实物_____元。

（2）不定期给钱或实物（比如逢年过节、各种节假日、生日、婚丧事、教育、医疗等情况下不定期给钱或实物），不定期给钱_____元，不定期给实物_____元。

CE017. 请在此处给每种费用添加分级展开问题（100/200/400/800/1600 元）。

CE018. 过去一年，您或您的配偶从您的没住在一起的其他非亲戚（如朋友）那里收到过任何经济支持吗?

（1）是

（2）否

CE019. 过去一年你们从您的没住在一起的非亲戚那里获得了多少帮助?（请回答每一类经济帮助的数额）

（1）定期给钱或实物（比如按月、按季度、按半年、按年给钱或实物，时间上大致固定），定期给钱_____元，定期给实物_____元。

（2）不定期给钱或实物（比如逢年过节、各种节假日、生日、婚丧事、教育、医疗等情况下不定期给钱或实物），不定期给钱_____元，不定期给实物_____元。

CE020. 请在此处给每种费用添加分级展开问题（100/200/400/800/1600 元）。

CE021. 过去一年，您或您的配偶给您的不住在一起的父母过任何经济支持吗?

（1）是

（2）否

CE022. 你们给您没住在一起的父母多少帮助?（请回答每一类经济帮助的数额）

（1）定期给钱或实物（比如按月、按季度、按半年、按年给钱或实物，时间上大致固定），定期给钱_____元，定期给实物_____元。

（2）不定期给钱或实物（比如逢年过节、各种节假日、生日、婚丧事、教育、医疗等情况下不定期给钱或实物），不定期给钱_____元，不定期给实物_____元。

CE023. 请在此处给每种费用添加分级展开问题（100/200/400/800/1600 元）。

CE024. 过去一年，您或您的配偶给您的没住在一起的岳父母（公公婆婆）过任何经济支持吗？

（1）是

（2）否

CE025. 你们给您的没住在一起的岳父母（公公婆婆）多少帮助？（请回答每一类经济帮助的数额）

（1）定期给钱或实物（比如按月、按季度、按半年、按年给钱或实物，时间上大致固定），定期给钱_____元，定期给实物_____元。

（2）不定期给钱或实物（比如逢年过节、各种节假日、生日、婚丧事、教育、医疗等情况下不定期给钱或实物），不定期给钱_____元，不定期给实物_____元。

CE026. 请在此处给每种费用添加分级展开问题（100/200/400/800/1600 元）。

CE027. 过去一年，您或您的配偶给您的没住在一起的孩子过任何经济支持吗？

（1）是

（2）否

CE028. 那是哪一个孩子（哪些孩子）？

CE029. 过去一年你们给［孩子名］多少以下各种帮助？（请回答每一类经济帮助的数额）

（1）定期给钱或实物（比如按月、按季度、按半年、按年给钱或实物，时间上大致固定），定期给钱_____元，定期给实物_____元。

（2）不定期给钱或实物（比如逢年过节、各种节假日、生日、婚丧事、教育、医疗等情况下不定期给钱或实物），不定期给钱_____元，不定期给实物＿＿＿元。

CE030. 请在此处给每种费用添加分级展开问题（100/200/400/800/1600 元）。

CE031. 过去一年，您或您的配偶给您的没住在一起的孙子女过任何经济支持吗？

（1）是

（2）否

CE032. 那是哪个孩子的孩子？

CE033. 过去一年，你们给这个孩子［孩子名］的孩子多少以下各种帮助？（回答每一类经济帮助的数额）

（1）定期给钱或实物（比如按月、按季度、按半年、按年给钱或实物，时间上大致固定），定期给钱＿＿＿元，定期给实物＿＿＿元。

（2）不定期给钱或实物（比如逢年过节、各种节假日、生日、婚丧事、教育、医疗等情况下不定期给钱或实物），不定期给钱＿＿＿元，不定期给实物＿＿＿元。

CE034. 请在此处给每种费用添加分级展开问题（100/200/400/800/1600 元）。

CE035. 过去一年，您或您的配偶给您的没住在一起的其他亲戚过任何经济支持吗？

（1）是

（2）否

CE036. 过去一年你们给您的没住在一起的其他亲戚多少帮助？（请回答每一类经济帮助的数额）

（1）定期给钱或实物（比如按月、按季度、按半年、按年给钱或实物，时间上大致固定），定期给钱＿＿＿元，定期给实物＿＿＿元。

（2）不定期给钱或实物（比如逢年过节、各种节假日、生日、婚丧事、教育、医疗等情况下不定期给钱或实物），不定期给钱＿＿＿元，不定期给实物＿＿＿元。

CE037. 请在此处给每种费用添加分级展开问题（100/200/400/800/1600 元）。

CE038. 过去一年，您或您的配偶给您的没住在一起的其他非亲戚（如朋友）过任何经济支持吗？

（1）是

（2）否

CE039. 过去一年你们给您的没住在一起的非亲戚多少帮助？（请回答每一类经济帮助的数额）

（1）定期给钱或实物（比如按月、按季度、按半年、按年给钱或实物，时间上大致固定），定期给钱_____元，定期给实物_____元。

（2）不定期给钱或实物（比如逢年过节、各种节假日、生日、婚丧事、教育、医疗等情况下不定期给钱或实物），不定期给钱_____元，不定期给实物_____元。

CE040. 请在此处给每种费用添加分级展开问题（100/200/400/800/1600元）。

CE041. 除了孩子上大学，您或您的配偶还给过他们一大笔钱或值钱的大物品（超过5000元）吗？（不包括前面已回答的超过5000元的大笔财物）这笔钱或物品包括现金、土地、房屋或其他资产、给他们作为结婚礼物或遗产继承、帮助他们支付医疗费用或其他紧急事件、为了避税或其他原因而帮助他们供孩子（即自己的孙子女/外孙子女）上学、消费。

（1）是

（2）否

CE042. 您或您的配偶把这一大笔钱或值钱的大物品给了哪个/些孩子？

CE043. 给［孩子的姓名］的钱或值钱的大物品一共价值多少？_____元

CE044. 最大的那笔钱或值钱大物品，您或您的配偶是哪年给［孩子的姓名］的？_____年

CE045. 为什么给［孩子的姓名］？

（1）支付医疗费用或其他紧急事件

（2）买房

（3）避税

（4）继承

（5）供孙子女/外孙子女上学或消费

（6）其他（请注明）

CE046. 您或您的配偶从孩子那里收到过一大笔钱或值钱的大物品（超

过 5000 元）吗？（不包括前面已回答的超过 5000 元的大笔财物）这笔钱或物品包括现金、土地、房屋或其他资产，可以用于医疗或其他紧急事件、买房或其他原因。

（1）是

（2）否

CE047. 您或您的配偶是从哪个/哪些孩子这里收到过一大笔钱或值钱的大物品？

CE048. ［孩子的姓名］给您或您的配偶的钱或值钱的大物品一共价值多少？_____元

CE049. 最大的那笔钱或值钱大物品，［孩子的姓名］是哪年给您或您的配偶？_____年

CE050. ［孩子的姓名］为什么给您或您的配偶？

（1）支付医疗费用或其他紧急事件

（2）买房

（3）避税

（4）其他（请注明）

CE051. 您或您的配偶给过父母一大笔钱或值钱的大物品（超过 5000 元）吗？（不包括前面已回答的超过 5000 元的大笔财物）这笔钱或物品包括现金、土地、房屋或其他资产。

（1）是

（2）否

CE052. 给父母的钱或值钱的大物品一共价值多少？_____元

CE053. 最大的那笔钱或值钱大物品，您或您的配偶是哪年给父母的？_____年

CE054. 为什么给父母？

（1）支付医疗费用或其他紧急事件

（2）买房

（3）避税

（4）继承

（5）其他（请注明）

CE055. 您或您的配偶从您父母这里收到过一大笔钱或值钱的大物品

（超过 5000 元）吗？（不包括前面已回答的超过 5000 元的大笔财物）这笔钱或物品包括现金、土地、房屋或其他资产。

（1）是

（2）否

CE056. 给您或您的配偶的钱或值钱的大物品一共价值多少？＿＿＿＿元

CE057. 最大的那笔钱或值钱大物品，是哪年给您或您的配偶的？＿＿＿＿年

CE058. 为什么给您或您的配偶？

（1）支付医疗费用或其他紧急事件

（2）买房

（3）避税

（4）继承

（5）其他（请注明）

CE059. 您或您的配偶给过您的岳父母/公公婆婆一大笔钱或值钱的大物品（超过 5000 元）吗？（不包括前面已回答的超过 5000 元的大笔财物）这笔钱或物品包括现金、土地、房屋或其他资产。

（1）是

（2）否

CE060. 给您的岳父母/公公婆婆的钱或值钱的大物品一共价值多少？＿＿＿＿元

CE061. 最大的那笔钱或值钱大物品，您或您的配偶是哪年给您的岳父母/公公婆婆的？＿＿＿＿年

CE062. 为什么给您的岳父母/公公婆婆？

（1）支付医疗费用或其他紧急事件

（2）买房

（3）避税

（4）继承

（5）其他（请注明）

CE063. 您或您的配偶从您的岳父母/公公婆婆这里收到过一大笔钱或值钱的大物品（超过 5000 元）吗？（不包括前面已回答的超过 5000 元的大笔财物）这笔钱或物品包括现金、土地、房屋或其他资产。

（1）是

（2）否

CE064. 给您或您的配偶的钱或值钱的大物品一共价值多少？_____元

CE065. 最大的那笔钱或值钱大物品，是哪年给您或您的配偶的？_____年

CE066. 为什么给您或您的配偶？

（1）支付医疗费用或其他紧急事件

（2）买房

（3）避税

（4）继承

（5）其他（请注明）

CF：提供照料时间

CF001. 过去一年，您或您配偶是否花时间照看了您的孙子/孙女？

（1）是

（2）否

CF002. 您或您配偶照看哪一个子女的孩子？

CF003. 过去一年，您和您配偶大约花几周，每周花多少时间来照看这个子女的孩子？

我_____周；_____小时/周；我爱人_____周；_____小时/周

CF004. 过去一年，您或您配偶有没有在日常活动（或其他活动）方面给您父母或您配偶的父母提供帮助（例如家务劳动，做饭，洗衣，外出，购物和财务管理）？

（1）是

（2）否

CF005. 过去一年，您自己大约花几周，每周花多少时间来照看您的父母和岳父母（或公公婆婆）？

（1）您父亲_____周；_____小时/周

（2）您母亲_____周；_____小时/周

（3）您的岳父（或公公）_____周；_____小时/周

（4）您的岳母（或婆婆）_____周；_____小时/周

CF006. 过去一年，您的配偶大约花几周，每周花多少时间来照看您的父母和岳父母（或公公婆婆）？

（1）您父亲_____周；_____小时/周

（2）您母亲_____周；_____小时/周

（3）您的岳父（或公公）_____周；_____小时/周

（4）您的岳母（或婆婆）_____周；_____小时/周

CG：居住安排偏好：

CG001. 假定一个老年人有配偶和成年子女，而且与子女关系融洽，您觉得怎么样的居住安排对他最好？

（1）与成年子女一起住

（2）不与子女一起住，但是跟子女住在同一个村/社区

（3）不与子女一起住，也不跟子女住在同一个村/社区

（4）住养老院

（5）其他

CG002. 假定一个老年人没有配偶，但是有成年子女，而且与子女关系融洽，您觉得怎么样的居住安排对他最好？

（1）与成年子女一起住

（2）不与子女一起住，但是跟子女住在同一个村/社区

（3）不与子女一起住，也不跟子女住在同一个村/社区

（4）住养老院

（5）其他

CG003. 受访者填写部分问卷时是否求助？

（1）从未

（2）偶尔几次

（3）大多数

后　记

2013 年博士毕业至今，已经过去了 3 个年头。3 年中，一直希望能对博士论文的核心概念和数据进行修改，但由于这两年承担的项目与博士论文主题相去甚远，论文的修订工作一拖再拖。2015 年，在王春光老师的支持和鼓励下，我重新拾起书稿，在原来博士论文的基础上，修订了论文的结构，并从社会政策的视角对原有内容进行延伸讨论。即将付梓之际，回顾书稿的写作过程，感慨万千。

从经济学背景的学生跨入社会学专业攻读博士，对我来说是一个巨大的挑战。从 2010 年攻读博士学位开始，我就一直希望融合经济学的知识背景和社会学的理论，找到一个适合自己的研究方向。可是事实上，我在研究方向的选择上走了不少弯路，2011 年开题之时，我希望从社会资本的视角进入，结合我所熟悉的农村健康研究，探讨农村社会资本对老年人精神健康的影响。但是在开题会上，众多老师提出质疑，"社会资本"这个概念从国外引进来，虽然在国内学术研究上也炙手可热，但实际上关于"社会资本"的理论发展和实践操作都存在众多的不成熟之处，特别是在定量研究上，如果社会资本本身都是一个左右摇摆的问题，那么再从社会资本出发探讨健康问题，无论在理论上，还是在实证研究上都会站不住脚。经过半年多的时间，我重新整理思路，结合一些实践的调查，将研究焦点最终定位在农村老年人精神健康问题上，而在农村老年人精神健康的构建因素中，家庭是最核心的要素。由此，确定了后来的研究主题。

现在回头来看，这个主题本身是非常有研究价值的，也得到了众多老师的认可。精神健康本身并非一个一维的概念，特别是在中国传统文化中，农村老年人的精神需求和内在期待可能存在很复杂的建构，但由于方法和数据上的局限，只能从可操作性上入手对农村老年人的精神健康进行定义和测量，这导致很多线性推断可能还是偏主观化。实际上农村老年人的精神需求和内在期待是非常微妙和深邃的，正如文中所述，既有对"尊亲恳亲""抑己顺亲""奉养祭念"等传统孝道观念的坚守，也有对平等、互惠现代代际关系的宽容接纳。因此，不同代际的老年人从不同历史起点走来，这两股力量在老年人身上留下了不同的印记。在老年人精神健康问题上，单纯从结果层面进行测量，存在众多不足之处，不可能捕捉到精神世界的万千景象，在后来的修改中，也很难周全，只好留到未来再逐渐深入挖掘了。

书稿写作期间，没有老师和家人的帮助和支持，现在可能还束之高阁。一路走来，要感谢的人非常多。

首先，要感谢我的导师李培林老师，在最紧张的论文写作期间，老师非但没有给我增加工作压力，甚至将我承担的琐碎工作交由其他同事来承担，给予了极大的支持和鼓励；在博士论文写作上，老师在细微之处反复提出了许多修改意见，老师认真做学问的态度让我受益颇多。在老师的众多学生中，我可能算是最平凡的一个。每次和老师见面，老师从学术聊到生活，谆谆教诲，谨记于心，将至中年，一直没能达到老师要求的标准，甚是汗颜。不过，每年我还会继续做相关的调查，每次都还有继续深入研究的冲动，心里还是敬畏和喜欢这份职业。老师在序中引用诸葛亮的《诫子书》，"非淡泊无以明志，非宁静无以致远"，我会继续沿着自己的研究方向慢慢摸索。

同时，我也想感谢我的硕士导师魏众老师，魏老师是指引我走上学术道路的第一位老师。我也有幸成为魏老师的第一个学生。入门时老师就讲，"社科院与大学不同，师父带徒弟，你要自己读书，和我们一起做项目，发现问题，寻找自己的研究焦点"。于是，硕士三年，我参与了朱玲、魏众老师主持的卫Ⅷ项目评估，第一次坐飞机和老师去甘肃岷县、康乐县调查，调查中老师一直鼓励我提问题，当时的情景还历历在目。再后来，我参与了农民工健康调查，和罗楚亮老师在酷热的夏季到武汉监督问卷调查，因为身体瘦弱不能背负问卷，还被罗老师"鄙视"。课题组一起设计问卷、实地调查、共同讨论的乐趣，现在想来是如此温馨。如今各奔东西，当时的学习经历对我来说是走上学术道路的宝贵财富，对问题的敏感、对主题的专一、对团队的热忱，都是一个研究人员最重要的品质。

到社会学所，进入社会政策研究室，我先后得到杨团、王春光老师的提点。杨团一直对农村社会改革有种使命感，每年辛苦奔波在各地做试点，也曾想把我们带入这个领域，但由于兴趣差异，渐行渐远，但与杨老师一同工作的两年，可以感受到何为一名学者沉重的社会责任。

王春光老师既是我的领导，也是我的老师。书稿写作期间，特别感谢王春光老师，王老师从来不吝啬自己的时间，帮我解答理论上的和实际研究中的问题。平时与王老师一起下基层调查，王老师也对大家非常宽和照顾；读书会上一起讨论问题，从来都是带着探讨的口气和我们交流，老师虚怀若谷的风格是我们团队能够一起拼搏奋斗多年的动力，工作之后能遇到这样宽容的领导是最大的幸运之处。这次书稿能够付梓，也是得益于王老师长期以来的支持。

我的同事，房丽杰、梁晨、李振刚、张文博，多年的合作，我们已经成为亲密的战友，在繁重研究任务和行政任务面前，谢谢他们替我分担了很多，有他们相伴，真好！

感谢我的朋友，施云卿、张倩、卜玉梅、陈恩、朱迪、陈满琪、冯希莹、曹飞连、张立龙、王震，他们出色的研究工作，都是我的榜样。

感谢社会科学文献出版社的童根兴老师，谢蕊芬、马云馨编辑，感谢他们有求必应，高效率、高质量地完成编辑工作。

最后要感谢我的家人，我的母亲崔淑珍女士，婆婆连素贞女士，丈夫杨小科，在我博士论文写作期间，给予我无微不至的关怀。我的婆婆，虽然身体一直不好，但自宝宝出生起，一直毫无怨言地帮我带宝宝，在最紧张的书稿修改期间，婆婆承担了所有的家务，无论何时，有婆婆做后盾，心里都特别踏实。博士论文开题是在 2012 年，转眼宝宝已经上小学了，还依稀记得当年，我的小宝宝杨宇霏，每次拿着自己的画笔，自豪地说，"你看，我的论文都写完了，你的论文怎么还写不完呢"，这成为我完成书稿写作的最大动力。

这是我的第一部书稿，在概念、方法和理论提炼上都还存在诸多不成熟之处，希望读者们不吝赐教。

王晶

2016 年 3 月 13 日

图书在版编目（CIP）数据

找回家庭：农村代际合作与老年精神健康／王晶著
. -- 北京：社会科学文献出版社，2016.4
（当代中国社会变迁研究文库）
ISBN 978 - 7 - 5097 - 9067 - 0

Ⅰ.①找…　Ⅱ.①王…　Ⅲ.①农村 - 老年人 - 家庭社
会学 - 研究 - 中国　Ⅳ.①D669.6

中国版本图书馆 CIP 数据核字（2016）第 079722 号

· 当代中国社会变迁研究文库 ·

找回家庭：农村代际合作与老年精神健康

著　　者／王　晶

出 版 人／谢寿光
项目统筹／谢蕊芬
责任编辑／马云馨　谢蕊芬

出　　版／社会科学文献出版社 · 社会学编辑部（010）59367159
　　　　　地址：北京市北三环中路甲 29 号院华龙大厦　邮编：100029
　　　　　网址：www. ssap. com. cn
发　　行／市场营销中心（010）59367081　59367018
印　　装／北京季蜂印刷有限公司

规　　格／开　本：787mm × 1092mm　1/16
　　　　　印　张：15　字　数：243 千字
版　　次／2016 年 4 月第 1 版　2016 年 4 月第 1 次印刷
书　　号／ISBN 978 - 7 - 5097 - 9067 - 0
定　　价／69.00 元

本书如有印装质量问题，请与读者服务中心（010 - 59367028）联系